Peter Hartz

Macht und Ohnmacht

Ein Gespräch mit Inge Kloepfer

I Hoffmann und Campe I

1. Auflage 2007
Copyright © 2007 by Peter Hartz und Inge Kloepfer
www.hoca.de
Satz: Dörlemann Satz, Lemförde
Druck und Bindung: GGP Media GmbH, Pößneck
Printed in Germany
ISBN 978-3-455-50028-8

HOFFMANN
UND CAMPE

Ein Unternehmen der
GANSKE VERLAGSGRUPPE

Inhalt

Aufsteiger, einfallsreicher Personalmanager, mächtigster Arbeitsdirektor Deutschlands, Lichtgestalt, umstrittener Sozialreformer, Illusionist und Träumer, gestürzter Spitzenmanager, seit kurzem Vorbestrafter – auf Peter Hartz trifft all das zu. Aber wer ist er wirklich? Was hat ihn angetrieben, was hat ihn bewegt, was hat ihn zum Erfolg geführt und am Ende stürzen lassen?

Um diese Fragen beantworten zu können, muss man auch einmal Peter Hartz selbst zu Wort kommen lassen. Seit mehr als vier Jahren schweigt er. Die größte Sozialreform der Nachkriegsgeschichte, die im Volksmund seinen Namen trägt, hat er nie ausführlich kommentiert; ebenso wenig seine Rolle im VW-Skandal. Er hat sich nicht verteidigt, nicht gerechtfertigt, nicht erklärt. Er hat sich nicht entschuldigt.

In diesem Buch bricht Peter Hartz sein Schweigen und erzählt seine Geschichte. Es ist seine Sicht, die Sicht eines Mannes, an dessen Denken und Handeln sich wie bei keinem anderen deutschen Manager die Gemüter erhitzen.

Berlin, im März 2007
Inge Kloepfer

Prolog

Herr Hartz, warum haben Sie so lange geschwiegen?

Ich habe so lange geschwiegen, weil es mir über Monate die Sprache verschlagen hat. Die Dramatik und das Tempo, die mich im Sommer 2005 binnen einiger Wochen zur Hauptfigur eines Skandals haben werden lassen, stürzten mich in eine tiefe Sprachlosigkeit. Ich hatte eine solche Situation noch nie erlebt und war vollkommen ratlos. Bevor ich mich versah, war es zu spät, auf jede einzelne Anschuldigung zu antworten. Der Zug befand sich bereits in voller Fahrt. Er rauschte an mir vorbei. Meine Ohnmacht, diesen Zug zum Halten zu bringen, machte mich sprachlos. Hinzu kam natürlich meine Loyalität gegenüber Volkswagen. Sie hat dazu geführt, dass ich es einfach nicht über mich brachte, mit jeder Welle neuer Spekulationen und Anschuldigungen öffentlich Stellung zu beziehen. Ich wollte keinesfalls dazu beitragen, das Unternehmen in den Schlagzeilen zu halten. Im Gegenteil: Ich habe sehr schnell die Verantwortung übernommen und bin zurückgetreten.

Aber Ihr Schweigen begann schon sehr viel früher. Sie haben seit der Präsentation Ihrer Reformvorschläge für den Arbeitsmarkt im August 2002 kaum etwas dazu gesagt. Immerhin tragen die Reformgesetze in aller Munde Ihren Namen.

Das stimmt. Aber mein Schweigen damals hatte einen anderen Grund: Ich war noch Konzernvorstand von Volkswagen. Ich hatte Konzerninteressen zu vertreten, 24 Stunden am Tag, sieben Tage die Woche …

… ein geradezu soldatisches Pflichtbewusstsein.

So war es nun einmal. Deshalb konnte ich auch nicht zulassen, dass andere Themen wie die öffentliche Diskussion um die Arbeitsmarktvorschläge und um meine Person meine Arbeit bei VW weiter überlagerten. Ich wollte auf keinen Fall, dass die emotional aufgeladene Debatte über die neuen Arbeitsmarktgesetze mit Volkswagen in Verbindung gebracht wurde, nur weil ich dort Mitglied des Konzernvorstands war; zumal sich der Unmut der Bevölkerung über die sogenannten »Hartz-Gesetze« auch mit meiner Person verband. Diese Einsicht musste ich gegenüber meinem natürlichen Bedürfnis, die Arbeit der Kommission öffentlich zu verteidigen, abwägen. Außerdem war ich mit der Umsetzung der Reformideen nicht befasst. Meine Aufgabe hatte sich mit der Übergabe des Berichts an den damaligen Bundeskanzler Gerhard Schröder erledigt.

Sie haben lange gebraucht, um Ihre Sprache wiederzufinden. Seit Beginn des VW-Skandals im Sommer 2005 sind eineinhalb Jahre vergangen. Warum jetzt dieses Resümee?

Das Urteil, ob eineinhalb Jahre eine lange Zeit sind, überlasse ich Ihnen. Ich kam in dieser Zeit an einen Punkt, an dem ich beschloss, mich nach meinem Strafprozess ein einziges Mal umfassend zu äußern. Ich denke, es ist an der Zeit, dass ich berichte, wie ich die Vorgänge bei Volkswagen erlebt habe und einschätze, wie ich meine Fehler sehe und was daraus zu lernen ist. Außerdem wollte ich einmal aus meiner Sicht klarstellen, was richtig und was falsch ist. Dazu aber bedurfte es einer Zeit der Reflexion. Vieles musste ich selbst erst begreifen, vieles musste ich mir selbst erklären oder erklären lassen. Ich wollte die Ereignisse in einen Zusammenhang stellen. Ich denke, das war und bin ich meiner Familie schuldig, der Belegschaft von Volkswagen, meinen mir noch gebliebenen Freunden und all denen, die mich über die Jahre begleitet und gefördert haben und die jetzt enttäuscht sind.

Gab es je die Aufforderung von Familienmitgliedern, Freunden, Weggefährten oder gar von der VW-Spitze, sich nicht zu äußern?

Nein, es gab keine Aufforderungen, zumindest nicht von Volkswagen. Dennoch schätze ich, dass man bei VW froh war, dass ich mich nicht äußerte.

Mit der VW-Affäre haben Sie einen Grad öffentlicher Ablehnung erreicht, der in Deutschland seinesgleichen sucht. Können Sie sich das erklären?

Nennen Sie die Dinge doch beim Namen. Ich bin zum Buhmann geworden. Das allerdings nicht erst mit der VW-Affäre. Ausschlaggebend war sicher zunächst die Arbeitsmarktreform. »Hartz IV« ist das Stichwort. Die Ironie dabei ist, dass ausgerechnet dieses Gesetz, das die Zusammenlegung von Arbeitslosen- und Sozialhilfe regelt, weder meine ureigene Idee war noch von der Politik so umgesetzt wurde, wie die Arbeitsmarktkommission es vorgeschlagen hatte. Aber es kommen noch mehr Aspekte hinzu, die mich zu dem haben werden lassen, was ich heute bin: das in Deutschland so kontrovers diskutierte System der Mitbestimmung und seine Ablehnung, die politische Ranküne in Land und Bund. Außerdem der Sozialneid – mein Aufstieg, mein Einkommen. Und am Ende meine persönlichen Fehler.

Öffentliche Kritik müssten Sie gewohnt sein. Umstritten waren Sie immer.

Die Kritik belastet mich auch nicht. Auch nicht die an meinen Fehlern. Es ist vielmehr der Rufmord, der mir zusetzt. Der ist den Medien vollständig gelungen. Schon lange vor meinem Prozess bin ich von ihnen verurteilt worden. In meiner Art, unkonventionelle Lösungen zu propagieren und für ihre Umsetzung zu kämpfen, war ich immer einen Angriff wert. Die letzten Angriffe aber galten meiner Person und waren vernichtend.

Sie haben sich ins Saarland, in Ihre Heimat, zurückgezogen. Wo leben Sie heute?

Zusammen mit meiner Frau lebe ich in Siersburg, einem kleinen Ort ähnlich wie Niederwürzbach, wo ich aufgewachsen bin. Wir hatten dort bis zu unserem Umzug nach Wolfsburg gelebt. Unser Haus gaben wir während meiner Zeit bei Volkswagen nicht auf, sondern verbrachten hier immer die Ferien. Seit 2005 sind wir wieder ganz in Siersburg.

Was machen Sie heute?

Ich kümmere mich um meine Frau und meine Familie. Bisher war ich darüber hinaus vor allem mit der Vorbereitung auf meinen Prozess beschäftigt. Das schluckte sehr viel Zeit. Allein die Informationen, die alle geliefert werden müssen. Sie beginnen eine regelrechte Recherche der eigenen Vergangenheit. Ansonsten kümmere ich mich um die gemeinnützige Stiftung, die SHS Foundation. »SHS« heißt »Saarländer helfen Saarländern«.

Seit wann gibt es diese Stiftung?

Vor nun fast sieben Jahren, 2000, habe ich sie gegründet. Ich fühle mich dem Saarland sehr verbunden, es ist meine Heimat. Diese Heimatverbundenheit ist übrigens typisch saarländisch. Vielleicht, weil das Land so klein ist und eine so bewegte Geschichte hat. Ich habe mich vor Jahren gefragt, wie man diese Region, die keine Bodenschätze mehr hat, an den Chancen einer globalisierten Welt beteiligen kann. Das geht nur über eine emotionale Verbindung. Ich dachte mir, dass wir all diejenigen in der Welt vernetzen müssen, die das Saarland mögen, am besten von dort kommen oder sonst eine Verbindung dazu haben. Es gibt eine Million Saarländer und darüber hinaus etwa 300 000 Menschen, die sich im Ausland befinden und eine Beziehung zum Saarland haben. Sie muss man suchen und als Ansprechpartner gewinnen, als Vertreter des Saarlands in der Welt sozusagen.

Und genau das macht die Stiftung. Wir sind jetzt in 30 Ländern der Welt vernetzt, haben 200 Mitglieder, davon etwa 50 Firmenmitgliedschaften. Diese Vernetzung ist im Grunde eine moderne Form der Wirtschaftsförderung und des Wissensmanagements. Es ist die Vervielfältigung des Wissens eines jeden Einzelnen. Faszinierend dabei ist: Wissen ist das Einzige, das sich verdoppelt, wenn man es teilt. Eine eigene weltweite Vertretung in 194 Ländern könnte sich das kleine Saarland gar nicht leisten. Dabei wäre genau das im globalen Wettbewerb der Regionen besonders wichtig. Dank der modernen Kommunikationstechnologien können in Sekundenschnelle Kontakte entstehen. Die Plattform für das organisierte Netzwerk stellt die Stiftung.

Ihre ursprüngliche Idee war wahrscheinlich, nach Ihrem Ausscheiden bei VW mit Ihrem großen Namen Mitglieder zu akquirieren?

Richtig. So war es gedacht.

Außerdem haben Sie auch noch eine kleine Beratungsgesellschaft gegründet. Was hat es damit auf sich?

Ich berate Neugründungen oder Start-ups, wie es neuerdings heißt. Mich fasziniert der Prozess, wie aus dem Wissen eines Einzelnen eine Geschäftsidee und dann ein neues Unternehmen entsteht. Mich begeistert, wie diese Unternehmen wachsen und auf Dauer Geld verdienen, wie sie Arbeitsplätze schaffen und wie sie mit ihren Mitarbeitern umgehen. Ein Gründergeist kann sich dabei verbreiten.

Und Kunden haben Sie auch schon?

Ja. Bei Volkswagen habe ich vor einigen Jahren ein Projekt zur Halbierung der Arbeitslosigkeit in Wolfsburg ins Leben gerufen. Es ist dort gelungen, viele neue Arbeitsplätze zu schaffen. Das Ziel haben wir unter anderem durch die Förderung von rund 200 Neugründungen in der Region um Wolfsburg erreicht. Der Erfolg dieser Neugründungen hat sich herumgesprochen, sodass sich jetzt junge Unternehmen oder Unternehmer an mich wenden.

Haben Sie eigentlich in den letzten eineinhalb Jahren zu Ihren alten Weggefährten noch Kontakt gehabt, etwa zu Gerhard Schröder oder Ferdinand Piëch?

Ja, hin und wieder. Allerdings war ich sehr zurückhaltend. Von mir aus habe ich mich nirgends gemeldet. Ich wollte niemandem zur Last fallen.

Sie wollten wohl nicht, dass sich jemand bemüßigt fühlte, etwas für Sie zu tun?

Ja.

Hat die persönliche Katastrophe, in die Sie am Ende Ihres Berufslebens geraten sind, Ihr Verhältnis zu Ihrer Frau verändert?

Ich nehme meine Frau jetzt sehr viel mehr in ihrer Funktion als Mittelpunkt der Familie wahr. Sie hat meine Managerkarriere und die damit verbundene häufige Abwesenheit nicht nur klaglos ertragen, sie hat meine Karriere mit entwickelt, wie überhaupt sehr viele erfolgreiche Menschen ihre Karrieren und ihren Erfolg ihrem Lebenspartner zu verdanken haben. Ich denke, Frauen haben den gleichen Anteil an den Karrieren ihrer Männer wie diese selbst …

Was für eine Rolle spielt Ihre Frau in Ihrer neuen Lebensphase?

Sie glaubt an mich, was das Wertvollste ist. Sie steht zu mir – in guten wie in schlechten Tagen. Sie lebt die Werte, von denen ich immer so viel gesprochen habe, mit letzter Konsequenz. Dafür bewundere ich sie. Sie ist sehr klug, viele Zusammenhänge erkennt sie sehr viel schneller als ich. Das hat mir in den vergangenen Monaten sehr geholfen. Sie hat mir trotz ihrer schweren Erkrankung viel Kraft gegeben.

Herr Hartz, sind Sie gescheitert?

Ich habe Niederlagen erlebt und habe auch gegen meine eigenen Wertvorstellungen verstoßen. Heute bin ich verurteilt. Ich werde mit dieser Verurteilung leben müssen. Es wird lange dauern, bis ich – wenn überhaupt – meinen Frieden damit schließen werde.

Der Traum vom Aufstieg

Peter Hartz ist ein Kriegskind. Im August 1941 wird er im saarländischen St. Ingbert geboren – als jüngster von drei Brüdern. Während des Krieges wird die Mutter mit ihren Kindern unweit von Nürnberg evakuiert, da das Saarland aufgrund seiner Montanindustrie Ziel der Angriffe der Alliierten wird. Unmittelbar nach Kriegsende kehrt sie mit den Söhnen nach Hause zurück. Die Heimat liegt in Trümmern. Dann erst lernt Peter Hartz seinen Vater richtig kennen, der den Zweiten Weltkrieg an der Ostfront mehrfach verletzt überlebt und nach kurzer Kriegsgefangenschaft nach Hause kommt.

Seine Kindheit und Jugend verbringt Peter Hartz in dem saarländischen Dorf Niederwürzbach. Die Mutter arbeitet als Tagelöhnerin bei einem Bauern, weil der Lohn des Vaters, eines einfachen Hüttenarbeiters, für die fünfköpfige Familie nicht reicht.

Die Eltern von Peter Hartz setzen alles daran, dass es ihre Söhne einmal besser haben als sie. Bedingungslos verlangen sie von ihren Jungen gute Noten in der Schule. Peter Hartz begreift sehr schnell, dass es nur einen Weg gibt, dem Leben in Armut zu entkommen: die eigene Leistung. Er entwickelt einen enormen sozialen Ehrgeiz. Nach dem Abschluss der Volksschule entscheidet er sich nicht für eine handwerkliche, sondern eine kaufmännische Lehre. Seine Industriekarriere hat er bereits vor Augen. Er weiß genau, dass eine kaufmännische Ausbildung bessere Aufstiegschancen bietet als das Handwerk. An Abitur und Studium ist angesichts der Verhältnisse, in denen die Familie lebt, nicht zu denken. Peter Hartz beginnt sein Berufsleben als 14-Jähriger bei einem mittelständischen Armaturenhersteller. Nach der dreijährigen Lehre holt er auf der Abendschule die mittlere Reife nach und schreibt sich für ein Studium der Betriebswirtschaftslehre an der Fachhochschule ein. Derweil macht er in seiner Firma Karriere und bringt es dort bis zum kaufmännischen Direktor. Doch das reicht ihm nicht. Hartz will weiter hinauf, er will Erfolg – unbedingt und ohne Kompromisse.

»Nichts erschien mir damals unmöglich«

Sie sind in dem kleinen saarländischen Dorf Niederwürzbach
aufgewachsen. Versetzen Sie sich einmal in Ihre frühe Kindheit
zurück. Was ist Ihnen in Erinnerung geblieben?

In meinen frühesten Erinnerungen kommt meine Heimat zunächst gar nicht vor. Damals, im Krieg, waren wir Saarländer evakuiert. Das Saarland mit seiner bedeutenden Montanindustrie war
Angriffsziel der Alliierten und damit Kriegsgebiet. Wir mussten
unser Haus in Niederwürzbach verlassen. Es verschlug uns nach
Roßtal bei Nürnberg. Nach der Kapitulation Deutschlands im Mai
1945 durften wir heimkehren. Als es dann zurückging, wurde ein
Lastwagen mit dem wenigen Hab und Gut, das die Familie zuvor
mitgenommen hatte, bepackt. Zu der Zeit war ich keine vier Jahre
alt. Noch heute weiß ich genau, dass ich unbedingt etwas tragen
wollte. Ich wollte mithelfen, irgendwie nützlich sein. Da hat mir
meine Mutter kurzerhand den Nachttopf in meinen kleinen Rucksack gepackt. Er passte gerade so hinein. Dass ich ausgerechnet den
Nachttopf transportieren sollte, hat mich unglaublich erbost. Ich
war geradezu entrüstet.

Von der Zeit in Nürnberg selbst sind Ihnen keine Bilder im Kopf
geblieben?

Doch, aber nur eins. Es war eine Erfahrung, die ich wahrscheinlich
unmittelbar davor gemacht hatte. In Roßtal besuchte ich den Kindergarten. An Ostern kam – auch im Krieg – natürlich der Osterhase. Der Kindergarten war in einem Gebäude untergebracht, das
um einen viereckigen Hof gelegen war. Die Betreuerin hatte uns
damals gesagt: »Ihr geht jetzt alle raus und schaut einmal nach, was
euch der Osterhase gebracht hat.« Dreißig Kinder stürmten auf
diesen quadratischen Hof. Ich befand mich ziemlich weit hinten,
wurde wohl zurückgestupst von den anderen, die die Überra-

schungen kaum erwarten konnten. Ich war ein wenig betrübt, weil ich befürchtete, als einer der Letzten wohl kaum etwas zu finden. Als ich auf den Hof kam, blieb ich direkt hinter dem Tor stehen und wandte mich – wohl eher unwillkürlich – nach links. In der Ecke stand einer dieser großen Schokoladenhasen. Ich griff zu, blieb dort stehen und sehe die anderen in ihrer aufgeregten Suche nach etwas Süßem noch vor mir. So hat mich der große Schokoladenhase mit der scheinbar aussichtslosen Situation versöhnt.

Für wie lange musste Ihre Familie die Heimat verlassen?

Zweimal musste meine Mutter mit den Kindern alles zurücklassen. Als am 1. September 1939 Deutschland Polen überfiel, drohte dem Saarland Kriegsgefahr. Danach verließ meine Mutter mit meinem ältesten Bruder Kurt die Heimat in Richtung Thüringen – auf einem Viehwaggon der Eisenbahn. Sie war mit meinem zweiten Bruder Rudi hochschwanger. Sie kamen im thüringischen Arnstadt unter. Im Januar 1940 ist Rudi dann dort zur Welt gekommen. Kurt war damals vier Jahre alt. Nach dem 14. Juni 1940, der Besetzung von Paris durch die deutsche Wehrmacht, konnte die Familie ins Saarland zurückkehren. Es schien dort wieder sicher zu sein.

Aber nicht allzu lange.

Es ging ein zweites Mal fort. Wann genau, weiß ich nicht mehr. Womöglich ein Jahr vor Kriegsende. Diesmal wurden wir von einer Familie in Roßtal bei Nürnberg aufgenommen, die Landwirtschaft betrieb. Ein Vater mit seinen zwei unverheirateten Töchtern ließ uns bei sich wohnen. Während die beiden Schwestern sich um uns drei kleinen Buben kümmerten, arbeitete meine Mutter auf dem Feld und im Haushalt. Wir sind dieser Familie richtig ans Herz gewachsen. Später, als ich unweit von Nürnberg meinen Wehrdienst leistete, habe ich sie während meiner Grundausbildungszeit noch einmal besucht. Wir haben uns auch lange danach noch geschrieben.

Sie wurden im August 1941 im Krankenhaus von St. Ingbert, unweit von Niederwürzbach, geboren. Ihren Vater haben Sie wahrscheinlich bis nach Kriegsende überhaupt nicht gekannt.

Mein Vater war während des Krieges an der Front in Russland. Ich war ein Kriegskind, das offenbar bei einem seiner Heimatbesuche entstanden ist. Ein Wunschkind war ich wegen des Krieges sicherlich nicht.

An welcher Front kämpfte Ihr Vater?

An der Ostfront. Er war Sanitätsunteroffizier, war selbst mehrfach verletzt, unter anderem durch einen Bauchschuss, der ihm sein Leben lang zu schaffen machen sollte. Er geriet in Kriegsgefangenschaft, hatte aber Glück. Denn etwa sechs Wochen nach dem Weißen Sonntag, also fast zwei Monate nach Ostern 1945, kam er nach Hause. Vollkommen abgemagert und ausgemergelt.

Glücklich kann man das nur nennen, weil er so früh zurückkehrte.

Und weil er überhaupt nach Hause kam. Andere aus unserer Großfamilie sind nie wiedergekommen, sondern gefallen. Kriegstote gab es damals in jeder Familie. Als kleiner Junge habe ich das allerdings nicht wirklich mitbekommen. Nur dass manchmal plötzlich alle weinten, das weiß ich noch genau. Mein Vater hat später immer mal wieder von seinen Kriegserlebnissen erzählt. Damals wohnten wir noch bei Verwandten, die uns eine Wohnung mit zwei oder drei Zimmern vermietet hatten.

Das Bild seiner Rückkehr haben Sie aber noch vor Augen?

Nein, ich nicht. Ich war einfach zu klein. Aber meine Brüder können sich daran erinnern. Wie er kam, wissen sie auch nicht mehr. Er war ganz plötzlich wieder da.

Wo sind Ihre Eltern aufgewachsen?

Meine Eltern, beide Jahrgang 1906, kamen aus Niederwürzbach. Sie haben sich im Dorf kennengelernt, allerdings erst mit achtundzwanzig geheiratet, was damals spät war. Meine Mutter war das vierte von elf Kindern. Ihr Vater, also mein Großvater, ein ungemein lebenslustiger Mann mit sehr viel Witz, war Werkzeugmacher gewesen. Jeden Tag marschierte er zwei Stunden zu Fuß von Niederwürzbach nach Rohrbach zur Arbeit und danach wieder zurück. Im Sommer musste er noch bei der Ernte helfen; die Familie meiner Mutter betrieb Landwirtschaft.

Mein Vater hat vor dem Krieg bei dem Eisenwerk HADIR in St. Ingbert zunächst als Gärtner und später dann in der Produktion gearbeitet. Meine Mutter verdiente ihr Geld als Köchin in einer Metzgerei in Saarbrücken, wo sie übrigens exzellent kochen lernte.

Richtige Handwerksberufe haben Ihre Eltern demnach nicht erlernt.

Nicht im klassischen Sinn, dazu kamen sie aus zu armen Verhältnissen. Beide mussten sie sich gleich nach der Schule nach einer Arbeit umsehen, um Geld zu verdienen. Zu Hause halfen sie dann auch noch auf dem Feld. Das war damals eine im Saarland ganz typische Kombination. Man ging in die Industrie zum Arbeiten und schuftete dann zu Hause noch in der Landwirtschaft. Denn allein von den Löhnen in der Industrie konnte sich kaum jemand ernähren. Existenzsichernd waren sie jedenfalls nicht. Alles, was wir heute als Teilzeit- und Puzzle-Einkommen kennen, gab es damals auch schon – allerdings in etwas anderer Form.

1945 lag Deutschland – und auch das Saarland – mit seiner Kohle- und Stahlindustrie in Trümmern. War in den Jahren danach für Sie als Kind vom Wiederaufbau viel zu spüren?

Sehr viel habe ich damals nicht mitbekommen. Wir litten keinen Hunger. Die Familie war wieder zusammen. Beides waren im Vergleich zur Lage vieler anderer ausgesprochen glückliche Umstände.

Familie Hartz im Zweiten Weltkrieg – Vater auf Heimaturlaub

1948/49 haben meine Eltern dann gebaut. Ich war zu der Zeit sieben Jahre alt. Beim Hausbau mussten alle mithelfen, auch ich. Es gab keinen Ziegelstein, den nicht jeder von uns einmal in der Hand hatte. Weil mir die selbst gefertigten Ziegelsteine immer sehr schnell die Hände blutig rieben, bekam ich ein Leder auf die Handfläche, mit dem ich dann die Steine anfasste. Anfangs mussten wir eine Kette bilden und die Steine von einem zum anderen den kleinen Hügel bis zur Baustelle hinaufwerfen. Ein Maurer half uns. Ich kann gar nicht sagen, wie oft ich abends trotz allem blutige Hände hatte. Über Monate haben wir die Steine geschleppt. Das war nichts anderes als Kinderarbeit.

Gleiches galt übrigens auch für die Gartenarbeit. Wir mussten später immer den Garten umgraben, in dem meine Mutter Gemüse anpflanzte. Und vor allem wurden wir regelmäßig in den Wald geschickt, um Holz für den Ofen zu holen, damit wir heizen und kochen konnten. Dienstags und freitags zogen wir mit dem Leiterwagen los. Jeder Familie waren bestimmte Tage in der Woche zugeteilt, an denen sie Holz sammeln durfte, damit es gerecht zuging. Sie können sich denken, dass der Wald damals wie leer gefegt war.

Auch mit Kohle haben wir geheizt. Seinerzeit bekamen die Berg-leute Deputate. Wenn sie sparsam waren, konnten sie Teile davon verkaufen oder gegen Lebensmittel tauschen. So hatten auch wir – zusätzlich zu dem gesammelten Holz – ein paar Zentner Kohle zum Heizen. Dies ging vielen Familien so – andere hatten es auch nicht besser.

Als Arbeiter hat Ihr Vater nicht viel verdient. Wie konnte er damals ein Haus finanzieren?

Die drei Hartz-Brüder ein paar Jahre später

Er hatte tatsächlich keinen üppigen Lohn. Ein Großteil davon ging für das Baugeld drauf. Für die Lebenshaltung blieb meinen Eltern wenig Geld. Unsere Mutter pflanzte im eigenen Garten und auf einem ererbten Grundstück alles an, was die Familie brauchte. Später dann haben uns unsere Eltern das Land als drei Baugrundstücke übertragen, anstatt es für sich selbst zu verwenden. Außerdem hatten wir zwei Ziegen für die Milch, Hühner und Gänse. Was die Lebensmittel anging, waren wir so gut wie Selbstversorger. Meine Mutter betrieb eine richtige Vorratswirtschaft und hielt den kleinen Familienhaushalt autark. Sie können sich vorstellen, wie gesund wir aufwuchsen. Sonntags gab es ein halbes Pfund Rindfleisch und Knochen, sonst nie. Daraus kochte meine Mutter eine wunderbare Markklößchensuppe. Die Markklößchen machte sie aus dem Knochenmark und Brot. Jeden Samstagabend gab es eine Lyoner, also einen Ring Fleischwurst. Den teilte meine Mutter dann unter uns auf. Ich bewundere das heute noch und bin sicher, wenn man die Stücke nachgewogen hätte, wären sie im Gewicht nicht um fünf Gramm voneinander abgewichen. Auch so eine bleibende Kindheitserinnerung.

Musste Ihre Mutter auch arbeiten gehen, damit das Geld überhaupt reichte?

Sie hat als Tagelöhnerin beim Bauern gearbeitet. Die Tagelöhner wurden in Naturalien bezahlt, mit Kartoffeln etwa, wenn man keine hatte, mit Fleisch oder manchmal auch mit einem ganz kleinen Lohn. Derweil hat dann mein Bruder Kurt auf uns aufpassen müssen, was nicht immer einfach war; denn vor allem mein zweiter Bruder Rudi war ein wilder Kerl. Da er immer weglief, zog ihm mein Bruder die Schuhe aus. So konnte er sich über die Wege mit den vielen spitzen Steinen nicht einfach davonmachen.

Wer hatte in Ihrer Familie das Sagen?

Meine Mutter hat bei uns zweifellos das Regiment geführt.

Sie waren als Familie – wie viele damals – arm, was sich auch in Wirtschaftswunderzeiten nicht geändert hat. Hat Sie das belastet?

Ich habe das nicht als Belastung empfunden, denn die Familienverhältnisse waren in Ordnung. Meine Mutter hatte die Hosen an, sie hat kommandiert und für uns gesorgt. Mein Vater hingegen war sehr gutmütig. Es war eine sehr arme, aber überhaupt keine unglückliche Kindheit. Wir hatten immer zu essen …

… und empfanden daher die Armut nicht als Demütigung?

Manchmal gab es demütigende Momente, zum Beispiel bei den Kindergeburtstagen. Schon recht bald nach dem Krieg bekamen die Kinder Geschenke mit, wenn sie eingeladen waren. Mir aber drückte meine Mutter immer nur einen Blumenstrauß aus dem Garten in die Hand. Obwohl er sicher jedes Mal wunderschön war, hatte er unter den Kindern keinen Wert. Darunter habe ich gelitten und bin deshalb überhaupt nicht gern auf Kindergeburtstage gegangen. Ich hatte einfach nichts als diesen Blumenstrauß. Meine Mutter hat mich dann immer getröstet. Sie hatte einfach kein Geld, um mir ein Geschenk mitzugeben.

Kleidung, Spielsachen, Bücher – das alles konnte sich die Familie wahrscheinlich auch nicht leisten?

Ich habe die gebrauchten Kleider meiner Brüder, die ich auftragen musste, regelrecht gehasst. Noch schlimmer war es mit den Schuhen. Ich guckte meinen Brüdern auf die Füße und wusste genau: Diese Schuhe würde ich erben. Am glücklichsten war ich immer dann, wenn ich bemerkte, dass die Schuhe meiner Brüder langsam kaputtgingen. Dann musste ich sie nicht mehr tragen.

Wurde in der Familie die Armut thematisiert?

Im Grunde nicht. Oder ich erinnere es nicht. Was ich erinnere, ist, dass meine Eltern eine glückliche Ehe geführt haben. Meine Mutter geriet immer nur dann mit meinem Vater aneinander, wenn er ihrer Meinung nach nicht streng genug mit uns war. Er sollte uns immer mal übers Knie legen, weil sie uns – obwohl sie so streng war – nicht schlagen wollte. Wenn er bei seiner ganzen Gutmütigkeit doch mal zornig wurde, hat er sich nicht nur einen von uns, sondern gleich alle drei vorgenommen. Da aber ist meine Mutter sofort wieder eingeschritten und war auch damit nicht zufrieden. Das wiederum war ihr dann doch zu viel.

Ihre Mutter war relativ streng.

Sehr streng. Sie hat uns immer wieder gesagt, dass wir lernen sollten. In der Schule waren wir deshalb auch gut …

… um irgendwann der Armut zu entkommen?

Diesen Zusammenhang habe ich in der Tat relativ früh begriffen. Ich wollte unbedingt schnell aufsteigen und Erfolg haben. Um die Schule haben sich meine Eltern allerdings nicht gekümmert. Sie hatten keine Zeit. Samstags gab es immer vier Diktate in allen vier Fächern. Und da mussten zu Hause vier Einsen abgeliefert werden – ohne Wenn und Aber. Wie wir das hinbekamen, war ganz unsere Sache. Aber Einsen mussten sein.

Trotz Ihrer guten Noten gingen Sie nicht aufs Gymnasium, weil Ihre Eltern das Schulgeld nicht bezahlen konnten.

Wir haben uns das aber nicht so sehr zu Herzen genommen, denn für uns war klar, dass man erst mal irgendeinen Beruf erlernte. Ich habe mich für eine kaufmännische Lehre entschieden. Allerdings war es gar nicht so einfach, eine Lehrstelle zu bekommen, weil ich dafür normalerweise vorher hätte zur Handelsschule gehen müssen. Trotzdem habe ich mich bei der Armaturenfabrik Jansen in Rohrbach, wo ich schließlich auch gelernt und mit Unterbrechung bis 1976 gearbeitet habe, beworben. Am 1. August 1955 habe ich die Lehre angetreten.

Mit Stolz …

Eher mit kurzen Hosen. Das weiß ich noch ganz genau. Ich hatte nämlich keine lange, sondern nur kurze Hosen, die aus alten langen Hosen gemacht waren. Dabei wollte ich partout lange Hosen tragen, wenn ich arbeiten ging. Aber meine Eltern hatten dafür kein Geld. Deshalb bin ich in meinen kurzen Hosen dahin und erinnere mich noch genau. Sechs Wochen später habe ich dann doch eine lange Hose bekommen.

Die Armut hat Sie damit lange verfolgt. Hat Sie das belastet?

Es wurde auch nicht besser, denn mein Vater wurde nach dem Krieg schwer krank. Er erlitt einen Magendurchbruch. Die schwere Arbeit in der Drahtzieherei konnte er nicht mehr leisten. So wurde er in die Glüherei des Drahtwerkes versetzt. Dort haben die giftigen Dämpfe der Laugen, in denen die Drähte veredelt wurden, seinen Magen und seine Lunge stark angegriffen. Zu der Zeit war er allerdings noch nicht pensionsreif. Als Hilfsarbeiter musste er weiterarbeiten. Seine Firma hat ihn dann überall herumgeschubst. Die Berufsunfähigkeitsrente wurde 1959 vom Sozialgericht abgelehnt. Arbeitsschutz in der heutigen Form gab es nicht. Er hat als Hilfsarbeiter natürlich sehr viel weniger verdient als vorher, hatte aber immerhin noch einen Lohn.

Wie hat Ihr Vater diese Herabsetzung denn verkraftet?

Meine Eltern haben nie geklagt oder gejammert. Sie wollten nur, dass aus ihren Buben etwas wurde. Das war ihr großes Ziel. Daher kam auch der Leistungsdruck, den sie ausübten. Sie haben uns eingetrichtert, dass man etwas leisten muss, dann aber auch Chancen hat, weiterzukommen.

Das heißt, der ganze Stolz der Eltern und all ihre Erwartungen konzentrierten sich auf die drei Jungen.

Genauso war es. Aus dieser Zeit stammt auch diese übertriebene Bedeutung, die ich noch heute der öffentlichen Meinung beimesse. Es wurde bei uns zu Hause immer darauf geachtet, was die anderen Leute wohl denken oder sagen würden. Das dörfliche Ansehen war der Gradmesser. Man konnte arm sein, aber es musste sauber und ordentlich zugehen. Jeden Sonntag und auch unter der Woche ging man zur Kirche. Natürlich waren wir drei Brüder Messdiener. Was man in den ersten zehn oder zwölf Lebensjahren mitbekommt, bleibt ein Leben lang.

Was waren Ihre Eltern für Menschen?

Meine Mutter war ungeheuer lebenstüchtig. Ihre liebevolle Seite zeigte sich immer nur dann, wenn einer von uns krank war. Dann hat sie sich gekümmert. Im Alltag kam vor allem ihre Härte zur Geltung, weil so viel gearbeitet werden musste. Wir alle hatten im Haushalt unsere Dienste. Mein Vater war gutmütig. Er sang im Kirchenchor, das war sein Hobby, ein leidenschaftliches dazu. Sonntagmittags zwischen eins und zwei mussten wir immer ruhig sein, weil dann im Radio Chormusik gesendet wurde. Die wollte er unbedingt hören. Mein Vater war und ist mein großes Vorbild.

Wie kam Ihr Vater in diese Vorbildrolle für Sie?

Wegen seiner Grundanständigkeit, seinen festen Wertvorstellungen. Im Grunde haben ihm die Zehn Gebote gereicht. Er wusste genau, was man tut und was man zu lassen hat. Geredet hat er darüber nicht viel. Aber er hat es uns in großer Klarheit vorgelebt. Das beeindruckt mich bis heute.

Wann sind Ihre Eltern gestorben?

Meine Mutter starb 1994, sie wurde 88 Jahre alt. Mein Vater ist bereits 1981 gestorben, brachte es aber trotz seiner Krankheit und der Kriegsjahre auf immerhin 75 Jahre.

Ihrer Herkunft sind Sie dann im Zuge Ihrer steilen Karriere vollkommen entrückt.

Vergessen habe ich meine Herkunft nie. Viel später, als ich schon in leitender Funktion bei Jansen oder Arbeitsdirektor bei der Dillinger Hütte war, bin ich immer, wenn mich irgendwelche Sorgen plagten, in den Betrieb gegangen. Die für mich beste Therapie war es, an den Hochofen zu gehen oder in die Werkstatt, um mit den Mitarbeitern zu reden. Ich musste mich sowieso informieren. Also hörte ich mir deren Sorgen an, die beruflichen und die privaten. Dabei wurde mir wieder klar, wie gut es mir inzwischen ging.

Wie haben Sie die Zeit des Wirtschaftswunders erlebt?

Es ging stetig bergauf. Das habe ich auch selbst gespürt, wenn auch nur in ganz kleinen Schritten. Als Lehrling bei Jansen bekam ich umgerechnet 25 Mark Vergütung – damals bezahlte man im Saarland noch mit Francs. Mein Bruder hatte seine Lehre als Dreher bereits abgeschlossen und war Facharbeiter geworden. Auch er hatte ein Einkommen. Für unseren Familienhaushalt waren das dann schon zwei. Später hatte er einen Käfer, auf den er gespart hatte. Es ging aufwärts.

Wurden Ihre Eltern von Existenzängsten geplagt?

Dafür waren sie zu arm. Sie hatten sehr geringe Ansprüche. Wenn Sie von minimalisierten Ansprüchen ausgehen, weil Sie durch die Realität des Lebens gar keine stellen, dann leiden Sie auch nicht unter Verlustängsten. Das bedeutet ein großes Maß an Freiheit. Meine Herkunft habe ich nie vergessen, auch meinen Respekt vor den Arbeitern habe ich nie verloren. Ich habe in jedem Arbeiter immer meinen Vater gesehen.

Sie waren der Kleine; gab es einen Moment, in dem Sie bemerkten, dass Ihre großen Brüder Sie ernst nahmen?

Die Deichsel an dem Leiterwagen, mit dem wir in der Nachkriegszeit in den Wald zum Holzsammeln geschickt wurden, hatte zwei Seiten. Der Wagen war, wenn er beladen war, unendlich schwer. Da ich die Deichsel an der einen Seite hielt, musste ich die Hälfte des Holzes ziehen. Ob man da klein, mittel oder groß war – in der Realität damals spielte das keine Rolle. Außerdem ist der mittlere von uns dreien ja auch nur 18 Monate älter als ich. Wir beide waren die Kleinen. Kurt musste auf uns aufpassen, konnte aber nicht wirklich etwas mit uns anfangen. Ich bin mir sicher, es war ihm lästig. Er war begeisterter Fußballer und ging seinen Interessen nach.

Wie standen Sie drei zueinander?

Wir haben ein sehr enges Verhältnis. Immer haben wir zusammengehalten. Das ist auch heute noch so. Im Innenverhältnis wird viel gestritten und diskutiert, aber nach außen verteidigen wir uns gegenseitig.

Und heute, in welcher Rolle sehen Sie sich da?

Eigentlich in einer ausgleichenden. Wir drei haben alle sehr unterschiedliche Laufbahnen eingeschlagen. Kurt ist hauptamtlicher Gewerkschaftsfunktionär geworden und war jahrelang Landtagsabgeordneter der SPD. Er hat eine lupenreine politische Karriere gemacht. Rudi ist ein Mittelständler, der die Jahrzehnte als Unternehmer mit vielen Höhen und Tiefen erlebt hat. Und ich war Manager in der Großindustrie, aber mit der Provenienz aus der Arbeiterschaft der IG Metall stand ich in der Mitte der beiden. Ich konnte immer jedem recht geben, ohne mich zu verbiegen. Ich habe Kurt gut verstanden. Er hat mir oft geholfen.

Das Saarland ist sehr katholisch. Wie katholisch wurden Sie erzogen?

Sehr katholisch, so katholisch, dass es zum Beispiel undenkbar gewesen wäre, eine Protestantin zu heiraten. Bei Tisch wurde gebetet. Die Schwester meiner Mutter war im Kloster, sie kam uns regelmäßig besuchen. Außerdem kamen die Missionspatres aus der Dritten Welt, aus Afrika, die bei uns ein paar Tage lang aufgepäppelt wurden. Meine Eltern konnten ja nicht viel spenden, also zeigten sie so ihr Engagement. Der Kirchgang am Sonntag und an allen Feiertagen war selbstverständlich.

Rebelliert haben Sie nie?

Im Grunde nicht. Auch nicht gegen die sehr christliche Erziehung. Nur das Hochamt habe ich als Junge nicht gemocht, weil es so lange dauerte. Trotzdem haben wir die Rituale verinnerlicht. In jedem Zimmer hing ein Kreuz. Der Glaube war selbstverständlich. Er wurde gelebt. Deswegen wurde auch nicht viel darüber gesprochen. Es waren alles schöne Zeremonien. Ich halte die Orientierungs- und Erziehungsfunktion der Religion für sehr bedeutend. Der schwindende Einfluss der Kirche als Erziehungsinstitution ist bedauerlich. Deshalb habe ich auch immer gedacht, man müsse die Werte in die Unternehmen hineintragen; in die Mitbestimmung und in das Management. Die Wertediskussionen, die geführt wurden, habe ich sehr ernst genommen.

Gehen Sie heute noch in die Kirche?

Ja, wenn auch nicht regelmäßig. Und inzwischen übrigens auch gern ins Hochamt.

Können Sie sich noch daran erinnern, was Sie als Jugendlicher für Erwartungen ans Leben hatten?

Sehr gut. Ich wollte erfolgreich sein, aufsteigen, richtig Karriere machen – am liebsten in der Industrie. Das war mir früh klar. Ich wollte unbedingt studieren, wusste aber nicht wie. Es hat mit der Grunderziehung meiner Mutter zu tun. Sie erzog uns nach der Devise: Ihr müsst euch anstrengen, dann könnt ihr alles werden. Es war ganz klar, dass man auch nach einer Berufsausbildung sehen musste, wie man weiterkam. Deshalb habe ich gleich eine kaufmännische Ausbildung gemacht. Es war eine kleine Weichenstellung für mein Fortkommen, denn ich wusste schon, warum ich keinen Handwerksberuf erlernen wollte: Ich wollte partout weiter hinauf.

Warum aber wollten Sie unbedingt erfolgreich sein? Aus materiellen Gründen?

Es hatte sicherlich auch materielle Gründe, aber ich war und bin sehr ehrgeizig. Und da kann Ihnen der Erfolg auch ohne die materiellen Begleiterscheinungen viel geben.

Und Vorstellungen darüber, dass Sie Familie haben wollten, hatten Sie auch schon?

Darüber habe ich in meiner Jugend nie nachgedacht. Dass ich dann bei dem Armaturenhersteller Jansen, bei dem ich die Lehre machte, meine Frau schon so früh kennenlernte, war meinen Eltern gar nicht recht. Ich hatte gerade meine Lehre abgeschlossen und war 18 oder 19 Jahre alt. Sie war Stenotypistin. Zuvor hatte sie die Handelsschule besucht und dann bei Jansen eine Anstellung gefunden. Sie regte sich immer auf, dass ich so frech war, in der Kantine die Leute vor mir in der Schlange in ein Gespräch zu verwickeln, um mich dann selbst nach vorn zu schieben. Ich glaube, damals konnte sie mich zunächst partout nicht leiden. Ein unmöglicher Typ war ich für sie. – Nun denn, meiner Mutter war das alles viel zu früh. Sie dachte sehr einfach: Der Junge hat eine Freundin, die wird er heiraten, und dann war es das …

Ihre Mutter sorgte sich offenbar um Ihr Fortkommen.

Später ging ich nach meiner Arbeitszeit noch aufs Abendgymnasium. Für Marlene hatte ich überhaupt nicht viel Zeit. Danach studierte ich dann neben dem Beruf und hatte wieder keine Zeit. Ob ich Zeit habe oder nicht, war und ist übrigens bis heute in unserer Ehe kein großes Thema. Schon als meine Frau mich kennenlernte, hatte ich nie Zeit. Das hat sich während unserer Ehe auch nicht geändert. Aber dadurch, dass es immer so war, hat sie sich daran gewöhnt und mich nach Kräften unterstützt.

Ihr Abitur haben Sie dann auf dem Abendgymnasium nachgeholt?

Nein, Abitur habe ich nie gemacht. Ich bin ein Jahr auf das Abendgymnasium gegangen und später auf die Fachhochschule. Ich wollte unbedingt einen Hochschulabschluss haben, und das so schnell wie irgend möglich.

Sie haben bei der Firma Jansen recht schnell Karriere gemacht. Wurden Sie gefördert?

Peter Hartz und Marlene L'hoste bei einem Betriebsausflug der Firma Jansen 1959

Ich bin mir sicher, dass Theodor Jansen, der Eigentümer, mich irgendwie mochte. Auch der kaufmännische Direktor, Dr. Klaus Zinkernagel, hat mich gefördert. Ich bin dann schnell vom Sachbearbeiter zum Gruppenleiter aufgestiegen und dann weiter zum stellvertretenden Abteilungsleiter und zum Prokuristen mit 26 Jahren. Mit dreißig war ich kaufmännischer Leiter. Aber auch das reichte mir nicht. Ich wollte, wie gesagt, in der Industrie Karriere machen.

Ein Aufstieg ohne Umwege also ...

Mit einem Schlenker nach Frankreich, wenn Sie so wollen. Es ging mir bei Jansen alles nicht schnell genug. 1968/69 ging ich nach Paris zur Firma Amri, einer französischen Wettbewerbsfirma, die in den deutschsprachigen Märkten Fuß fassen wollte. Sie suchte damals einen Exportmitarbeiter und warb mich ab. Ein Jahr war ich dort, gleichzeitig allerdings noch an der Fachhochschule in Saarbrücken, um mein Studium weiter voranzubringen. Ich musste meine Reisetätigkeit für Amri also so organisieren, dass ich dreimal in der Woche abends in der Fachhochschule sein konnte.

Frau und Kind hatten Sie auch schon.

Unser Sohn Michael ist 1966 geboren. Meine Frau hörte damals auf zu arbeiten und kümmerte sich um ihn, zumal ich als Vater ausfiel …

Eine verheiratete Alleinerziehende also.

Sie hat unseren Sohn erzogen, das stimmt. Ganz allein war sie allerdings auch nicht, denn mich gab es ja. Unsere Arbeitsteilung, die in meinen Augen sehr erfolgreich war, bestand von Anfang an. Ich hätte niemals diese Karriere gemacht, wenn sie nicht den anderen Part übernommen hätte. Dafür gilt ihr mein aufrichtiger Dank.

Wo haben Sie damals als junge Familie gewohnt?

Wir wohnten drei Jahre in Niederwürzbach bei einer alten Dame, die meine Frau und den Michael heiß und innig liebte. Eine Heizung gab es nicht, nur einen Ofen. Das Bad befand sich im Keller und wurde jeden Samstag befeuert, damit wir baden konnten. Für einen kleinen kaufmännischen Angestellten war damals mehr gar nicht möglich. Danach sind wir nach Bexbach gezogen, in eine Neubauwohnung – immerhin mit Heizung und Bad. Auch dort haben wir ein paar Jahre gewohnt. In Bexbach ist meine Frau groß geworden, ihre Mutter und Freundinnen lebten seinerzeit noch dort, was ihr wiederum sehr recht war. 1970 dann haben wir in Niederwürzbach ein Haus gebaut, ein Fertighaus. Da wiederum haben wir zehn Jahre gelebt. Später, als ich schon Arbeitsdirektor bei der Dillinger Hütte war, haben wir uns ein altes Bauernhaus in Siersburg gekauft, wo wir auch heute wieder zu Hause sind.

Job, Familie, Studium, Ausland, Hausbau – mussten Sie schon damals alles haben?

Zumindest erschien mir in diesen jungen Jahren nichts unmöglich. Allerdings bin ich in Paris nicht glücklich geworden. Nach einem

Jahr warb mich der Vertriebsdirektor von Jansen wieder zurück. Ich wurde dort gleich Prokurist. In Rohrbach hieß es dann gelegentlich: Man muss nur einmal fortgehen, wenn man zurückkommt, wird man befördert …

Das heißt: Wer Karriere machen will, darf einem Unternehmen nicht treu bleiben?

Da bin ich anderer Meinung. Aber die Geschwindigkeit des Aufstiegs mag sich durch einen Weggang beeinflussen lassen.

Als Wehrpflichtiger wurden Sie nicht eingezogen?

Nach der Lehre wurde ich gemustert und später, als mich die Firma Jansen bereits als kaufmännischer Angestellter übernommen hatte, eingezogen. Die Firma hatte die Verpflichtung, mich nach den 18 Monaten Wehrdienst wieder anzustellen. Zwischendurch war ich auch noch ein halbes Jahr in Frankreich gewesen. Meine Lehrfirma hatte unweit von Reims eine Zweitfabrik, wo ich sechs Monate zum Französischlernen hingeschickt wurde. Daher kommt übrigens meine frankophile Einstellung.

Wann haben Sie Ihre Frau Marlene kennengelernt?

Nach der Lehre, aber noch vor der Bundeswehrzeit. Meine Frau hat mich dann während des Wehrdienstes auch mal in Karlsruhe besucht. Sie brachte eine Flasche Wein mit, die ich mir nicht leisten konnte. Meine Frau hatte deutlich mehr Geld als ich. Ich hatte noch nicht einmal die finanziellen Mittel, um mit ihr ins Kino zu gehen. Die Kinokarten hat dann meist sie bezahlt. Damals hatten wir ja noch Francs, 100 Francs waren eine Mark. Heute lachen wir manchmal über die Zeit, und ich sage ihr dann immer scherzhaft, dass ihr diese Investition in die Kinokarten eine unglaubliche Rendite gebracht habe. Besser hätte sie ihr Geld nicht anlegen können. 1964 haben wir geheiratet.

Woher kam Ihr politisches Interesse und Engagement, das Sie später noch hoch hinauf in die große Politik tragen sollte?

Das ist auf den großen Einfluss meines Bruders Kurt zurückzuführen. Er hatte damals die Jugendgruppe der IG Metall in Niederwürzbach gegründet – noch zu seiner Lehrzeit. Er hatte unmittelbar mitbekommen, wie schlecht mein Vater als Hilfsarbeiter nach seinem Magendurchbruch behandelt wurde. Er litt darunter, wie man ihn mit seiner Schubkarre auf dem Hof herumgeschubst hat. Das bewegte ihn wohl, sich für die Rechte der Arbeitnehmer zu engagieren und der IG Metall beizutreten.

Hat Ihr Bruder über die Gründe seines Engagements gesprochen? Hat er zum Beispiel auf Ihren Vater Bezug genommen?

Überhaupt nicht. Damals wurde nicht ideologisch diskutiert. Er sagte einfach, wir sollten da mitmachen, und das haben wir auch getan.

Haben Sie denn das Leiden Ihres Vaters mitbekommen?

O ja, er wurde immer wieder versetzt, hatte keine richtige Tätigkeit. Damals hat sich mir, aber sicher auch meinen Brüdern, ganz tief das Gefühl eingegraben, dass der Vater doch eigentlich etwas Besseres verdient hätte. Allerdings haben wir uns in der Familie letztlich mehr um seine Krankheit gesorgt als um diesen komischen Job.

Wann wurden Sie IG-Metall-Mitglied?

Genau am 1. Oktober 1956. Ich bin jetzt länger als 50 Jahre Mitglied der IG Metall. Damals war ich gerade 15 Jahre alt. Später, als ich Karriere machte, hat mein Bruder Kurt immer sehr darauf geachtet, dass ich Mitglied der IG Metall blieb.

War es denn nötig, dass Ihr Bruder ein Auge darauf hielt, damit Sie nicht abtrünnig wurden?

Es gibt Phasen in einer Karriere, in denen man sich schon fragt, ob man unbedingt IG-Metall-Mitglied sein muss. Als leitender Angestellter war das eher ungewöhnlich. Andererseits war die IG Metall auch ungeheuer hilfreich. Als ich mich 1976 bei Eugen Loderer als künftiger Arbeitsdirektor für die Röchling-Burbach Weiterverarbeitung GmbH vorstellen musste – damals war ich 34 Jahre alt –, stellte er mir nur eine einzige Frage: »Sag mal, Peter, wie lange bist du denn in der IG Metall?« Dass ich als junger und sehr ehrgeiziger Manager schon 20 Jahre in der IG Metall Mitglied war, mag für ihn derart überzeugend gewesen sein, dass es bei dieser einen Frage blieb. Womöglich hatte er sich bei meinem Anblick gedacht, ich sei kurz zuvor eingetreten, um dann Arbeitsdirektor zu werden.

War Ihnen mit fünfzehn schon bewusst, welche Macht die IG Metall hatte und welchen Einfluss sie auf ihre Mitglieder nahm?

Durch Kurt wurde mir das ziemlich schnell klar. Er wurde dann zum Gewerkschaftssekretär ausgebildet. Zunächst war er Jugendvertreter und in seiner Firma Betriebsrat, dann kam die Ausbildung. Die Gewerkschaft schafft es bis heute, ihre Leistungsträger schon in der Ausbildung derart an sich zu binden, dass sie sie kaum noch infrage stellen.

Ganz nach der Devise: Die IG Metall hat immer recht.

Wenn die IG Metall gesagt hätte, das Wasser laufe den Berg hinauf, dann hätte mein Bruder Kurt das verkauft – mit einer Überzeugungskraft, die Sie sich nicht vorstellen können. Das gefällt mir eigentlich an den Funktionären.

Wie bitte, diese Art der Gehirnwäsche?

Ich würde das nicht so nennen und sehe das überhaupt nicht negativ. Wenn die Leute einer Kampforganisation wie der IG Metall nicht überzeugt sind und nicht standhaft, dann entwickelt die Organisation selbst überhaupt keine Schlagkraft. Mir gefällt die Einstellung der Leute, dieses Engagement. Mit so einem Engagement könnten Sie heute noch das Problem der Massenarbeitslosigkeit lösen. Mich fasziniert, wie diese Jungs für ihre Sache geradestehen müssen, wie sie sich verprügeln lassen müssen. Sie würden sich eher totschlagen lassen, als Prinzipien aufzugeben. Und was sie dann erreichen, ist unglaublich. Konsequenz, Härte und Disziplin – diese drei Dinge braucht ein Funktionär, wenn er nicht untergehen will. Und mein Bruder Kurt war sicherlich so einer.

In der Zeit der Studentenunruhen 1968/69 lebten Sie vorübergehend in Paris. Sie waren Mitglied der IG Metall und auch noch Student. Auf der Straße aber waren Sie nicht.

Sicher nicht als Beteiligter. Ich habe mir den Aufruhr natürlich angesehen und die Aktionen der Studenten als geradezu gespenstisches Szenario erlebt. Nachts die brennenden Autos auf der Straße, die Polizei, die auf dem Boulevard St. Germain oder im Quartier Latin gegen die Studenten aufzog. Mitbekommen habe ich das schon, die Bilder gehen mir auch nicht aus dem Kopf. Aber ich selbst war unbeteiligt, auch innerlich. Ich definiere mich daher auch nicht als Achtundsechziger. Ich konnte damals eigentlich gar nichts damit anfangen …

Warum nicht?

Es war schon deshalb weit weg von mir, weil ich mich seinerzeit um meine Ausbildung, meine Karriere und meine Familie gekümmert habe. Außerdem habe ich damals begonnen, mich für Sicherheitspolitik zu interessieren. Die Achtundsechziger – das war also nicht meine Welt.

Wenn ich Sie heute nach einer Definition der Achtundsechziger frage …

… dann habe ich ein Problem, Ihnen zu antworten. Ich kenne einige Gesichter, die als solche bezeichnet werden. Das ist aber auch schon alles.

Sie haben also deren Anliegen auch nicht richtig verstanden.

So kann man das sagen. Ist das eigentlich eine Bildungslücke, wenn man diese Generation nicht definieren kann?

Hatten Sie damals schon das Gefühl, dass Sie später einmal in einem der ganz großen Konzerne arbeiten würden?

Nein, aber ich wollte sehr schnell ins Topmanagement und in die Unternehmensleitung, um selbst gestalten zu können und natürlich auch, um wirtschaftlichen Erfolg zu haben.

Welcher Politiker hat Sie damals am meisten beeindruckt?

In den sechziger Jahren, als Staatsbesuche kamen, waren wir, die Wehrpflichtigen, für die Sicherung von Absperrungen eingeteilt. Damals habe ich noch J. F. Kennedy gesehen, mit seiner Frau, wie er von Adenauer begrüßt wurde. Kennedy hatte auch mich fasziniert, seine Ziele, seine Art, ein ganzes Volk in seinen Bann zu ziehen. Auch hielt er mit seinen Brüdern zusammen.

Sie zogen eine Parallele zu sich …

Andere taten das im Kleinen. Und das, obwohl wir drei nicht nur völlig anders aussahen, sondern auch von sehr unterschiedlichem Temperament sind.

Immerhin ist Ihnen allen dreien ein gewisser Bürgersinn eigen. Alle haben sich engagiert.

Das kam durch die Erziehung unserer Eltern. Auch durch die Kirche, durch die Schule, natürlich durch die IG-Metall-Jugend und später durch die Partei. In der IG Metall lernen Sie deren Ziele kennen und begreifen auch, dass man etwas tun muss.

Sie alle drei kamen aus einem sehr katholischen Haus. Wie passte das zur IG Metall und später zur SPD?

Ein gut katholisches Haus passt sehr gut zu einer Gewerkschaft, in der vor allem die Solidarität großgeschrieben und praktiziert wird. Die einen sprechen von Solidarität, die anderen von Nächstenliebe. Deswegen fielen die Gewerkschaftsideen bei uns mit unserer katholischen Erziehung auf fruchtbaren Boden.

Aber zur SPD, in die Sie später eingetreten sind, passte Ihre Herkunft doch überhaupt nicht.

Oberflächlich nicht, da haben Sie recht. Aber diese Polarisierung zwischen den Parteien, von denen nur eine in dieses streng katholische Dorf zu gehören schien, löste sich langsam auf, vor allem unter den jungen Leuten …

… und vor allem durch das kräftige Engagement der Hartz-Brüder.

So könnte man es sehen, ich aber würde nicht so weit gehen. Mein Bruder Kurt hat 1964 in Niederwürzbach für die SPD für die Bürgermeisterwahl kandidiert. Damals war er gerade vom Vorstand der IG Metall in Völklingen als Sekretär für die Betriebsräte und Vertrauensleute eingesetzt worden. Stellen Sie sich das vor: Dieser SPD-Kandidat ging sonntags in die Kirche, sein Vater sang im Kirchenchor. Damit konnte mein Bruder in unserem streng katholischen Dorf plötzlich ganz neue Wählerschichten erschließen.

Offensichtlich mit viel Erfolg. Ende 1964 wurde er dort zum Bürgermeister der damals 4500 Einwohner zählenden Gemeinde gewählt, nach einem Wahlkampf, den wahrscheinlich seine Brüder mit für ihn geführt haben.

So war es wirklich. Aber zunächst mal ist der Erfolg natürlich meinem Bruder zuzuschreiben. Kurt kann die Menschen wirklich begeistern. Die SPD musste damals einen Kandidaten für die Bürgermeisterwahl aufstellen und wählte meinen Bruder. Er hatte alle Attribute, die man dafür brauchte: Er war jung und schon verheiratet, er hatte eine kleine Familie, er kam aus einem sehr katholischen Elternhaus und war darüber hinaus noch ein anständiger Facharbeiter. Das ergab ein völlig neues Profil eines Sozialdemokraten. Als er zum Spitzenkandidaten gekürt worden war, war für uns, seine Brüder, klar, dass wir für ihn kämpfen würden. Sowie er kandidierte, waren wir verhaftet, wenn Sie so wollen. Übrigens: 1968 gewann er seine Wiederwahl mit 64,46 Prozent der Stimmen. Dass wir ihm halfen, war unter uns Brüdern eine Selbstverständlichkeit.

Genauso selbstverständlich, wie Sie Jahre zuvor der IG-Metall-Jugend beitraten.

Mein Bruder hatte jede Menge Pläne, was man aus dieser Gemeinde machen könnte. Sportstätten sollten ausgebaut werden, die Gemeinde sollte den Weiher, der damals noch in privatem Besitz war, kaufen. Kurt hatte nicht nur Ideen, sondern vor allem eine unglaubliche Ausdauer. Und wir schrieben Flugblätter und klebten Plakate. Ganz Niederwürzbach haben wir zugepflastert mit seinem Kopf, der daraufhin alle 20 Meter zu sehen war.

Waren Sie zu der Zeit auch schon SPD-Mitglied?

Noch nicht, aber ich war voll in das Wahlkampfteam eingebunden. Da hat das Prädikat Bruder gereicht, um mitmachen zu müssen.

Mit 28 Jahren war Kurt Hartz dann jüngster Bürgermeister des Saarlands.

Mein Bruder Rudi hat geheiratet, als Kurt schon Bürgermeister war. Da nicht nur der Standesbeamte, sondern auch der Bürgermeister Gemeindemitglieder standesamtlich trauen konnte, ließ es sich Kurt natürlich nicht nehmen, meinen Bruder Rudi zu verheiraten. Ich war Trauzeuge. So wurde auf der Heiratsurkunde viermal – einschließlich seiner Frau – mit Hartz unterschrieben.

Woher kommt dieser Zusammenhalt zwischen den Brüdern?

Das hat uns unsere Mutter beigebracht. Die Familie hält zusammen. Das gehörte sich so, obwohl wir drei beruflich andere Wege eingeschlagen und uns in ganz unterschiedliche ideologische Richtungen entwickelt haben.

Was ist aus Ihren Brüdern geworden?

Kurt, gelernter Dreher, wurde 1961 Jugendsekretär beim Deutschen Gewerkschaftsbund. Das war dann schon eine hauptamtliche Aufgabe. Deshalb konnte er auch die ehrenamtliche Aufgabe als Bürgermeister von Niederwürzbach von 1964 bis 1974 übernehmen.

Mit den Brüdern Kurt (Mitte) und Rudi (links) 1991

Später wurde er dann Erster Bevollmächtigter der IG Metall für die Verwaltungsstelle Völklingen. Als er kein Bürgermeister mehr war, kandidierte er für den Landtag und war dort jahrelang Abgeordneter. Das hielt er beides bis zu seiner Pensionierung durch.

Aber Ihr zweiter Bruder wechselte wie Sie die Seite.

Er hat sich selbständig gemacht. Er lernte Großhandelskaufmann, machte Abitur und studierte Betriebswirtschaft. Dann wurde er Unternehmer in der Bauglasindustrie. Er kaufte sich einen Lkw und gründete mit einem Kollegen ein Unternehmen. Kurt hat für den gebrauchten Lkw sogar noch gebürgt. Politisch hat Rudi sich später im Landkreis engagiert.

Kam er nicht mit seinem älteren Bruder in Konflikt? Als Unternehmer musste er sicherlich vieles anders sehen als ein IG-Metall-Funktionär.

Aber ja, und bis heute macht er daraus keinen Hehl.

Haben Sie sich oft gestritten?

Wir haben immer diskutiert. Wenn wir drei zusammen waren, bei Familienfeiern zum Beispiel, dann ging es schon nach einer halben Stunde hoch her. Kurt wurde immer dogmatischer, ich stand in der Mitte, Rudi auf der anderen Seite. Aber wenn man sich mag und sehr nahe steht, kann man sich ganz anders und viel schärfer streiten. Die Absolutheit in den Positionen und die Übertreibungen, zu denen es dann kommt, konnte unserem Verhältnis nie wirklich etwas anhaben.

Und heute, wie gehen Ihre Brüder mit Ihrem Absturz um?

Der Absturz ereilte mich ja nicht über Nacht. Die Kritik an meiner Person baute sich langsam auf. Durch die Arbeitsmarktreform wurde ich bereits politisches Großwild. Die IG Metall lehnte vieles der Arbeitsmarktreform ab, obwohl ich die Vorschläge im Konsens mit dem Deutschen Gewerkschaftsbund und den DGB-Gewerkschaften gemacht hatte. Aber sie sind dann stark verändert worden. Meinem Bruder Kurt passte von Anfang an nicht, dass ich mich in die Politik einschaltete und den Vorsitz in der Kommission zur Arbeitsmarktreform übernahm. Bei einem Besuch sagte er mir: »Hör auf damit, du wirst dein Leben lang Ärger mit dieser Sache haben. Lass dir von Politikern aller Parteien nicht die Glocke um den Hals hängen.«

Und Ihr anderer Bruder?

Der betrachtet das nüchterner. Das Grundverständnis, dass man sich gegenseitig hilft und zusammensteht, wenn einer in Schwierigkeiten kommt, hatte über all die Jahre Bestand.

In der Stahlkrise an die Spitze

Mitte der siebziger Jahre verdüstert sich über der Stahlindustrie im Saar-
land und im Ruhrgebiet der Himmel. 1975 bricht die Produktion in
Europa ein. Die Preise für Rohstahl fallen ins Bodenlose. Noch brennen
die Hochöfen, doch treiben gigantische Verluste viele Stahlwerke an Ruhr
und Saar an den Rand des Abgrunds. Für die deutsche Stahlindustrie,
Stolz der Nation und Motor des deutschen Wirtschaftswunders, beginnt
ein dramatischer Niedergang. In drei viertel der westdeutschen Stahlwerke
werden bis Anfang der neunziger Jahre die Hüttenfeuer erlöschen.
Mit der Stahlkrise nimmt die steile Karriere des Peter Hartz ihren An-
fang. Innerhalb von zehn Jahren bringt er es bis zum Personalvorstand
der Dillinger Hütte, einem saarländischen Stahlunternehmen mit
6000 Mitarbeitern. Der Überlebenskampf treibt derweil die anderen
mittelständischen Stahlunternehmen an der Saar immer weiter zusam-
men. Unter dem Dach der DHS – Dillinger Hütte Saarstahl AG –
werden sie schließlich zu einem Konzern. Und Hartz wird so zum
Arbeitsdirektor der gesamten saarländischen Stahlindustrie.
Dabei zieht die mächtige Industriegewerkschaft Metall, der Hartz seit
seinem fünfzehnten Lebensjahr angehört, im Hintergrund die Fäden
seiner Karriere. Sie positioniert ihre Leute in den Vorständen der großen
Konzerne. Dreimal hievt sie auch Peter Hartz in den Sattel: zunächst
bei seinem Wechsel von einem mittelständischen Armaturenhersteller in
eine größere Weiterverarbeitungsgruppe in der Stahlindustrie; ein paar
Jahre später setzt sie ihn bei der Dillinger Hütte als Personalchef durch;
1993 organisiert sie den Wechsel des ehrgeizigen Managers zum Auto-
mobilkonzern Volkswagen, indem sie dem damaligen Vorstandsvorsit-
zenden Ferdinand Piëch den entscheidenden Hinweis gibt. Doch Hartz
zögert. Volkswagen, damals in einer schweren Absatzkrise, beschäftigt
30 000 Mitarbeiter zu viel, die er entlassen müsste. Er sagt schließlich
zu und begegnet der Herausforderung auf seine Weise: Er erfindet die
Vier-Tage-Woche und wird damit bekannt. Mehr noch: An der Seite
Piëchs ist er bald einer der mächtigsten Männer im Konzern.

»Ich werfe keine Leute raus«

In der Stahlkrise sind Sie aufgestiegen. Der Strukturbruch im Saarland war Ihre Chance. War die industrielle Krise das Fundament Ihrer Karriere?

Das letzte gute Stahljahr vor der Krise war 1974. Die Nachfrage trieb die Produktion auf ein Niveau von 53 Millionen Tonnen Rohstahl und damit auf einen nie wieder erreichten Rekord. Dieses hervorragende Stahljahr habe ich nicht unmittelbar erlebt. Natürlich war die Euphorie im Saarland zu spüren. Ich hatte es nach meiner Lehre und meinem Studium aber inzwischen zum kaufmännischen Direktor bei dem mittelständischen Armaturenhersteller Jansen gebracht und war sehr viel auf Reisen.

Für einen Mittelständler?

Jansen war ein mittelständisches, sehr gut gehendes Unternehmen mit rund 500 Mitarbeitern, das 80 Prozent seiner Produkte ins Ausland lieferte. Damals sprach noch niemand von der Globalisierung. Aber das Unternehmen hatte bereits Kunden in der ganzen Welt. Aufträge kamen aus Pakistan und Japan, aus Südamerika und natürlich auch aus den europäischen Nachbarländern. Die Länder mussten bereist, die Kunden besucht werden. Bis nach Singapur und China bin ich gekommen. Ich weiß noch genau, wie ich Asien erlebt habe. Die Menschen dort waren bereit, für mehr Wohlstand unendlich zu arbeiten. Es herrschte eine Aufbruchstimmung, die wir in Europa erst sehr viel später wahrgenommen haben.

Sie wollten hoch hinaus, weiter bis ins Topmanagement. Sie strebten eine Industriekarriere an. Was trieb Sie an?

Mein Ehrgeiz. So war ich aufgewachsen. Meine Eltern hatten mir beigebracht, mein Bestes zu geben, denn dann würde sich auch der Erfolg einstellen. Dieser Zusammenhang war mir in Fleisch und

Blut übergegangen. Natürlich hat mich auch die materielle Seite des Erfolgs interessiert.

War es nicht auch die Angst, wieder in Armut zurückzufallen?

Angst nicht, denn meine Kindheit war eine glückliche, trotz vieler materieller Entbehrungen. Aber vieles ist einfacher, wenn Geld da ist. Ich hatte eine Familie, und auch der wollte ich etwas bieten. Mein Sohn sollte es besser haben als ich.

1976 wechselten Sie von der Firma Jansen in die Stahlindustrie.

1976 wurde ich Mitglied der Geschäftsführung der Röchling-Burbach Weiterverarbeitung GmbH. Es war meine erste Bestellung als Arbeitsdirektor und damit in der Spitze eines Unternehmens.

Um die Dramatik des industriellen Strukturwandels zu verstehen, in den Sie 1976 hineingerieten, muss man wissen, dass es im Saarland vor Ausbruch der Stahlkrise mehrere unabhängige Stahlunternehmen gab, die dann unaufhaltsam verschwanden.

Es gab die Völklinger Hütte der Familie Röchling. Daneben wirtschafteten die Vereinigten Hüttenwerke in Burbach, die zum luxemburgischen Stahlkonglomerat ARBED gehörten. Das Hüttenwerk in Neunkirchen als drittes Unternehmen gehörte den Familien Stumm und Wolff von Amerongen. Hinzu kam die Dillinger Hütte, die anders als die anderen drei Hüttenwerke nicht Langprodukte, sondern Flachstahl produzierte. Der Standort Dillingen gehörte zu dem französischen Konzern Usinor-Sacilor. Das alles waren mittelständische Unternehmen mit teilweise jahrhundertealter Tradition. Die Familien Röchling, Stumm und Wolff von Amerongen zogen sich immer weiter aus dem Stahlgeschäft zurück. Sie verkauften ihre Anteile an die großen Konzerne. Als ich ins Stahlgeschäft einstieg, hatte die Familie Röchling ein paar Jahre zuvor der Fusion ihres Hüttenwerks in Völklingen mit der Burbacher Hütte der luxemburgischen ARBED zugestimmt. 1978 ist Röchling dann ganz ausgeschieden. 1982 verlor auch die Neunkirchener Hütte ihre

Eigenständigkeit. Die Familien verkauften an ARBED, die ARBED Saarstahl GmbH wurde gegründet …

… deren verzweifelter Überlebenskampf vielen genauso in Erinnerung geblieben ist wie das Ringen um die Zukunft des Stahlstandortes Rheinhausen an der Ruhr.

Es war eine furchtbare Zeit. Sie müssen sich das vorstellen: 1982 wurden an der Saar drei vollintegrierte Hüttenwerke zu einem einzigen zusammengefasst, aus sieben Stahlwerken an drei Standorten wurden zwei Stahlwerke an einem. Fast 40 Prozent der Kapazität wurden abgebaut, von 21 Walzstraßen waren gerade noch acht in Betrieb. Die Jahre darauf kam Saarstahl nicht ohne Finanzhilfen aus. Geld floss vom Bund und dem Saarland und verhinderte den Zusammenbruch. Das Saarland war mit seiner Stahlkrise zu einem Thema der Bundespolitik geworden, das auch die neue Bundesregierung unter Helmut Kohl, die 1982 ins Amt kam, in Atem hielt.

Einer der Gewinner der Stahlkrise waren Sie. Im Zuge dieser groß angelegten Restrukturierung trieb es Sie mit jeder weiteren Welle, die die selbständigen Stahlunternehmen verschluckte, nach oben. Sind Sie ein Krisengewinnler?

In der Stahlkrise konnte man nichts gewinnen, außer vielleicht Erfahrungen im Krisenmanagement. Im Fusionsprozess der einzelnen Hüttenwerke wurden viele Aufgaben von bereits amtierenden Managern in Personalunion versehen, denn es sollten möglichst keine neuen Positionen geschaffen werden. Der Ausgangspunkt meiner Karriere war nicht die Stahlkrise, sondern ein ganz anderer: Es war die mächtige IG Metall, der ich meinen Aufstieg mit zu verdanken habe.

Das müssen Sie erklären.

Es gab ein sehr einflussreiches Vorstandsmitglied namens Rudolf Judith. Er war im Vorstand der Industriegewerkschaft Metall für Stahl zuständig. In den siebziger Jahren schon machte er sich auf die Suche nach einem neuen Typus von Arbeitsdirektor. Die Stahl-

Peter Hartz mit seinem großen Förderer Rudolf Judith, Vorstandsmit-
glied der IG Metall, und Heinz Gemenig, dem Betriebsratsvorsitzenden
der Dillinger Hütte, 1990

industrie ist stark von einer besonderen Art der Mitbestimmung
geprägt, der Montanmitbestimmung. Die Gewerkschaft hatte den
entscheidenden Einfluss darauf, wer als Personalchef in den Vorstand der Stahlkonzerne Einzug hielt. Sie besaß das Vorschlags-
recht, das sich allein aus der Tatsache ergab, dass gegen den Willen der Arbeitnehmerseite kein Personalvorstand berufen werden
konnte …

> *… zumal die Arbeitnehmer paritätisch im Aufsichtsrat und*
> *auch in dessen Machtzentrum, dem Präsidium, vertreten wa-*
> *ren.*

Judith also suchte diesen neuen Typus. Der sollte nicht nur den
richtigen Stallgeruch haben, also langjähriges Gewerkschaftsmitglied sein, sondern er sollte darüber hinaus auch das Manager-
handwerk beherrschen. Bis dahin hatten sich vor allem Betriebsräte von einfacheren Positionen bis in die Geschäftsführungen oder

Vorstände der Unternehmen hochgearbeitet. Der Nachteil dieser Prozedur lag auf der Hand: Die Personalchefs konnten mit den neuen Formen der Unternehmensführung, den neuen Managementtechniken nicht allzu viel anfangen. Judith wollte aber, dass die Arbeitsdirektoren ihren Vorstandskollegen auf Augenhöhe begegneten. Sie sollten im Vorstand nicht mehr nur die Funktion eines Sozialdirektors bekleiden, der sich einzig um die Belange der Arbeitnehmer kümmert; die Arbeitsdirektoren sollten vielmehr gleichberechtigte Vorstandsmitglieder sein.

Eigentlich klug gedacht, denn nur so würden die Personalchefs nicht an den Rand des Führungsgremiums gedrängt, sondern von den Vorstandskollegen auch in strategischen Fragen ernst genommen. Und die Gewerkschaftsfunktionäre sollten damit noch mehr Einfluss haben.

Genau aus diesem Grund hat er Manager gesucht, die auch als solche schon Karriere gemacht hatten. Er wusste, dass die Gewerkschaft in Zukunft andere Arbeitsdirektoren brauchen würde. Hinzu kam, dass sich langsam, aber sehr stetig auch in der großen IG Metall ein Paradigmenwechsel vollzog. Die Gewerkschafter begannen, die handlungsleitende Funktion der Unternehmensgewinne zu akzeptieren. Sie begriffen, dass ein Unternehmen zunächst einmal so geführt werden muss, dass es Geld verdient. Diese Einsicht war damals keineswegs selbstverständlich. Vorher und auch damals noch hatten die Gewerkschaften für die Verstaatlichung oder die Sozialisierung ganzer Konzerne gekämpft.

Ganz so einfach allerdings wird es wohl kaum gewesen sein, einen »gelernten« Manager mit Gewerkschaftszugehörigkeit zu finden.

Das war in der Tat nicht einfach, denn jemand, der eine Managerkarriere verfolgt, ist meistens nicht gerade überzeugtes Gewerkschaftsmitglied. Ich allerdings hatte unter den Argusaugen meines Bruders Kurt nie ernsthaft in Erwägung gezogen, aus der IG Metall auszutreten. Insofern hatte ich die richtige Provenienz. Dadurch, dass Rudolf Judith auch an der Saar tätig war und meinen Bruder Kurt sehr gut kannte, bekam ich die Gelegenheit, ihn einmal zu treffen. Judith lud mich zu einem ersten Gespräch nach Düsseldorf ein, als ich noch bei Jansen arbeitete. Ich selbst wusste, dass durch die Mitbestimmung in Deutschland 20 oder 30 Vorstandspositionen mit Arbeitsdirektoren zu besetzen waren. Und natürlich hatte die IG Metall dabei ein gewichtiges Wort mitzureden.

Sie wussten also, dass die Tatsache, dass das IG-Metall-Vorstandsmitglied Rudolf Judith Sie zu einem Gespräch nach Düsseldorf einbestellt, für Sie eine große Chance bedeutete.

Sicher, dessen war ich mir wohl bewusst. Über die Mitbestimmung konnte die IG Metall ihre Leute in den Vorständen der großen Unternehmen als Arbeitsdirektoren positionieren. Die klugen Vorstände und Aufsichtsräte der Anteilseignerseite eines Konzerns haben sich daher schon im Vorfeld mit der mächtigen IG Metall arrangiert. Judith wiederum hatte den Ehrgeiz, Konzernvorständen und Aufsichtsräten vorzeigbare Leute zu präsentieren, eben jenen neuen Typus von Arbeitsdirektor, der kaufmännisch oder betriebswirtschaftlich ausgebildet und erfahren war. Judith wusste auch, wie sehr wiederum jeder Vorstandsvorsitzende daran interessiert war, dass gute Kollegen in sein Gremium einzogen. So wollten Judith und auch die gesamte IG Metall Personalvorschläge machen, die gleich akzeptiert wurden.

Von dem Einfluss der Mitbestimmung hatten Sie demnach schon hinreichend Ahnung.

Ich habe die Macht und die Leistungen der Mitbestimmung durch meinen Bruder Kurt von klein auf mitbekommen. Die IG Metall war bei uns Familienthema. Ich erlebte den Aufstieg meines Bruders zu einem im Saarland bedeutenden und einflussreichen Gewerkschafter hautnah. Über die Macht und den Einfluss der Gewerkschaften, aber auch über ihre Grenzen habe ich von ihm unendlich viel gelernt. Er machte nie einen Hehl daraus, dass die Gewerkschaften Managerkarrieren in ganz erheblichem Maße beeinflussen können. Im Mitbestimmungsgesetz ist es auch nicht anders vorgesehen. Mir war sehr schnell klar: Die IG Metall hat Konzernvorstände gemacht.

Sie trafen Rudolf Judith in Düsseldorf ...

Im Sommer 1975 im Zweigbüro der Mitbestimmung. Ich war noch sehr jung, gerade 34 Jahre alt. Er wollte sehen, ob ich mich für eine der Toppositionen eignete. Da ich einen kaufmännischen und betriebswirtschaftlichen Hintergrund und reichlich Vertriebserfahrung besaß, hielt er mich dafür zumindest prädestiniert. Ich reiste bereits am Vorabend nach Düsseldorf, weil ich unbedingt pünktlich sein wollte. Ich wusste, es ging um viel.

Um Ihre Karriere, die Ihnen so wichtig war.

Wenn Rudolf Judith von mir überzeugt wäre, soweit war ich jedenfalls informiert, käme ich in den engeren Kandidatenkreis für eine der nächsten frei werdenden Posten als Arbeitsdirektor. Um die konkrete Position bei der Röchling-Burbach Weiterverarbeitung GmbH ging es damals allerdings noch nicht. Zwei Stunden etwa habe ich mit ihm gesprochen. Rudolf Judith hatte eine sehr starke Ausstrahlung, er war eine charismatische Persönlichkeit. Ich stand vor diesem Gespräch sehr unter Druck und war ziemlich nervös. Binnen ein paar Minuten hatte er die Situation entspannt. Am Ende des Gesprächs sagte er mir dann, dass er künftig an mich denken würde.

War Ihnen damit klar, dass Sie einen bestimmten Weg einschlagen würden? Mit der Gewerkschaft im Rücken würden Sie Karriere machen und nicht als Manager, der für sich allein steht und fällt ...

Für mich war der Stempel der IG Metall überhaupt nicht ehrenrührig. Im Gegenteil, ich habe ihn immer stolz getragen. So bin ich groß geworden – in dem Gespräch mit Judith wurden mir mein Elternhaus und meine Herkunft noch einmal bestätigt. Ich war ein Arbeiterkind und wollte ins Topmanagement der Industrie. Ich wusste auch, dass Macht und Einfluss vonnöten waren, wenn man etwas gestalten wollte. Die IG Metall hatte diese Macht und diesen Einfluss. Mit ihr schien eine Karriere schneller möglich.

Hatten Sie überhaupt schon Erfahrungen mit Betriebsräten und der Mitbestimmung?

Auch die Firma Jansen hatte einen Betriebsrat, mit dem ich als kaufmännischer Leiter die eine oder andere Auseinandersetzung auszufechten hatte. Das Rollenspiel war mir also durchaus bekannt. Der Betriebsrat stand auf der anderen Seite. Und natürlich ging es um die Interessen der Arbeitnehmer. Allerdings hatte Deutschland Anfang der siebziger Jahre das Wirtschaftswunder und einen langen Aufschwung hinter sich, eine unglaubliche Wachstumsphase. Die Probleme der Verknappung von Industriearbeit, der notwendigen Anpassung von Kapazitäten und der Gewinneinbrüche gab es damals noch nicht. Es war immer aufwärts gegangen. Außerdem florierte die Firma Jansen. Mit den Betriebsräten habe ich dort vor allem um Neueinstellungen und um höhere Löhne verhandelt und am Rande noch um die Verkürzung von Lieferzeiten und die Verbesserung der Produktqualität. Das sind ganz andere Vorzeichen als in Krisenzeiten, in denen man anfangen muss, Arbeitnehmern ihren Besitzstand wieder abzunehmen. Heute erscheint das kaum noch vorstellbar, aber ich habe mich dort mit dem Betriebsrat tatsächlich darüber gestritten, ob die Geschäftsführung nur fünf statt sieben Prozent mehr Lohn und Gehalt zahlt.

Sie hatten jedenfalls schon gelernt, dass es trotz Wachstum und Wirtschaftswunder starke Interessengegensätze zwischen der Arbeitgeberseite und den Betriebsräten geben kann.

O ja. Die Betriebsräte dort haben mich nicht nur geliebt. Das hat hinterher, als sich die Völklinger Betriebsräte vor meinem Wechsel von Jansen in die Stahlindustrie erkundigt haben, was ich wohl für ein Typ Manager sei, auch zu sehr kritischen Stimmen geführt. Ich sei, hieß es damals, für einen Arbeitsdirektor ein bisschen zu ehrgeizig.

Gekippt aber wurden Sie nicht?

Wenn die Gewerkschaft jemanden durchsetzen will, schafft sie das meist auch. Vorausgesetzt natürlich, der Kandidat trifft bei den Arbeitnehmervertretern eines Unternehmens, also bei den Betriebsräten, auf Zustimmung.

Wie ging es weiter?

Wenige Monate nach meinem Treffen mit Judith kam der Hinweis, dass in der Weiterverarbeitung in Völklingen der Posten des Arbeitsdirektors zu besetzen sei. Judith rief an, klärte mich über seine Taktik auf und bat mich, Stillschweigen zu bewahren: »Wenn wir dich zu früh einbringen, dann wirst du verbrannt.« Die Gruppe beschäftigte damals 3000 Leute.

Für Sie ist das ein großer Sprung gewesen.

Ich empfand die neuen Aufgaben und Herausforderungen als ganz enormen Sprung nach oben. Zumal sich die Mitarbeiter auf insgesamt sechs Gesellschaften verteilten. Ich wurde Mitglied der Geschäftsführung eines Konzerns mit ganz anderen Aufgaben als vorher. Der Aufsichtsrat bestellte mich. Aufsichtsratsvorsitzender war der Chef der ARBED Saarstahl, Jürgen Krackow. Ich hatte damals noch zwei Kollegen und war für das Personal und das Rechnungswesen zuständig. Einer meiner Kollegen wurde plötzlich krank. Er fiel längere Zeit aus, seine Aufgaben wurden aufgeteilt, sodass ich auch noch den Vertrieb übernehmen musste. Für mich war das die Chance, sehr schnell in die Stahlindustrie und ihre Weiterverarbeitung hineinzuwachsen. Ich lernte ihre Strukturen kennen und ziemlich bald dann auch ihre unendlichen Nöte.

Wie lange sind Sie dort geblieben?

Knapp vier Jahre, vom 1. April 1976 bis zum 30. September 1979.

Zu der Zeit mussten Sie bereits größere Betriebsversammlungen bestreiten …

… weil ich als Personalchef und Mitglied der Geschäftsführung der Belegschaft die Unternehmenspolitik erklären musste. Das geschieht in der Regel in den Betriebsversammlungen. Als ich in die Stahlindustrie wechselte, war die Stahlkrise bereits ausgebrochen. Die Umsätze waren stark zurückgegangen, die Diskussion um Kapazitätsanpassungen hatte längst begonnen. Allerdings hat keiner vorhergesehen, dass die Stahlunternehmen einer jahrzehntelangen Krise entgegengingen. Das Unternehmen, das ich mit führte, war damals noch nicht direkt von dem Einbruch am Stahlmarkt betroffen. Die Weiterverarbeitung sollte ausgebaut werden, um die Umsatzrückgänge in der Stahlproduktion zu kompensieren.

Erinnern Sie sich an Ihre ersten Eindrücke einer solchen Betriebsversammlung?

Ich war verblüfft, wie sehr die Versammlungsredner Stimmung machten. Das hatte agitatorische Züge. Ziemlich schnell, also auf einer der nächsten Versammlungen, wurde ich dann auch ausgepfiffen. Anfänglich erschien mir das ungehörig und unverständlich. Schnell aber begriff ich, dass ich für die Arbeitnehmer und Betriebsräte auf der falschen Seite stand. Auch merkte ich, dass dieses Auspfeifen Teil eines immer wiederkehrenden Rituals war. Von da an gewöhnte ich mich an das Auspfeifen. Ich habe dann als Arbeitsdirektor Karriere gemacht und war am Ende meiner Stahlzeit für 15 000 Mitarbeiter zuständig.

Was hat die Stahlkrise eigentlich ausgelöst?

Der Ölpreisschock hatte in der Weltwirtschaft deutliche Spuren hinterlassen. Die weltweite Wachstumsschwäche mündete in eine Wirtschaftskrise, die alle Industrieregionen erfasste. Im Zuge dessen brach auf dem Weltmarkt auch die Nachfrage für Stahl zusammen. Hinzu kamen neue Stahlunternehmen, die in Asien entstanden und deutlich günstiger produzierten als wir in Deutschland, was wiederum das Problem der Überkapazitäten verschärfte. Die Märkte waren gesättigt. Trotz hoher staatlicher Subventionen waren die deutschen Unternehmen gegenüber den billig anbietenden

Erste Betriebsversammlung als Arbeitsdirektor bei der Röchling-Burbach Weiterverarbeitung GmbH 1976

asiatischen Stahlwerken und den Hütten des Ostblocks nicht wettbewerbsfähig. Darüber hinaus wurde der Traditionswerkstoff Stahl in immer mehr Produkten durch Kunststoff ersetzt. Die saarländischen Langprodukte-Hersteller plagte zudem noch ein eigenes Problem: Sie hatten die großen Investitionen in der Stahlproduktion nicht nachvollzogen und litten deshalb zusätzlich unter mangelnder Effizienz.

> *Zunächst setzten die Stahlunternehmer auf die Weiterverarbeitung, um die Umsatzeinbrüche aufzufangen – zumindest die Manager in Völklingen.*

Auch die Belegschaft spielte mit. Wir haben damals einen Ideenwettbewerb ausgerufen unter dem Motto: »Wer spinnt, gewinnt«. Schon damals wollten wir die Mitarbeiter mit ihrem ganzen kreativen Potenzial in den Prozess einbeziehen. Sie sollten Ideen für neue Produkte entwickeln, mit denen die Weiterverarbeitung noch mehr Geld verdienen konnte. Wir sind sogar so weit gegangen, dass alle Familienmitglieder aufgefordert waren mitzudenken. Es kamen unglaubliche Produktideen zustande, etliches, aber natürlich längst nicht alles wurde umgesetzt.

Allerdings muss man realistisch bleiben. Wenn man 200 Ideen prüft und fünf davon schließlich realisiert, ist das eine sehr gute Auslese. Viele Mitarbeiter blieben jedoch enttäuscht zurück, weil ihre Ideen von den Fachleuten letztendlich doch verworfen wurden – ein Effekt übrigens, den ich unterschätzt hatte. Aus dieser Aktion hat das betriebliche Vorschlagswesen starke Impulse erhalten. Sie glauben gar nicht, was für Ideen dort entstanden sind. Daher rührt auch mein Glaube an die Talente der Leute, die ich unbedingt für ein Unternehmen nutzbar machen wollte. Sie kommen auf die Talente der Mitarbeiter, wenn Sie sie mal nach ihren Hobbys fragen, denn die sind ja nichts anderes als angewandte Talente. Das ist zum Teil ausgesprochen verblüffend.

Hatten Sie sich auf die neue Aufgabe in der Weiterverarbeitung GmbH eigentlich vorbereitet?

Direkt vorbereitet habe ich mich nicht, der Wechsel kam sehr schnell. Aber ich habe schon zu meiner Zeit bei Jansen immer alles an Managementliteratur gelesen, was neu auf den Markt kam. Ich war geradezu getränkt mit modernen Managementmethoden, mit dem Wissen um Führungsstile und Mitarbeitermotivation. Ich habe, wie ich zu meiner Schande gestehen muss, in diesen Jahren nur noch Fachliteratur gelesen …

… und unter dieser Einseitigkeit wohl auch nicht gelitten.

Damals absolut nicht. Das Führen von vielen Menschen und die personelle Organisation großer Unternehmenseinheiten faszinierten mich. Unendlich viele Gedanken habe ich mir um meinen Führungsstil gemacht! Immer wieder kreisten meine Überlegungen darum, wie ich mehr Effizienz beim Einsatz der Mitarbeiter schaffen kann, ohne ihnen ihre Löhne und Gehälter zu kürzen. Meine Kernfragen lauteten damals: Wie kann ich die Belegschaft beteiligen? Wie muss ich die hierarchischen Strukturen verändern? Wie muss ich die Mannschaft trainieren, ausbilden und anders organisieren, damit sie in gleicher Zeit und zu niedrigeren Kosten mehr produziert?

… was am Ende zu einer wahren Obsession geworden ist.

Zumindest hat mich diese Suche mein ganzes Berufsleben begleitet. Bei der Weiterverarbeitung GmbH in Völklingen haben diese Überlegungen ihren Anfang genommen und zogen sich weiter während meiner Zeit bei der Dillinger Hütte bis ganz hinauf zu Volkswagen. Hier, in der Stahlkrise und unter diesen Umständen, habe ich meinen Weg begonnen, nach immer neuen Potenzialen im Produktionsprozess zu suchen, damit ja kein Mitarbeiter seinen Arbeitsplatz verliert und die Industriearbeitsplätze hier in Deutschland auch wettbewerbsfähig bleiben.

Idealisieren Sie sich da nicht? Für einen Jungmanager wäre das sehr reif.

Notgedrungen mussten wir über diese Dinge nachdenken, denn die saarländische Stahlindustrie war international nicht wettbewerbsfähig. Mein Denken hat hier begonnen und sich im Laufe meiner Karriere dann nur noch verfeinert, in seiner Richtung aber nicht mehr verändert. Hinzu kam natürlich mein Weltbild. Ich habe immer versucht, den Leuten vor Ort zuzuhören. Und dann habe ich sehr schnell begriffen, dass ich von den Arbeitern lernen kann, denn sie verstehen den Produktionsprozess oft sehr viel besser als wir Manager, die nicht mehr direkt damit befasst sind. Häufig brachte mich eine in schlichten Worten vorgebrachte Frage eines Belegschaftsmitglieds in den vielen Betriebsversammlungen zum Nachdenken. Warum bestimmte Dinge nur auf die eine und nicht auch auf andere Weise erledigt werden können. Wenn ich diesen Hinweisen dann nachging, war meistens etwas dran. Die Arbeiter sind Ideenlieferanten, Erfahrungslieferanten und noch vieles mehr.

Haben Sie an Ihrer ersten Stelle als Arbeitsdirektor auch Tarif-
verhandlungen geführt?

Dafür war ich von meiner Position her zuständig. Im Saarland kam
es dann allerdings zu der Kuriosität, dass mir ausgerechnet mein
Bruder als IG-Metall-Bevollmächtigter auf der Arbeitnehmerseite
gegenübersaß, also mein Verhandlungspartner war. Auf seine An-
regung hin habe ich mich deshalb bei den Tarifverhandlungen vertreten lassen. Ich weiß noch, wie er zu mir sagte: »Das musst du
doch nicht selbst machen, denn wir brauchen uns in den Tarifverhandlungen nicht gegenseitig die Köpfe einzuschlagen.« Ich habe
seinen Rat befolgt. Das war gut so, weil die Verhandlungen im
Laufe der Zeit an Härte enorm zunahmen.

Haben Sie ihm dabei jemals gegenübergesessen?

Nein, mein Kollege aus der Geschäftsführung der Weiterverarbeitung GmbH führte die Tarifverhandlungen. Er hatte Interesse
daran. Insofern musste ich mit meinem Bruder nie persönlich öffentlich verhandeln. Es hat durchaus Vorteile, wenn nicht gerade
der Arbeitsdirektor, der im Idealfall Vertrauensmanager der Belegschaft ist, seine Rolle wechselt und den Arbeitern Zugeständnisse
abringen muss. Später bei Volkswagen habe ich die Tarifverhandlungen ebenfalls nur konzipiert und gesteuert, aber nicht selbst geführt. Der Rat meines Bruders war ganz über unser persönliches
Verhältnis hinaus ein sehr lebenskluger Rat. Was sollte ich der Belegschaft zunächst die unumgänglichen Blessuren beibringen, um
hinterher ihre Wunden zu pflegen?

Das allerdings hatte Ihr Bruder wohl weniger im Sinn …

Er, der meine Einstellungen und Ziele kannte, hat immer mit auf-
gepasst, dass wir nicht unnütz aneinandergerieten. So manches
Mal ließ sich eine Konfrontation allerdings nicht vermeiden. Als
die Dillinger Hütte und Saarstahl 1986 zusammenrückten, wurde
ich in Personalunion auch Arbeitsdirektor für Völklingen. Am
16. Januar 1987 kam es zu einer Massendemonstration mit 25 000

Leuten. Aufgrund der desolaten Lage der Saarstahl schlugen die Wellen wieder einmal hoch. In der Schlacht zwischen Arbeitgebern und Gewerkschaft ging es um Personalanpassungen, Entlassungen, Kapazitätsanpassungen. Diesmal konnte ich mich nicht wie in den Tarifverhandlungen vertreten lassen. Als Personalchef war die Lösung von Personalproblemen meine Sache. Ich beanspruchte, nur weil mein Bruder in der IG Metall politisch aktiv war, keine Sonderbehandlung. Wir standen uns auf einer Veranstaltung buchstäblich gegenüber. Er kämpfte für die Arbeitnehmer-, ich für die Arbeitgeberseite. Er hatte die drohende Arbeitslosigkeit der Belegschaft im Blick, ich das Überleben der Saarstahl GmbH.

Oskar Lafontaine, damals bereits Ministerpräsident im Saarland, war auch anwesend. Die Stimmung war aufgeheizt. Ich erinnere mich noch, wie die Glocken der Stadt unablässig läuteten und der Übertragungswagen immer wieder die Melodie aus dem Film »Spiel mir das Lied vom Tod« spielte. Damals mussten wir viele Tausend Arbeitsplätze abbauen. In Völklingen blieben als Zeichen der Solidarität mit der Belegschaft die Geschäfte geschlossen. Oskar Lafontaine war besorgt über die direkte Konfrontation meines Bruders und mir. Ihm ging es dabei wahrscheinlich weniger um unser brüderliches Verhältnis als vielmehr um seine saarländische SPD. Ihn trieb offenbar die Sorge um, dass das SPD-Mitglied Kurt Hartz auf das SPD-Mitglied Peter Hartz und der Gewerkschaftsfunktionär Kurt Hartz auf den Arbeitsdirektor Peter Hartz eindrischt. Ich habe mitdemonstriert, denn auch ich wollte niemanden entlassen. Aber ich musste eben die notwendigen Maßnahmen verkünden, das war meine Aufgabe als Personalchef.

Das alles fand allerdings sehr viel später statt, als Sie schon Arbeitsdirektor bei der Dillinger Hütte waren. Wie kam es eigentlich zu dem Wechsel?

Die Dillinger Hütte war als Tochtergesellschaft des französischen Konzerns Usinor-Sacilor noch nicht in den Strudel der Restrukturierung gezogen worden. Der Arbeitsdirektor der Dillinger Hütte,

Nikolaus Schreiner, stand vor dem Ruhestand. Er hatte meine Arbeit kennengelernt. Ich war sein Wunschkandidat. Noch immer führte bei der Besetzung der Vorstände mit Arbeitsdirektoren Rudolf Judith Regie. Diesmal musste er den französischen Eigentümern der Dillinger Hütte einen vor allem erprobten Kandidaten präsentieren. Er kannte mich, wusste auch um meine Vorliebe für Frankreich. Ich passte also: Ich kam aus der Gegend, verfügte über genügend Managementwissen und Erfahrung und konnte mich mit den Anteilseignern in deren Landessprache unterhalten. Damals war ich 38 Jahre alt.

Dreimal in Ihrem Berufsleben hatten Sie der IG Metall einen Karrieresprung zu verdanken. Bei Ihrem Wechsel von der Weiterverarbeitung GmbH zur Dillinger Hütte hat Ihnen die mächtige Gewerkschaft zum zweiten Mal den Steigbügel gehalten.

Richtig. Die Dillinger Hütte war ein größeres und in der Stahlkrise noch immer gesundes Unternehmen, was nicht nur am exzellenten Management, sondern auch an den Produkten lag. Von dem Einbruch der Nachfrage auf dem Weltmarkt war vor allem der Langstahl betroffen, in Dillingen aber wurden Flachstahlprodukte, Grobbleche, hergestellt. Die Vorstände dort hatten einen starken Stand. Immerhin verdienten 6000 Mitarbeiter bei der Dillinger Hütte ihr Geld.

Waren Sie der einzige Deutsche im Vorstand der Dillinger Hütte?

Ich war der einzige Deutsche, meine drei Kollegen waren Franzosen. Ich erinnere mich noch genau an die erste Vorstandssitzung. Die Kollegen sprachen Deutsch, meinetwegen. Ich war beeindruckt. Und sie behielten das auch bei. Immer wenn wir in Deutschland waren, wurde Deutsch gesprochen – eine sehr noble Geste.

Haben Sie sich mal darüber Gedanken gemacht, wie Ihre Karriere verlaufen wäre, wenn Rudolf Judith nicht so machtbewusst und durchsetzungsstark und Sie kein Gewerkschaftsmitglied gewesen wären?

Vielleicht hätte ich es nicht so schnell nach oben gebracht. Trotzdem bin ich der Überzeugung, dass ich meinen Aufstieg nicht nur der Gewerkschaft zu verdanken habe. Ich hätte sicher auch einen ordentlichen Vertriebsvorstand abgegeben. Aber: Ich war überzeugtes Gewerkschaftsmitglied. Die IG Metall gehörte zu meinem Leben.

Lassen Sie uns ein erstes Resümee ziehen: Wie hat der rasante Aufstieg den Menschen Peter Hartz verändert?

Mein Aufstieg versetzte mich in die Lage, etwas zu bewegen. Dessen war ich mir zunehmend bewusst. Das ist womöglich die größte Veränderung. Ich hatte die Macht, Verhältnisse – soweit es die Umstände zuließen – nach eigenen Vorstellungen zu gestalten. Und genau das hatte ich immer gewollt.

Hat sich damit auch Ihr Lebensstil verändert?

Der Lebensstil verändert sich mit dem Aufstieg automatisch. Wir konnten uns mehr leisten. Das kann man ganz einfach daran festmachen, wie wir wohnten: zunächst in einer Wohnung, dann in unserem ersten kleinen Haus in Niederwürzbach. 1980 dann habe ich das alte Bauernhaus in Siersburg gekauft.

Oder man macht es an Ihrem Hobby fest: Sie reiten und besitzen auch eigene Pferde, einen Reitstall, eine Koppel hinter dem Haus.

Mit dem Reiten habe ich schon Mitte der sechziger Jahre begonnen. Zunächst nahm ich Reitstunden, dann kaufte ich mir ein ausrangiertes altes Schulpferd, das allerdings nur die Bahn und kaum die freie Natur kannte. Anfang der siebziger Jahre legte ich mir dann ein junges Pferd zu, Gonzales. Er wurde 33 Jahre alt und gehörte 31 Jahre zur Familie.

Reiten ist ein ganz und gar unproletarischer Sport. Wollten Sie Ihre proletarische Herkunft partout hinter sich lassen? Das aufwendige Hobby samt eigenem Pferd vermittelt zumindest diesen Eindruck.

Meine Liebe zu den Pferden ist eher Ausdruck einer großen Naturverbundenheit. Mein Großvater war in der Landwirtschaft tätig. Daher erkläre ich mir meinen Hang zur Natur, meine Liebe zu den Tieren. Ich selbst bin auf dem Dorf groß geworden. Wenn man auf einem Pferd ausreitet, ist man der Natur ganz nahe. Als wir in das alte lothringische Bauernhaus nach Siersburg zogen, das natürlich auch eine Scheune hatte, lebten wir alle unter einem Dach – die Familie mit Pferden, Hund und Katze.

Sie genossen Ansehen, waren im ganzen Saarland bekannt. Was hat Ihnen das bedeutet?

Das Saarland ist sehr klein, das gesellschaftliche Leben daher überschaubar. Natürlich nahm ich durch meinen Aufstieg am gesellschaftlichen Leben teil und habe das auch genossen. Es wurde zu einer Selbstverständlichkeit. Aber meine Brüder waren nicht minder bekannt. Der eine war ein erfolgreicher mittelständischer Unternehmer, der andere Gewerkschaftsfunktionär und Politiker. Das wiederum wirkte auf meine Bekanntheit wie ein Multiplikator. Wir waren die »Hartz Brothers« und als Trio natürlich per se schon auffällig.

Sie führten ein Leben in materiellem Wohlstand und verdienten viel Geld. Wie haben Ihre Eltern Ihre Karriere verfolgt?

Meine Eltern waren unglaublich stolz auf ihre Söhne, unsere Erfolge machten ihr Glück aus. Heute bin ich froh, dass sie das Ende meiner Karriere nicht mehr mitbekommen haben. Die vernichtenden Kampagnen in den Medien, der Prozess – meiner Mutter hätte all das das Herz gebrochen.

Sie kommen aus dem Arbeitermilieu, Sie sind ehrgeizig. Sie wurden Topmanager. Sie sind links und katholisch, Sie sind

Gewerkschafter und Arbeitgeber zugleich. Und Reserveoffizier.
Wie passt all das zusammen?

Das alles erscheint nur an der Oberfläche gegensätzlich, verträgt sich aber sehr gut bei einem geradlinigen Charakter. Wenn man die Zehn Gebote anerkennt, wenn man zu den Dingen steht, die man entscheidet und umsetzt, wenn man sich immer wieder darum bemüht, in seinen Funktionen ein gutes Beispiel zu geben, dann lösen sich die Gegensätze auf. Vor allem aber dann, wenn einem an den Menschen gelegen ist.

In den achtziger und auch noch neunziger Jahren war die Stahl-
industrie eines der großen politischen Themen Deutschlands.
Es galt, den ersten industriellen Strukturwandel zu steuern und
Regionen wie das Saarland und das Ruhrgebiet vor dem sozia-
len Kollaps zu bewahren. Wie haben sich die Politiker damals
geschlagen?

Am meisten hatte ich mit Oskar Lafontaine zu tun. Im März 1985 gewann er bei den Landtagswahlen die absolute Mehrheit. Am 9. April wurde er saarländischer Ministerpräsident. Die Stahlkrise wurde damit auch zu seinem Problem. Noch war Saarstahl nicht in Landesbesitz. Mit Lafontaine mussten wir die Personalanpassungen organisieren, die das Saarland mit seiner industriellen Monostruktur ins Mark trafen.

Oskar Lafontaine war kooperativ. Sie hatten ein gutes Verhält-
nis zu ihm. Anderes aber blieb ihm angesichts der Industrie-
struktur des kleinen Bundeslandes auch nicht übrig.

So können Sie es auch sehen. Wenn ein kleines Bundesland in einer derartigen Standortkrise steckt, hat die Parteipolitik wenig Raum. Das wiederum machte es viel einfacher, mit den einzelnen Ministerpräsidenten gut zusammenzuarbeiten. Die praktizierte Landespolitik konzentrierte sich darauf, das Abrutschen vieler Stahlarbeiter in die Arbeitslosigkeit zu verhindern oder Subventionsgelder zu organisieren. Der Bund und das Saarland haben über Jahre viele

Millionen in die saarländische Stahlindustrie investiert. Wir, der Vorstand der Dillinger Hütte, der später auch für Völklingen zuständig war, die IG Metall mit ihren Betriebsräten und die Landesregierung mit Oskar Lafontaine an der Spitze, zogen letztlich an einem Strang. 1986 gründeten wir gemeinsam die Stahlstiftung, durch die arbeitslos gewordene Stahlkocher aufgefangen, betreut, weiterqualifiziert und weitervermittelt wurden. Auch dies wäre ohne das Engagement Lafontaines nicht möglich gewesen.

Als was für einen Menschen haben Sie ihn erlebt?

Das ist nicht einfach zu sagen, wenn man jemanden so lange kennt. Mit Oskar Lafontaine bin ich – im übertragenen Sinne – groß geworden. Er ist in etwa meine Altersklasse, nicht ganz mein Jahrgang. Ich kannte ihn schon, als ich in die Geschäftsführung der Weiterverarbeitung GmbH bestellt wurde. Seit 1976 war er Oberbürgermeister von Saarbrücken.

Als sich die Wege von Schröder und Lafontaine trennten, auf wessen Seite standen Sie da?

Diese Frage hat sich für mich nie gestellt, denn ich kam mit beiden gut zurecht. Ich habe mehrmals versucht, ein versöhnliches Gespräch zwischen ihnen zu vermitteln. Dafür aber war es zu früh.

Als Arbeitsdirektor zunächst in Völklingen, später dann in Dillingen, standen Sie häufig den Gewerkschaften gegenüber. Sie standen, selbst Gewerkschaftsmitglied, auf der anderen Seite. Hat das Ihre Einstellung gegenüber der IG Metall verändert?

Eigentlich nicht, weil die krisenhafte Situation der saarländischen Montanindustrie sehr viel Realismus in die Gewerkschaft hineingetragen hat. Die Ideologie rückte im täglichen Ringen nach Lösungen in den Hintergrund. Hinzu kam, dass die Unternehmen in den achtziger Jahren in ihrer Rechnungslegung zunehmend transparenter wurden. Jeder konnte nachvollziehen, wie es um ein Unternehmen wirklich bestellt war. Wer Zuschüsse haben wollte, musste die wahre Lage des Unternehmens offenlegen. Das wiederum ist auch an den Gewerkschaften nicht vorübergezogen. Sie wussten, wie schlecht es um die Stahlunternehmen und später vor allem um Saarstahl stand. Sie mussten Sanierungsprogramme und Personalanpassungen mittragen, damit Saarstahl weiter Bundesmittel für sein Überleben erhielt. Das hat die Forderungen der Gewerkschaften gemäßigt, denn auch Betriebsräte und Gewerkschaften sind bei all ihrer politischen Überzeugung mit gesundem Menschenverstand ausgestattet.

Bekämpft haben die Sie trotzdem.

Allerdings mit den gleichen Prioritäten, wie ich sie vertrat. Es ging in erster Linie um die Sicherung des Standortes. Geschlossen jedenfalls wurde keiner. Dann ging es darum, was mit den Menschen

Am Rande der Hauptversammlung der Dillinger Hütte: Peter Hartz mit Deutsche-Bank-Urgestein Hermann J. Abs und Josef Rosenthal, dem stellvertretenden Aufsichtsratsvorsitzenden der Dillinger Hütte

geschehen sollte, die in der Stahlindustrie nicht mehr gebraucht wurden. Ich habe nie einen Hehl daraus gemacht: Mein größtes Anliegen war es, dass niemand ohne Perspektive bleibt oder gar ins Nichts fällt. Dieses Anliegen ist bis heute geblieben, ich bin es nie mehr losgeworden …

> *… was womöglich ein Fehler war. Denn es wäre gar nicht Ihre Aufgabe als Manager gewesen, weder in der Stahlindustrie noch bei Volkswagen und schon gar nicht für Deutschland. Sie haben sich mit dieser Einstellung immer angreifbar gemacht.*

Ich kenne meine Herkunft, und ich habe das Schicksal meines Vaters nicht vergessen. Ich hätte nicht gegen meine Überzeugung handeln können.

> *Wann mussten Sie erstmals Tausenden von Mitarbeitern kündigen?*

In Dillingen musste ich das nie, weil es der Dillinger Hütte auch in der Stahlkrise noch vergleichsweise gut ging. Aber später in Völklingen musste ich mich damit auseinandersetzen. 1986 hat mich das Thema eingeholt. 1986/87 mussten Tausende von Mitarbeitern freigestellt werden. Das war die Bedingung dafür, dass weiter staatliche Zuschüsse flossen. Von der großen Demonstration habe ich bereits erzählt. Massenentlassungen waren ein Thema geworden, das wir irgendwie zu lösen hatten. Da die Stahlkrise seit Mitte der siebziger Jahre aber von einer latenten zu einer immer offensichtlicheren Krise wurde, waren wir darauf nicht unvorbereitet. Wir hatten die Stahlkrise kommen sehen. Ich hatte mitbekommen, wie schon in den Jahren zuvor alle Möglichkeiten ausgeschöpft wurden, die verzweifelten Menschen glimpflich aus dem Dienst nach Hause zu schicken oder besser noch anderswo unterzubringen. Die 1987 gegründete Stahlstiftung war mein Beitrag zur Lösung des Problems. Es war eine unkonventionelle Lösung in einer schier aussichtslosen Lage.

> *Was haben Sie in der Stahlkrise erlebt? Soziales Elend, Ungerechtigkeit …*

Immer wieder Stahlkocher auf der Straße – Beginn einer Demonstration in Völklingen 1987

Vor allem Angst, die große Angst der Stahlarbeiter. Die Angst der Menschen, was mit ihnen passieren wird, hat mir zugesetzt. Das Schlimmste, was den Menschen geschehen kann, ist, dass sie keine Perspektive mehr haben. Deswegen habe ich immer versucht, Perspektiven zu entwickeln. Den Menschen ist vieles zuzumuten, allerdings nur, wenn sie auch eine Perspektive bekommen, wie sie sich aus einer prekären Lage wieder befreien können. Sie dürfen ihnen die Hoffnung nicht nehmen. Ich habe mich in die Situation der Familienväter versetzt, die eines Tages nach Hause kommen und ihren Familien ankündigen mussten: »Es wird schwierig. Ich werde versetzt, wir haben weniger Geld, aber es gibt Chancen.« Das ist eine ganz andere Diskussion, als wenn ein Vater nur sagt: »Mein Job ist weg. Ich weiß nicht mehr weiter.« Letzteres ist unzumutbar, so empfinde ich es zumindest.

Welchen Menschen sind Sie in der Stahlindustrie begegnet, die einen tiefen Eindruck auf Sie hinterlassen haben?

Das waren die Gewerkschafter und Betriebsräte – unglaublich wackere, aufrichtige und bescheidene Menschen. Sie haben den Handlungsbedarf der Stahlunternehmen erkannt und dann gegenüber der Belegschaft auch vertreten. Sie hatten Zivilcourage, haben zu ihren Einsichten gestanden und meine Vorstandskollegen auch mal verteidigt. Sie haben sich von der Belegschaft regelrecht verprügeln lassen. Die Arbeitnehmervertreter hatten über ihre Mitgliedschaft in den Aufsichtsräten vor allem bei den harten Sanierungsschnitten ein Mitspracherecht. Sie waren ein Machtfaktor, ihre Macht haben sie allerdings nie missbraucht.

Anders als später bei Volkswagen in Wolfsburg. Sie hatten Kontakt zu den Arbeitern am Hochofen.

Denen bin ich tagtäglich begegnet. Nicht nur, weil ich mich immer wieder in den Betrieb aufgemacht habe, um mir die Sorgen der Mitarbeiter anzuhören. Damals wohnte ich schon in Siersburg in dem alten Bauernhaus, das wir über Jahre umgebaut haben. Es steht mitten im Ort. Die Garage dort ist offen, für jedermann ist also einsehbar, ob ich zu Hause bin oder nicht. Die Menschen wussten, wann ich abends kam. Dann rückten sie zaghaft an, fassten sich ein Herz und klingelten. Sie trugen mir ihre Sorgen vor, am Ende immer mit der gleichen Frage: »Was wird aus mir?«
Wenn diese Menschen, die Arbeiter, ihre Mütter und Frauen, schon zu mir nach Hause kamen, um mich anzusprechen, musste ich ihnen wenigstens zuhören. Die Familien hielten in der Stahlkrise stark zusammen. Ganze Orte hielten zusammen. Das Mindeste, was ich tun konnte, war, mir die Sorgen anzuhören. Ich konnte ihnen nur versprechen, dass ich mich um ihr Anliegen kümmere, prüfe, ob ich etwas tun kann. Das habe ich dann auch wirklich getan, habe Aufträge an meine unmittelbaren Mitarbeiter verteilt, sich der Dinge anzunehmen. Denn eines hatte ich mir vor-

genommen: Jeder, der mich persönlich ansprach, sollte zumindest eine Antwort bekommen.

Haben Ihnen die Menschen leidgetan?

Ich habe mich immer nur gefragt, an wen sie sich denn mit ihren Ängsten wenden sollten, wenn ich ihnen nicht zuhöre. Ich habe so viele Sonntagsreden über Grundwerte, über notwendige Einstellungen und vieles andere gehalten. Das brachte nun mal meine Arbeit mit sich. Aber was nützen all diese schönen Reden, wenn ich dann nicht die Zeit finde, einem Arbeiter zuzuhören und sein Anliegen wenigstens zu prüfen?

Über Jahre wurden der saarländischen Stahlindustrie Strukturhilfen gewährt …

… weil sie nicht lebensfähig war.

Schließlich drohte der Standort zu einem Fass ohne Boden zu werden. Haben die Hilfen auf Kosten der Steuerzahler die strukturelle Anpassung nicht unnötig verzögert?

Die Frage müssen Sie stellen. Sie ist allerdings schwer zu beantworten, weil der andere Weg nicht ausprobiert wurde oder werden konnte. Eine Endabrechnung zum Vergleich der Kosten eines Strukturbruchs mit und ohne Übergangshilfen ist also nicht möglich. Die Notwendigkeit einer Kapazitätsanpassung wurde im Saarland von allen Seiten eingesehen. Die wichtigen Entscheidungen darüber wurden getroffen. Aber der Rückbau der Kapazitäten sollte gesteuert und nicht den freien Kräften des Marktes überlassen werden, damit die Saarländer Zeit gewinnen konnten, um Alternativen aufzubauen. Es ging also um einen kontrollierten Strukturwandel. Wer sich die Monostruktur des Saarlands anschaut, kann nicht allen Ernstes nur die Kräfte der Wirtschaft walten lassen wollen. Für die Region wäre das nicht vertretbar gewesen. Der Ausstieg aus der Kohle ist der gleichen Überlegung geschuldet.

Sie haben immer mal wieder gesagt, die Stahlkrise habe Narben hinterlassen. Welche?

Ein Arbeiten in der Krise ist etwas ganz anderes als das normale Managen eines Unternehmens. Krisen hinterlassen tiefe Narben. Die Krise macht vor der Persönlichkeit nicht halt, sie beißt sich an einem fest. Das führt zu Verletzungen. Ich gebe Ihnen ein Beispiel aus dem täglichen Ringen zwischen Arbeitnehmern und Arbeitgebern: Einmal ging es so weit, dass mich die Betriebsräte loswerden wollten. Die Gewerkschaftsfunktionäre und Betriebsräte haben in Völklingen ein Symposium mit 80 bis 100 Leuten veranstaltet, das sich mit meiner Politik auseinandersetzen sollte. Daran musste ich teilnehmen und wurde buchstäblich zur Disposition gestellt. Schon vorher war ich stark unter Beschuss geraten.

Auf dem Symposium stellte man mich zur Rede. Ich versuchte, die Arbeitnehmerseite zu überzeugen. Wirklich gelungen ist es mir nicht. Aus solchen Situationen geht meistens keiner als strahlender Sieger oder ausschließlicher Verlierer hervor. Für mich war die Lage ausgesprochen heikel, weil ich wusste, dass die Arbeitnehmerseite einen Arbeitsdirektor durchaus zu stürzen vermochte.

Wie denn?

Die Arbeitnehmervertreter brauchen nur den Beschluss zu fassen, dass eine vertrauensvolle Zusammenarbeit mit dem Arbeitsdirektor nicht mehr möglich ist. Dann tragen sie diesen Beschluss über die entscheidenden Gremien bis in den Aufsichtsrat und ins Aufsichtsratspräsidium. Und das Präsidium, in dem immer auch Arbeitnehmervertreter sitzen, fällt dann die entsprechende Entscheidung. Hinzu kommt, dass sich ein guter Arbeitsdirektor auf lange Sicht nicht gegen den Willen der Arbeitnehmer wird behaupten wollen.

Hatten Sie in dieser Situation Angst um Ihre Existenz?

Nicht wirklich. Ich hatte übrigens auch nie die Sorge, keine Arbeit oder Aufgabe zu haben. Damals, in meiner Stahlzeit, war ich ja noch sehr jung und hatte unendlich viel Energie. Zukunftsängste kannte ich gar nicht.

1993 ging die Saarstahl AG in Konkurs. Es war ein Konkurs, den Sie nicht mitgetragen haben. Haben Sie deshalb der Stahlindustrie den Rücken gekehrt?

Der Konkurs ist mir sehr nahe gegangen. Es war eine Zäsur, auch für mich innerlich. Somit hat sich für mich ein Fenster geöffnet, um noch einmal etwas anderes zu machen, vielleicht in eine andere Branche zu wechseln. Vorher wäre ich innerlich nicht dazu bereit gewesen. Immer mal wieder hatte ich Angebote aus der einen oder anderen Branche bekommen, in manch bekanntem Konzern hätte ich Personalvorstand werden können. Ich habe allerdings stets abgewinkt. Ich gehörte in die Stahlindustrie und war darauf fixiert. Als Saarländer fühlte ich mich in meiner Heimat außerdem sehr wohl. Ich habe dort zwar viel gearbeitet, hatte aber noch ein gewisses Quantum Privatleben. Das wurde später bei Volkswagen ganz anders, wo es so etwas gar nicht mehr gab, an freie Wochenenden kann ich mich kaum erinnern.

50. Geburtstag 1991 in Siersburg – die Chefs des Stahlbüros der IG Metall: Willi Michels, Peter Hartz, Rudolf Judith, Dieter Schulte, Georg Ippers

Wieso ist Ihnen der Konkurs so nahe gegangen?

Wenn ein Unternehmen Konkurs anmeldet, dann gesteht sein Management ein, dass es Bankrott gemacht hat – verursacht durch was auch immer. Dann hat es auch versagt. Dann gilt das Konkursrecht, es kommt ein Konkursverwalter, im Fall von Saarstahl waren das zwei: Hans Ringwald und Jean Lang, der frühere Vorstandsvorsitzende von Dillingen. Wir, das Management, hatten nichts mehr zu sagen. Wir hatten alles versucht und waren doch erfolglos geblieben. Es war aus und vorbei.

Aber Sie wollten sich doch dann nicht davonstehlen?

Im Gegenteil: Ich wollte noch nicht einmal den Konkursverwalter ans Ruder lassen. Ich wollte weiter versuchen, die Existenzkrise, in die Saarstahl geraten war, zu beheben. Allerdings gab es für Saarstahl kein frisches Geld mehr. Über Jahre hatte das Hüttenwerk am Tropf von Dillingen gehangen und von seiner Liquidität gelebt – bis 1993 der Moment kam, in dem die französischen Anteilseigner die Subventionierung der kriselnden Hütte in Völklingen nicht mehr mittragen wollten, aus Angst, auch die Dillinger Hütte könne in Mitleidenschaft gezogen werden. Ich allerdings war der Meinung, Dillingen hätte den Cash Drain noch eine Weile verkraften können. Doch ich konnte niemanden mehr davon überzeugen. Der Geldhahn für Völklingen war endgültig abgedreht worden. Den Konkursantrag habe ich zum Zeichen meines Protestes nicht unterschrieben. Am Ende jedoch war genau der Konkurs die Basis für einen erfolgreichen Neubeginn. Saarstahl ist heute ein florierendes Unternehmen mit 5000 bis 6000 Mitarbeitern – es waren einmal mehr als 20 000.

Für Sie bedeutete der Konkurs eine Zäsur. Wie kamen Sie mit Volkswagen in Kontakt?

Ferdinand Piëch, der damals gerade von Audi als Vorstandsvorsitzender zu Volkswagen gewechselt war, rief mich eines Tages an. Wie ich hinterher erfuhr, war der Hinweis auf meine Person als möglicher neuer Personalvorstand aus der Frankfurter IG-Metall-Zentrale gekommen.

Das wäre das dritte Mal in Ihrer steilen Karriere, dass die IG Metall die entscheidende Weiche stellt.

Die Wirtschaftsabteilung der Gewerkschaft hatte Klaus Volkert, dem Betriebsratsvorsitzenden, einen Hinweis auf mich gegeben.

Eine Ironie der Geschichte, denn ausgerechnet Klaus Volkert sollte dreizehn Jahre später derjenige sein, der Sie zu Fall brachte.

Mein Vorgänger, Alexander Kowling, war überraschend gestorben. Zu der Zeit hatte Volkswagen ein großes Personalproblem zu lösen. 30 000 Mitarbeiter waren zu viel …

… und mit dem Abbau von Personal kannten Sie sich ja nun aus.

30 000 Menschen – was für eine unvorstellbare Zahl! Ich selbst war an derartige Dimensionen noch überhaupt nicht gewöhnt, ich konnte das nicht denken. Unter Massenentlassungen verstand man in der saarländischen Stahlindustrie den Abbau von mehreren Tausend Mitarbeitern. 30 000 Mitarbeiter – das wäre ein Drittel der deutschen Volkswagen-Belegschaft gewesen, die VW hätte entlassen müssen. Von 100 000 standen 30 000 zur Disposition. Mit konventionellen Mitteln war das kaum zu lösen.

Auf Sie aber war ein Auge gefallen, weil Sie, reich an Erfahrungen in der Stahlkrise, mit Entlassungen umgehen konnten. Hatte Piëch Sie als harten Sanierer im Visier?

Sicher nicht. Von einem Arbeitsdirektor, zumal einem, der von der IG Metall vorgeschlagen wird, ist das überhaupt nicht zu erwarten. Für die Sanierung hatte Piëch bereits José Ignacio López von General Motors geworben. Dessen Ruf als harter und vor allem unkonventioneller Sanierer eilte ihm ja seit Jahren voraus. Aus damaliger Sicht war ich im Übrigen überhaupt nicht davon ausgegangen, dass mich Piëch bereits im Visier hatte, denn ich war damals Sprecher der Gemeinschaft der Arbeitsdirektoren und dachte nur, dass Piëch von mir Hinweise auf mögliche Kandidaten haben wollte.

Wann rief Piëch Sie an?

Das muss im Juli 1993 gewesen sein. Persönlich kannte ich ihn damals noch nicht. Eines Tages kündigte mir meine Sekretärin in Völklingen seinen Anruf an. Piëch sagte dann in seiner sehr direkten Art: »Herr Hartz, ich möchte Sie gerne kennenlernen, haben Sie morgen Nachmittag Zeit?« – »Leider nein«, gab ich zurück, da eine Vorstandssitzung angesagt war und ich mich nicht in der Lage sah, nach Wolfsburg zu fahren. Ich war davon ausgegangen, dass er mich in Wolfsburg sehen wollte. Er blieb hartnäckig: »Morgen Nachmittag um 17 Uhr.« – »Nein«, sagte ich, »das schaffe ich nicht.« – »Auch nicht morgen um 17 Uhr am Flughafen in Saarbrücken?«, insistierte er. – Das war natürlich möglich, denn die Vorstandssitzung war für den Vormittag angesetzt. Ich fragte dann, mit welcher Maschine er denn landen würde. »Ich bin um fünf Uhr in Saarbrücken«, sagte er nur und bedankte sich.

Sie hatten sich offenbar nicht vorstellen können, dass Piëch mit dem Firmenjet von Volkswagen einschweben würde. Haben Sie ihn persönlich abgeholt?

Ja, in meinem alten Mercedes. In Dillingen fuhren wir die Autos, bis sie auseinanderfielen; denn erst wenn sie abgeschrieben waren, haben sie dem Unternehmen Geld gebracht. Das jährliche Wechseln der Fahrzeuge war nur bei den modernen Autobauern üblich.

Sie trafen Piëch am Flughafen.

Er war auf die Minute pünktlich. Vorher hatte ich mir überlegt, an welchem Ort wir uns wohl unterhalten könnten. Er setzte sich neben mich in den alten Mercedes, und wir fuhren dann fünf Kilometer weiter in ein kleines Hotel.

Wussten Sie denn, was er wollte?

Ich wusste, dass er einen neuen Personalvorstand und Arbeitsdirektor für den Volkswagenkonzern suchte. Aber ich dachte zunächst nicht an mich. Ich war Sprecher der Arbeitsdirektoren und
wusste von vier oder fünf Kandidaten, von denen mich einige bereits gebeten hatten, sie bei der IG Metall für Volkswagen ins Gespräch zu bringen.

Wer war denn das?

Ehrgeizige, gute Leute. Hohe Gewerkschafter.

*Womöglich Walter Riester, der spätere Arbeitsminister, oder
Franz Steinkühler, der als IG-Metall-Vorsitzender bereits ausgeschieden war? Riester jedenfalls sagt, er sei vor Ihnen als Erster gefragt worden, Sie hingegen seien zweite Wahl gewesen.*

Damals habe ich wenig Gedanken daran verschwendet, dass ich gemeint sein könnte, zumal mich der Betriebsratsvorsitzende Klaus
Volkert noch vorher als Sprecher der Arbeitsdirektoren der Stahlindustrie um einen Tipp für den einen oder anderen Kandidaten
gebeten hatte. – In dem Gespräch mit Piëch kamen die personellen
Überkapazitäten des Konzerns sehr schnell zur Sprache. Ich erzählte, wie wir das in der Stahlindustrie gelöst hatten. Dabei inte-
ressierten ihn die unkonventionellen Lösungswege. Im Übrigen
war ich bei dem Gespräch vollkommen unbefangen, denn ich ging,
wie gesagt, zunächst davon aus, dass er von mir nichts weiter als
eine Empfehlung haben wollte. Deswegen habe ich ihm dann auch
viel über die Arbeitsdirektoren in den verschiedenen Konzernen
erzählt und berichtet, wer was wie machte.

Wie sind Sie verblieben?

Zum Schluss habe ich ihm eine Handvoll Namen genannt. Er ver-
abschiedete sich nur mit den Worten: »Wir werden uns wiederse-
hen.« Es war ein sehr angenehmes Gespräch, in dem ich auch seine
Art zu reden kennengelernt habe. Er spricht, dann hält er an, und
man denkt, er wäre fertig. Bei ihm zu wissen, wann man zu antwor-

ten hat und wann nicht, ist eine richtige Kunst. Piëch denkt enorm präzise, er sagt kein Wort zu viel.

Genau so ein Image hat er auch.

In der Zeit unseres Kennenlernens bis zu meinem Beginn bei VW kochte die Affäre um die vermeintliche Industriespionage des neuen Einkaufschefs José Ignacio López hoch. General Motors überzog seinen ehemaligen Manager mit unglaublichen Vorwürfen. Piëch war damals eisenhart.

Zum dritten Mal spielt die Gewerkschaft in Ihrer Karriere die entscheidende Rolle. Bevor Piëch mit Ihnen in Kontakt trat, haben Sie den damals schon mächtigen Betriebsratsvorsitzenden Volkert kennengelernt.

Das wiederum hatte der damalige Bezirksleiter der IG Metall in Hannover, Jürgen Peters, kurz vor meiner Begegnung mit Piëch eingefädelt. Peters kannte ich seit Jahren, wir standen stets in freundschaftlichem Kontakt. Er hatte Volkert – wie ich später erfuhr – auch schon gesagt, dass ich einer derjenigen wäre, die für den Posten bei VW infrage kommen könnten. Den Termin mit Volkert und mir hat Peters gemacht. Wir trafen uns in Hannover. Dort bin ich in meiner Eigenschaft als Sprecher der Arbeitsdirektoren hingeflogen. Ich wollte ihm ein paar Kandidaten nennen.

Wie haben Sie Volkert erlebt?

Wir begegneten uns an einem Samstagmorgen. Ich erinnere mich noch, wie er braun gebrannt vor mir stand, im kurzärmeligen Hemd mit Krawatte. Er ist ein charmanter Mann, ein Strahlemann, der die Menschen sehr für sich einnehmen kann. Dann hat er gesprudelt, was alles bei Volkswagen zu tun sei. Er war voller Elan, hat viel erzählt. Peters war dabei. Und ich habe ihm zugehört. Drei viertel der Zeit sprach Volkert. Ich habe noch ein paar Namen ins Gespräch gebracht, weil ich dachte, dass das von mir erwartet würde. Da aber fragte er schon, wie es denn mit mir wäre. Ich habe zunächst abgewinkt, weil ich ernsthaft noch gar nicht darüber nachgedacht hatte.

Volkert und Piëch müssen sich danach über Sie unterhalten haben. Damals war Klaus Zwickel IG-Metall-Vorsitzender. Auch der wird ein Wörtchen mitgesprochen haben.

Plötzlich jedenfalls hieß es, ich solle das machen. Ich solle Personalvorstand bei VW werden. Zwickel war schon im Aufsichtsrat bei Volkswagen.

Wann war Ihnen zum ersten Mal klar, das alles auf Sie zuläuft?

Als Piëch, Zwickel, Volkert und Peters sich beraten hatten. Peters betreute als Bezirksleiter Volkswagen von Hannover aus. Er wollte unbedingt, dass ich nach Wolfsburg kam. Er redete auf mich ein und sagte, ich sei nun lange genug in der Stahlindustrie gewesen und könne jetzt durchaus eine größere Jacke tragen. Ich war damals 52 Jahre alt. Kurz darauf wiederum rief mich Piëch an und sagte, dass nun ich selbst infrage käme. Ich solle nach Wolfsburg kommen, um alles klarzumachen. Das war der Punkt, an dem ich plötzlich entscheiden musste.

War er einfach so davon ausgegangen, dass Sie bereits über diese Variante nachgedacht hatten?

Offensichtlich. Er wollte mich dann schon Klaus Ließen, dem Aufsichtsratsvorsitzenden, vorstellen und das Weitere regeln. Mir allerdings war zu dem Zeitpunkt überhaupt noch nicht klar, ob ich überhaupt nach Wolfsburg wechseln wollte. Meine Frau stand den neuen Aussichten anfänglich auch nicht allzu positiv gegenüber. Wir hatten im Saarland einen großen Freundeskreis. Aber sie hatte auch ein gutes Argument für den Wechsel: »Dass der Konkurs von Saarstahl den Zenit deiner Karriere hier im Saarland darstellt, das darf eigentlich nicht sein«, meinte sie. Sie hat dann wie so oft ihre persönlichen Anliegen zurückgestellt …

… und Sie sagten Piëch zu.

Alles andere als das. Ich sagte ihm ab. An einem Sonntag im Hochsommer, es war wunderschönes Wetter, meine Frau und ich saßen im Garten. Ich rief Piëch, der mir seine private Telefonnummer gegeben hatte, nachmittags zu Hause an. Zweimal aber erreichte ich nur seine Frau. Er selbst befand sich im Konzern auf einer außerordentlichen Vorstandssitzung. Beim zweiten Anruf bat ich sie, ihm meine Absage auszurichten. Daraufhin rief er mich abends noch zurück. Er zeigte großes Verständnis für meine Bedenken, lud dann aber im gleichen Atemzug meine Frau und mich zu sich nach Hause nach Wolfsburg zum Abendessen ein.

Der große Piëch bemüht sich um Peter Hartz – das hat Sie dann doch bestochen.

Es war ganz anders. Ferdinand Piëch war immerhin der Chef des Unternehmens, mit dem wir den größten Umsatz machten. VW war unser größter Stahlkunde. Wenn Sie nun dessen Chef privat zu sich nach Hause einlädt, können Sie nicht einfach absagen. Es war also klar, dass meine Frau und ich dorthin fahren würden. Alles andere wäre ein Affront gewesen. Piëch ließ uns dann mit dem Flugzeug von Volkswagen abholen. Er hatte auch noch einen Vorstandskollegen mit seiner Frau eingeladen. Piëch hat sich sehr bemüht. Seine Frau zeigte meiner Frau am nächsten Tag Wolfsburg. Ich traf noch einmal mit Volkert zusammen und lernte jenen berühmten Produktionsmanager López kennen, der mir – hemdsärmelig und unprätentiös, wie er war – gleich die Sanierungsstrategie erklärte, denn er ging ganz unbekümmert davon aus, dass ich bereits eingewilligt hatte und damit als Kollege künftig dabei sei.

Der Jet von Herrn Piëch brachte Sie wieder nach Hause …

… und ich hatte immer noch nicht zugesagt, sondern mir noch einmal Bedenkzeit ausgebeten.

Was waren denn Ihre Bedenken?

In den 14 Jahren Stahlindustrie hatte ich gelernt, was es bedeutet, ein Unternehmen zu sanieren. Ich wusste, dass es sich um eine riskante Aufgabe handelte, die nicht unbedingt gelingen musste. An so etwas kann man auch scheitern. Nicht dass ich mich davor gefürchtet hätte, denn ich trug das Risiko ja nicht allein. Und dennoch …

Sie sollten das Problem der 30 000 Mitarbeiter lösen, die Volkswagen zu der Zeit nicht brauchte. Hat Piëch Sie direkt damit konfrontiert? Hat er je gesagt: »Hartz, 30 000 Leute müssen weg, das ist dann Ihre Aufgabe«?

Er hat das Problem angesprochen. Volkswagen produzierte zu teuer, drohte im Wettbewerb zurückzufallen. Die Absatzkrise trug damals ein Übriges dazu bei. Volkswagen plagte ein strukturelles und ein konjunkturelles Problem. Ich habe Piëch sehr direkt gesagt: »Herr Piëch, ich bin nicht der Mann, der Ihnen 30 000 Leute rausschmeißt.« Er hat mir daraufhin nur geantwortet: »Wenn Ihnen etwas anderes einfällt, dann machen Sie etwas anderes.« Damit hat er mir eine Carte blanche für die Maßnahmen gegeben, die ich dann durchgesetzt habe. Von da an hat er die meisten meiner personalpolitischen Ideen mitgetragen.

Wieso eigentlich, er kannte Sie doch gar nicht?

Piëch hatte persönlich etwas erlebt, das ihm schwer zugesetzt hatte. Bei Audi musste er einmal Personal abbauen in einer Krise. Sein Personalchef erledigte das über Entlassungen. In dieser Zeit standen eines Abends die Angehörigen bei Piëchs vor seinem Hause und baten ihn, um Himmels willen von den Entlassungen abzusehen. Das muss ihm derart zugesetzt haben, dass er später meinen unkonventionellen Vorschlägen gegenüber immer aufgeschlossen war. Für ihn war die Begegnung mit den einfachen Menschen, wie er mir einmal erzählte, ein Schlüsselerlebnis. Wir waren Verbündete im Geiste, wenn Sie so wollen. Später dann wurde ich wegen der Vier-Tage-Woche ganz enorm angefeindet und öffentlich kritisiert. Aber genauso, wie er zu López gehalten hat, als der der Industriespionage verdäch-

Peter Hartz und Klaus Zwickel 1997 in Wolfsburg

tigt wurde, hat er auch zu mir gehalten und die Vier-Tage-Woche zu seiner Sache gemacht.

> *Aber wann haben Sie denn dann entschieden, nach Wolfsburg aufzubrechen?*

Für den 3. September war die Aufsichtsratssitzung angesetzt, auf der ich bereits bestellt werden sollte. Es war höchste Zeit, denn es brannte lichterloh. Doch ich habe mich immer noch gewunden. Peters redete auf mich ein. Er rief dann Zwickel an und sagte ihm, er, der Chef der IG Metall, solle dem IG-Metall-Mitglied Hartz endlich den Marschbefehl geben. Zwickel hielt mir eine ziemliche Standpauke, natürlich auf sympathische Weise. Er war empört, dass ich ein Angebot für eine der spannendsten Positionen in Deutschland nicht annehmen wollte. Dabei hing ich so an der Saar. Er beendete unser Gespräch mit den Worten: »Ich sage dem Piëch jetzt, dass du nach Wolfsburg kommst.«

> *… und die Sache war damit entschieden. Herr Hartz, die IG Metall hatte Sie wirklich fest im Griff.*

79

Piëch arrangierte dann die erforderlichen Vorstellungen. Ich wurde dem Aufsichtsratschef Klaus Ließen vorgestellt, der mich sehr beeindruckte, und ziemlich bald auch Gerhard Schröder, der als niedersächsischer Ministerpräsident das Land im Aufsichtsrat vertrat. Wir trafen uns im Beisein von Piëch am Frankfurter Flughafen. Es war die zweite Begegnung. Schröder war anlässlich eines Besuchs des Staatsratsvorsitzenden Erich Honecker viele Jahre zuvor einmal im Saarland gewesen.

Er hat Sie auf Leib und Nieren geprüft …

Zunächst sprach er mit mir über meinen Eintritt bei Volkswagen. Dann wechselte er das Thema und begann über die Politik zu reden. Meine Personalie stellte er nicht mehr infrage, weil er bereits wusste, dass sich die Gewerkschaften, der Betriebsrat, der Aufsichtsratsvorsitzende und auch Piëch als Vorstandsvorsitzender für mich ausgesprochen hatten.

Was hat Ihr privates Umfeld zu dem Wechsel von Dillingen nach Wolfsburg gesagt?

Meine Frau war einverstanden, sie wollte meinen beruflichen Neubeginn. Meine Brüder zeigten sich ambivalent: Auf der einen Seite sahen sie die Chancen einer wirklich beachtlichen Karriere, auf der anderen Seite wussten sie, wie gut es mir im Saarland ging. Allerdings waren sie an meiner Entscheidung letztlich nicht beteiligt. Mein Sohn Michael, damals war er Mitte zwanzig, hat meine Entscheidung akzeptiert, er sprach sich weder dafür noch dagegen aus.

Und Ihr Freund Jürgen Peters – denkt er heute womöglich, er hätte Ihnen damals vielleicht etwas anderes raten sollen?

Er scheint immer noch der Meinung, dass sein Rat an mich, zu Volkswagen zu wechseln, richtig war; denn die meisten Innovationen dort sind ja mit mir als Personalvorstand in einer Zeit entstanden, in der er Bezirksleiter für die IG Metall in Hannover war. Er war kein Hardliner, kein Scharfmacher, sondern ein kluger und

Gewerkschafter unter sich: Herbert Bohnenberger, Betriebsratsvorsitzender des Werkes Burbach, Jürgen Peters, Peter Hartz und Wolfgang Wenzel, Arbeitsdirektor der Röchling-Burbach Weiterverarbeitung GmbH, auf einer Stahlkonferenz in Völklingen 1986

verlässlicher Partner. Er hat das Konzept der Vier-Tage-Woche damals mitentwickelt und durchgesetzt.

Als Sie zu Volkswagen kamen, was hat Sie da am meisten überrascht?

Die Dimensionen, die Größenordnungen, die flächenmäßige Ausdehnung allein in Wolfsburg. Ich war überwältigt. Piëch riet mir in den ersten Tagen, ich solle, um mich an die Dimensionen zu gewöhnen, alles, was ich in der Stahlindustrie erlebt hatte, mal zehn nehmen oder mal zwanzig. Das habe ich dann artig getan. Laufen Sie mal durch ein Werk mit 50 000 Mitarbeitern. In den ersten Tagen habe ich immer ein freundliches Lächeln geerntet, als ich den Wunsch äußerte, mal da oder dort hinzugehen. Mein Umfeld wies mich dann darauf hin, dass ich nicht einfach loslaufen könne. Dabei war ich gewohnt, die Anlagen zu Fuß zu besuchen, um den Betrieb richtig zu erleben. Die Entfernungen waren einfach viel zu weit. Bedenken Sie, dass die überdachte Fläche in Wolfsburg größer ist als das Fürstentum von Monaco. Und noch etwas musste ich erst lernen: dass man sich als Vorstand nicht einfach frei auf dem Betriebsgelände bewegen konnte. Frei laufende Vorstände wurden, ganz anders als ich es im Saarland aus der Stahlindustrie kannte, einfach eingefangen. Wenn man mich erblickte, war ich sofort umringt von Managern. Sie alle waren höchst zuvorkommend, beflissen, hilfsbereit, was auch nur normal und gar nicht zu kritisieren ist. Aber ich konnte dort nicht einfach meiner Wege gehen.

Als Arbeitsdirektor bei Volkswagen wird man außerhalb der Fachkreise nicht unbedingt bekannt ...

... aber VW ist schon ein öffentlich sehr exponiertes Unternehmen.

Ihren Vorgänger kannte niemand. Sie aber standen bereits Ende Oktober mit einem Mal in der Öffentlichkeit. Wie entstand die Idee, die Menschen nicht zu entlassen, sondern die Arbeit einfach anders zu verteilen?

Die Idee entstand durch Nachrechnen. Ich musste mir etwas einfallen lassen. Die Ausgangssituation war einfach: VW beschäftigte in Deutschland 100 000 Leute und damit 30 000 zu viel. Das hatte José Ignacio López festgestellt, der die gesamten Produktionsprozesse überprüft und restrukturiert hatte. Dadurch war er in der Lage, Autos mit 20 000 bis 30 000 weniger Mitarbeitern und damit billiger zu bauen. Das war die Größenordnung. Um Druck aufzubauen, wurde dann die Zahl von 30 000 offiziell verkündet.

Nur ein paar Tausend derer, die zur Disposition standen, hätten vorzeitig pensioniert werden können. Über Abfindungen hätte man auch nicht allzu viele loswerden können. Vor allem wären damit ja überwiegend die guten Mitarbeiter ausgeschieden, die, die sich etwas zutrauten und wussten, dass sie anderswo gut gebraucht wurden. Man hätte so manchen weiterbilden und dann weitervermitteln können. Aber das alles zusammen hätte unser Problem nur in Teilen gelöst. Hinzu kam, dass VW damals über keine allzu hohe Liquidität verfügte, der Abbau von 30 000 Mitarbeitern in sozialverträglicher Form aber Milliarden gekostet hätte. Dabei war meine

Vorgabe, die Fixkosten sozusagen über Nacht zu senken. Meine Rechnung war nun wie folgt: Die VW-Mitarbeiter arbeiteten 35 Stunden an fünf Tagen in der Woche. Wenn ich die Arbeitszeitverkürzung als Instrument benutzte, um die Personalkosten auf einen Schlag zu reduzieren, musste ich von fünf auf vier Tage gehen, um zumindest eine Kostensenkung von 20 Prozent zu erreichen. Dann hätte ich schon einmal umgerechnet 20 000 der 30 000 Arbeiter eingespart.

Ganz so einfach wird es nicht gewesen sein.

Am Anfang steht immer eine einfache Idee. Klar war, dass für manche Berufsgruppen im Konzern eine Vier-Tage-Woche gar nicht umzusetzen war. Für die Verkäufer, zum Beispiel, die ja rund um die Uhr Autos verkaufen sollten. Für die Entwickler, die eigentlich unermüdlich am Ball bleiben sollten. Meine Frau erinnert sich genau an diese Zeit. Wir wohnten damals unter der Woche noch im Gästehaus von Volkswagen. Auch nachts ließ mir das Problem dieses drastischen Personalabbaus keine Ruhe. Immer wieder bin ich aufgestanden, habe meine kleinen Zettel beschrieben und gerechnet. Morgens, wenn ich die Wohnung verließ, fragte sie mich immer, was ich von dem Wust noch benötigen würde.

Das alles musste sehr schnell gehen.

Sehr schnell. Piëch fuhr Anfang Oktober gemeinsam mit Schröder zur Tokio Motor Show. Auf dieser Reise hatte Piëch Schröder wohl schon darüber informiert, an welchen Personalanpassungsmodellen ich arbeitete. Irgendwie ist diese Information auch der Presse zugespielt worden, womit die Neugierde auf mich entfacht war. Die Jagd konnte beginnen. Die Kritik in dem frühen Stadium der Lösung unseres Problems ließ nicht lange auf sich warten. Viele der Kritiker waren von einer statischen Vier-Tage-Woche ausgegangen und hatten sich daran festgebissen. Ich allerdings hatte damals noch ganz andere Sorgen. Ich musste erst einmal mit Peters und Volkert meine Ideen politisch besprechen. Es musste machbar sein, die Arbeitnehmerseite musste mitziehen.

Wie haben die beiden denn reagiert?

Zunächst verblüfft. Zu Hilfe kam uns allerdings, dass Tarifverhandlungen anstanden. Dabei sollte es um Lohnerhöhungen von drei oder vier Prozent gehen, die zum 1. Januar wirksam werden sollten. Die Verhandlungen waren bereits angelaufen. 20 Prozent sollten die Mitarbeiter weniger verdienen; abzüglich der geplanten Tariferhöhung waren es nur noch 16 Prozent. Das Weihnachtsgeld und andere Sonderzahlungen legten wir auf den Monat um, damit jeder ein Höchstmaß seiner früheren monatlichen Liquidität behalten konnte. Damit waren wir bei nur noch 11 oder 12 Prozent, um die die Löhne noch gekürzt werden mussten, wenn die Arbeitszeit um ein Fünftel verringert wurde. Am Ende sah es dann so aus: 20 Prozent Arbeitszeitverkürzung, 12 Prozent Lohn- und Gehaltskürzung, die die Menschen am Ende eines jeden Monats unmittelbar zu spüren bekommen würden. Mit dieser einfachen Rechnung war es mir dann gelungen, Peters und Volkert für meine Lösung des Personalkostenproblems zu interessieren.

Betriebsbedingte Kündigungen kamen nicht infrage?

Erstens ist das bei einem so großen mitbestimmten Konzern wie Volkswagen, der noch dazu das Land als größten Anteilseigner hat, praktisch nicht durchsetzbar. Massenhaft betriebsbedingte Kündigungen wären in eine politische Dimension hineingelaufen, die die IG Metall und das Land nicht mitgetragen hätten. Schon gar nicht vor den anstehenden Landtagswahlen. Außerdem widersprach das Instrument der betriebsbedingten Kündigungen meiner Überzeugung. Ich werfe keine Leute raus, denn ich bin der Meinung, dass man betriebsbedingte Kündigungen in Großunternehmen vermeiden kann. Massenentlassungen zu beantragen …

… ist mit Ihnen nicht zu machen, das habe ich inzwischen gelernt.

Ich habe mit López viel darüber gesprochen. Gleich am Anfang fragte ich ihn: »Wenn es wirklich 30 000 Leute zu viel sind, dann stellen Sie mir die einmal auf den Hof. Einmal wenigstens will ich sie sehen.« López hat durchaus glaubhaft gemacht, dass er mit einer um fast ein Drittel reduzierten Belegschaft auskäme. Er war wiederum derjenige, der die Idee, die Arbeitszeit des Einzelnen zu reduzieren, in der Produktion umsetzen musste. Und er war dabei. Auch er hat am Ende des Tages alles dafür getan, dass niemand entlassen werden musste. Die Vier-Tage-Woche musste auf jede einzelne Gruppe von Mitarbeitern zugeschnitten werden. Manchmal passte das überhaupt nicht, weshalb wir mit unterschiedlichen Arbeitszeitmodellen gearbeitet haben. Die unumstößliche Vorgabe war, in allen Bereichen des Unternehmens 20 bis 30 Prozent der Personalkosten einzusparen, unverrückbar.

Galt das auch für den Vorstand?

Aber ja, der Vorstand hat sich beteiligt. Auch den Vorstandsmitgliedern wurden 20 Prozent ihres Gehalts abgezogen. Der Vorstand war übrigens die einzige Gruppe, der lupenrein 20 Prozent vom Fixgehalt gekürzt wurden. Ich erinnere mich noch gut, wie ich López eine 20-prozentige Gehaltskürzung beigebracht habe. Er wollte das mit dem Argument, er würde nicht weniger als vorher arbeiten, zunächst nicht akzeptieren. Aber natürlich wäre keiner der Vorstände auf den Gedanken gekommen, angesichts der Gehaltskürzung für sich persönlich die Vier-Tage-Woche einzuführen. Um meinen Lösungsvorschlag auch bei den Arbeitnehmern durchzubringen, war nichts anderes möglich, als auch den Vorstand an den Kosteneinsparungen zu beteiligen.

Gab es denn Proteste anderer Führungskräfte im Konzern?

Sie glauben gar nicht, wie groß die Ausnahmeliste unter den Mitarbeitern sein sollte. Viele wollten eine Gehaltskürzung nicht akzeptieren und natürlich auch nicht weniger arbeiten. Das Argument, dass man gar nicht weniger arbeiten könne, weil dann der Konzern stillstünde, war immer wieder zu hören. Als Piëch und ich sahen, dass die Lösung damit vollkommen durchlöchert oder in ihrer Wirkung ausgehöhlt werden würde, haben wir alle Ausnahmewünsche gestrichen. Nicht eine einzige Ausnahme sollte es zum Start der Vier-Tage-Woche am 1. Januar 1994 geben.

Das alles stand unter einem großen Zeitdruck ...

... weil die Kosteneinsparungen sofort wirksam werden mussten. Der Vorteil in dieser Zeit war, dass Volkswagen einen eigenen Haustarifvertrag hatte und für sich selbst mit den Gewerkschaften verhandelte. Das machte vieles weniger kompliziert. Ich habe mit Peters und Volkert verhandelt. Es handelte sich um eine Vielzahl von Arbeitszeitmodellen, die den Menschen die monatliche Einkommenseinbuße erträglicher machen sollten. Später haben wir vereinbart, dass alle die, die sich selbständig machen und Eigenverantwortung übernehmen wollten, fünf Jahre lang die Gelegenheit hatten, zu Volkswagen zurückzukehren. Nur ein ganz kleiner Teil hat davon Gebrauch gemacht.

Wie reagierte denn die IG Metall auf Ihre Lösung?

Der IG-Metall-Zentrale in Frankfurt blieb kaum Zeit, sich einzumischen, weil wir vieles schon längst verhandelt hatten. Die Experten kamen aus Frankfurt angereist, zeigten dem Modell gegenüber wohlwollendes Interesse und wollten uns helfen. Walter Riester, damals Zweiter Vorsitzender der IG Metall, meldete sich auch noch zu Wort und schlug vor, als Beitrag zur Kosteneinsparung auf eine halbe oder sogar ganze Stunde Arbeitszeit zu verzichten. Als er sich meldete, sprachen wir bei Volkswagen in unseren Verhandlungen mit der Arbeitnehmerseite schon über eine Endstundenzahl von 28,8. Der Erfolg des Ganzen lag vor allem in unserem Verhandlungstempo; als die Bedenkenträger wach wurden und der politische und ideologische Diskurs einsetzte, war bereits alles beschlossen.

Das alles hatte noch vor Weihnachten stattgefunden.

Wir wollten schon im Januar mit der Vier-Tage-Woche beginnen. Für 1994 bedeutete das Einsparungen in den Personalkosten von 1,6 Milliarden Mark.

Wie hat Piëch auf diesen Vorschlag einer Vier-Tage-Woche reagiert?

Als ich ihn davon in Kenntnis setzte und ihm das Modell erläuterte, war er sehr überrascht und sofort einverstanden. Vorher hatte ich mit Peters und Volkert bereits ausgeleuchtet, ob eine Vier-Tage-Woche für die Arbeitnehmerseite überhaupt denkbar wäre und ob es ihnen gelingen würde, ihre Gremien davon zu überzeugen.

Welche Gremien mussten denn da zustimmen?

Die Tarifkommission der IG Metall, das war Peters' Aufgabe. Die Betriebsratsgremien waren wiederum die Angelegenheit von Volkert.

Volkert hätte sich querstellen können?

O ja, zumal wir uns damals kaum kannten. Es war sein großes Verdienst, dass er sich darauf eingelassen und für die Durchsetzung und Akzeptanz unserer Maßnahmen in der Belegschaft gesorgt hat. Volkert verfügte über eine sehr große Überzeugungskraft und einen realistischen Blick auf die Lage des Konzerns und der Branche. Das waren seine großen Stärken. Am Ende hat dieses Einvernehmen zwischen Arbeitnehmern und Arbeitgebern bei der Vier-Tage-Woche den Konzern sofort um 1,6 Milliarden DM pro Jahr entlastet. Außerdem fielen Kosten in Milliardenhöhe weg, die im Falle von Massenentlassungen für Sozialpläne hätten aufgebracht werden müssen. Für mich bestätigte es die Erfahrung, dass es für ein Unternehmen große Vorteile bringt, wenn Arbeitnehmer und Arbeitgeber an einem Strang ziehen. Die Vier-Tage-Woche aber war nur der Anfang. Das von meinen vielen Kritikern so sehr gegeißelte Einvernehmen zwischen Volkert und mir, stellvertretend für die Arbeitnehmer und Arbeitgeber, hat den Konzern – davon bin ich überzeugt – über all die Jahre viele Milliarden eingespart.

Sie haben aber dann, was Ihnen wiederum angekreidet wird, Arbeitsplatzgarantien damit verbunden …

2. Dezember 1993: Erste Betriebsversammlung als Arbeitsdirektor bei VW in Wolfsburg

… was für mich nicht mehr als ein psychologisches Signal war. Ich habe nie Leute in die Arbeitslosigkeit entlassen und bin davon auch nicht überzeugt. Wenn Sie so wollen, bin ich die personifizierte Beschäftigungssicherung. Gerade deswegen bin ich auch so umstritten. Zu meiner Verteidigung muss ich allerdings sagen, dass die Basis all dessen immer die Ertragskraft eines Unternehmens ist. Mit der Vier-Tage-Woche haben wir den Menschen viel zugemutet, denn sie haben die Gehaltseinbußen in ihrem Portemonnaie sehr wohl zu spüren bekommen.

> *Beschäftigungssicherung ist ehrenhaft, kostet ein Unternehmen aber in jedem Falle auf Dauer Geld. Die Rendite kann am Ende nicht so hoch sein.*

Das ist ein Punkt, über den ich mich immer wieder streite. Alles dreht sich um die Frage, was eine angemessene Rendite ist. Messlatte für mich ist immer, dass die Anteilseigner besser behandelt werden, als wenn sie ihr Geld auf die Bank trügen. Beschäftigungssicherung bedeutet auch nicht, auf Kosten des Konzerns Menschen zu beschäftigen und zu bezahlen, die nicht gebraucht werden. Beschäftigungssicherung bedeutet vielmehr, sich für die Menschen etwas einfallen zu lassen, wenn sie in einer Phase des Unternehmens gerade nicht gebraucht werden. Letztlich sind gut ausgebildete Menschen für Unternehmen ein Vermögen wert. Man kann sie nicht einfach ziehen lassen oder abwickeln.

Die Einführung der Vier-Tage-Woche hat Sie bundesweit bekannt gemacht. Sie waren ganz oben angekommen in der öffentlichen Wahrnehmung und natürlich in der Industrie. Ihr Aufstieg hatte einen ersten Höhepunkt erreicht. Hatten Sie damals das Gefühl, es geschafft zu haben?

Für derlei Gefühle blieb keine Zeit. Der Konzern stand unter Druck. Die Vier-Tage-Woche war erst der Anfang eines langen Weges. Volkswagen steckte voller Herausforderungen. Meine plötzliche Bekanntheit habe ich überhaupt nicht richtig wahrgenommen.

Peter Hartz erklärt 15 000 Mitarbeitern die Vier-Tage-Woche

Um mich in einem flüchtigen Erfolg zu sonnen, hatte ich schlicht keine Muße.

> *Bleibt nur noch eine Frage: Warum hat die Vier-Tage-Woche in der deutschen Industrie keine Nachahmer gefunden?*

Sie hielt auch in der Zulieferindustrie Einzug. Der Großteil der deutschen Konzerne aber erledigt unumgängliche Kapazitätsanpassungen nach wie vor auf konventionelle Weise.

> *Die Deutsche Bahn, Siemens, die Deutsche Bank, die Telekom, die Allianz – alle diese Unternehmen sprechen immer wieder vom Stellenabbau. Haben sich Vorstände bei Ihnen nicht über das Modell der Vier-Tage-Woche informiert?*

Einige sind gekommen und haben sich die Vier-Tage-Woche erklären lassen.

> *Noch einmal: Warum haben andere Konzerne das Modell nicht übernommen?*

Weil andere Konzerne die soziale Verpflichtung der Beschäftigungssicherung nicht einsehen. Die Menschen sind aber nicht für das Unternehmen und seine Rendite da, sondern die Unternehmen für die Menschen.

Konsens statt Klassenkampf

Peter Hartz ist ein unverbesserlicher Optimist. Und ein Getriebener seiner eigenen Überzeugungen. Drei Anliegen lassen ihn sein ganzes Berufsleben nicht los. Erstens: Kein Mensch verdient es, ohne Perspektive in die Arbeitslosigkeit geschickt zu werden. Zweitens: Wenn es die Mitbestimmung in den deutschen Unternehmen nicht gäbe, dann müsste sie erfunden werden; denn für ihn ist sie nicht notwendiges Übel, sondern birgt große Chancen – auch für die Arbeitgeber. Drittens: Das Verschwinden der Industriearbeitsplätze aus Deutschland ist kein Naturgesetz der Globalisierung, sondern Ergebnis der Einfallslosigkeit vieler Managerkollegen.

Sein Leben lang will Hartz beweisen, dass er recht hat – häufig auf unkonventionelle Art. In der Stahlkrise erfindet er die Stahlstiftung im Saarland. Dabei erlebt er die Mitbestimmung als konstruktive Kraft und den gesellschaftlichen Konsens als Grundlage seines Erfolgs. Als Arbeitsdirektor bei Volkswagen führt er die Mitbestimmung über den Rahmen des Betriebsverfassungsgesetzes hinaus. Er will zeigen, dass Unternehmen mit und nicht trotz der Mitbestimmung Geld verdienen können. Dass er am Ende seiner Karriere gerade darüber stolpern sollte, mag ihn widerlegen. Für VW erfindet er das Modell »5000 mal 5000«. Den Touran, eines der erfolgreichsten Modelle, lässt er von einem Heer ehemals Arbeitsloser bauen. Er will beweisen, dass man Industriearbeitsplätze in Deutschland halten kann.

Der Stadt Wolfsburg macht er – stellvertretend für Volkswagen – zum 60. Geburtstag ein ungewöhnliches Geschenk: die Halbierung der Arbeitslosigkeit. Dafür setzt er alle »klugen Köpfe« der Region in Bewegung. Das Unterfangen gelingt, und Hartz ist fortan überzeugt, die Lösung für ganz Deutschland gefunden zu haben – ein schwerwiegender Trugschluss.

»Gäbe es die Mitbestimmung nicht, müsste sie erfunden werden«

Herr Hartz, sind Sie ein Weltverbesserer?

Das vielleicht nicht gerade. Aber es gibt ein paar grundlegende Überzeugungen, die mich antreiben und für die ich gelebt habe. Die wichtigste ist sicher, dass Arbeitslosigkeit zu den größten sozialen Ungerechtigkeiten gehört und dass man sie bekämpfen muss. Die Verlierer der Gesellschaft darf man nicht allein lassen. Dazu kommt meine Überzeugung, dass auch die Arbeitnehmer Rechte haben und eine starke Vertretung brauchen. Und schließlich habe ich schon in meiner Kindheit gelernt, dass gesellschaftliches Engagement zu den obersten Bürgerpflichten gehört. Jeder, der kann, sollte sich auch in den Dienst der Gemeinschaft stellen; sonst kann unsere Gesellschaft nicht funktionieren.

Überzeugungen entstehen und festigen sich mit ganz persönlichen Erfahrungen. Welche Erfahrungen spielten für Sie eine bedeutende Rolle?

Vieles kommt aus meiner Kindheit und Jugend. Erinnern Sie sich daran, wo ich herkomme: aus dem Arbeitermilieu. Ich hatte einen Vater, der von seinem Arbeitgeber aufgrund seiner gesundheitlichen Malaise schlecht behandelt wurde. Später dann kamen meine Erfahrungen in der Stahlkrise hinzu, die Tausende Arbeitnehmer ins Nichts zu stürzen drohte. Um zu den Anfängen meines persönlichen Engagements zu gelangen, müssen wir uns noch einmal tief in die Stahlkrise begeben …

… in Ihre Zeit als Arbeitsdirektor der Dillinger Hütte.

Die Stahlkrise hat das Saarland über Jahre erschüttert. Sie drohte, eine ganze Region mit sich zu reißen. Als Vorstandsmitglied eines Stahlunternehmens war ich mit der Krise unmittelbar konfrontiert. Als überzeugter Saarländer setzte mir die so ungewisse Zukunft vieler Menschen in meiner Heimat zu. Automatisch begann ich, wie viele andere auch, nach Wegen aus der Krise zu suchen, um das Saarland vor einer sozialen Katastrophe zu bewahren.

Am Ende dieser Suche stand die Stahlstiftung, ein gesellschaftliches Gemeinschaftswerk, das auf Ihre Idee zurückging.

Um zu verstehen, wie und warum es zur Gründung der Stahlstiftung kam, muss man sich noch einmal eine Vorstellung von der Wucht der Stahlkrise machen. 1974 war das letzte sehr starke Stahljahr. Allerdings war den Menschen damals gar nicht bewusst, dass dieses letzte gute Jahr das Ende einer Epoche markierte und den Anfang eines Jahrzehnte währenden bitteren Strukturwandels eines ganzen Wirtschaftszweiges. Die Stahlindustrie entwickelt sich in Zyklen. Diese Erfahrung hatten alle Beteiligten gemacht. Ein solcher Zyklus dauerte in der Regel vier oder fünf Jahre. Einbrüche also hatten die Stahlunternehmen immer wieder erlebt, aber niemals so etwas, wie es ihnen ab Mitte der siebziger Jahre bevorstand. Damit Sie mal eine Vorstellung bekommen, wie stark die Verwerfungen das Saarland getroffen haben, müssen Sie sich vergegenwärtigen, dass es Mitte der siebziger Jahre 17 Hochöfen im Saarland gab, die 6,2 Millionen Tonnen Rohstahl erzeugten …

… und damit die Saarländer gut beschäftigten. 6,2 Millionen Tonnen sind nicht viel, wenn man sie mit der atemberaubenden Expansion des Inders Lakshmi Mittal vergleicht, der mit seinem Stahlkonzern inzwischen mehr als 100 Millionen Tonnen Rohstahl im Jahr erzeugt.

Daran erkennt man die starken Auswirkungen der Globalisierung und die völlig veränderten Strukturen, die heute auf dem Welt-Stahlmarkt herrschen. Die deutsche Stahlindustrie hat 20 Jahre gebraucht, um sich darauf einzustellen. 18 Jahre nach dem letzten guten Stahljahr, also 1992, brannten im Saarland nur noch drei Hochöfen. Diese drei waren allesamt am Standort Dillingen konzentriert.

Wie viele Arbeitsplätze hat denn dieser Strukturwandel im Saarland gekostet?

Ein derartiger Strukturwandel bringt gigantische Personalanpassungen mit sich. 1974, auf der Höhe der damaligen Konjunktur, fanden rund 38 000 Arbeitnehmer in der saarländischen Stahlindustrie Beschäftigung, 1989 waren es nur noch 16 000.

Und für diesen Arbeitsplatzabbau brauchte man die Stahlstiftung?

Nicht für diesen Abbau, der sich eineinhalb, fast zwei Jahrzehnte hinzog. 20 000 Mitarbeiter kann man nicht mit einer einzigen Stiftung auffangen. Aber für die Zuspitzungen in der Krise war sie wichtig. Die saarländische Stahlindustrie war 1978 wegen einer vertraglichen Vereinbarung zwischen den damals noch selbständigen Hüttenwerken, der IG Metall und dem Deutschen Gewerkschaftsbund in eine vertrackte Situation geraten. In der Vereinbarung hatten sich die Unternehmen und Gewerkschaften darauf verständigt, den Standort zu sichern und betriebsbedingte Kündigungen für die Zukunft auszuschließen. Der Abbau des Personals sollte, so sah es die Vereinbarung vor, vor allem über die Frühverrentung bewerkstelligt werden. Ältere Arbeitnehmer wurden ungeachtet ihrer Produktivität in Pension geschickt. Jüngere konnten nachrücken. Somit fand sich über Nacht kein Heer arbeitsloser Stahlarbeiter auf dem Arbeitsmarkt, was das kleine Saarland nicht verkraftet hätte.

Warum haben die Gewerkschaften den mittelständischen Stahlunternehmen einen derartigen Tort angetan? Der Ausschluss betriebsbedingter Kündigungen machte die Stahlunternehmen in der Krise besonders unflexibel.

Die Rolle der IG Metall muss man aus der Zeit heraus verstehen. Damals kämpfte sie vor allem für die Arbeitnehmerrechte. Das entsprach ganz dem Selbstverständnis der Gewerkschaften. Erst Mitte der achtziger Jahre hat sich dieses Selbstverständnis geändert. Damals begann sich auch in den Gewerkschaften die Erkenntnis durchzusetzen, dass Unternehmen zunächst etwas verdienen müssen, um auf Dauer zu überleben und Arbeitsplätze zu sichern. Ich denke, die Stahlkrise selbst hat zu diesem Bewusstseinswandel ganz erheblich beigetragen.

Wie viele Arbeiter wurden denn frühzeitig pensioniert?

10 000 sind in den Ruhestand gegangen. Nur 2300 Stahlarbeiter konnten mit Abfindungen zum Austritt bewegt werden. Gut funktioniert haben in der ersten Hälfte der achtziger Jahre die Versetzungen zwischen den einzelnen Standorten. Jeder Standort, so war die Devise, sollte sein Alterspotenzial ausschöpfen, also so viele Mitarbeiter wie möglich in die Frührente schicken. Die Arbeitsplätze, die dann frei waren, wurden mit jungen Arbeitern besetzt, die der eine oder andere Standort zu viel hatte. Damals herrschte eine große Solidarität zwischen den einzelnen noch unabhängigen Unternehmen …

… die ja auch zum Teil Konkurrenten waren.

Zwischen den Standorten wurden 3400 Mitarbeiter versetzt. 600 kamen sogar zur Dillinger Hütte, die von der Stahlkrise nie so stark erfasst wurde wie die anderen drei Unternehmen und sich, obwohl sie nicht auf Frühverrentung angewiesen war, der Entwicklung nicht verschlossen hat. Auch die Dillinger Hütte hatte kein Interesse daran, dass die Stahlkrise die Stahlindustrie im Saarland verschluckte.

Frühverrentung bedeutet nichts anderes, als die Lasten einer Krise der Gesellschaft aufzudrücken.

Die Möglichkeit gab es damals. Warum hätte man sie nicht nutzen sollen? Nichts anderes passiert, wenn Menschen von den Konzernen in die Arbeitslosigkeit entlassen werden. 1986 hatte sich die Lage derart zugespitzt, dass die Saarstahl AG möglichst sofort 3000 Leute entlassen musste, um überhaupt zu überleben. So lautete die Bedingung für weitere Strukturhilfen der öffentlichen Hand. Die

Saarstahl AG geriet dadurch in eine höchst prekäre Situation. Der Personalabbau über die Sozialpläne und die Frühverrentung war weitgehend ausgeschöpft. Alle älteren Jahrgänge hatten das Unternehmen bereits verlassen. Für die Frühverrentung kam einfach niemand mehr infrage, und betriebsbedingte Kündigungen durften aufgrund des 78er-Vertrages mit den Gewerkschaften nicht ausgesprochen werden. Eine Lösung musste her, eine unkonventionelle zudem. In dieser Situation ist die Idee der Stahlstiftung entstanden, die Kündigungen möglich machte.

Und damit kam Peter Hartz, Vorstandsmitglied der Dillinger Hütte, ins Spiel, der sich mit diesem Problem der Saarstahl eigentlich gar nicht hätte befassen müssen. Sie aber haben die Idee der Stahlstiftung entwickelt.

Auch dem Vorstand der Dillinger Hütte konnte der Untergang der Saarstahl nicht gleichgültig sein. Außerdem sollte der Vorstand der noch gut gehenden Dillinger Hütte die industrielle Führung der Saarstahl AG übernehmen. Die öffentliche Hand indes hatte die große und berechtigte Sorge, dass die Stahlindustrie im Saarland zu einem Fass ohne Boden werden würde. Hinzu kam 1985 der Regierungswechsel. Oskar Lafontaine hatte die Wahlen im Saarland gewonnen und war damit sofort einer der Beteiligten in dieser Situation.

Als neuer Landesvater schlug er wenig versöhnliche Töne an.

Als neuer Ministerpräsident war er natürlich den geschrumpften Finanzen des Landes verpflichtet.

Während der damalige IG-Metall-Chef Franz Steinkühler weiterhin auf dem 78er-Vertrag bestand und Kündigungen ausschloss, stand Lafontaine auf der anderen Seite. Es müsse eben doch gekündigt werden, forderte er …

… und ich sah, dass zwei Züge aufeinander zurasten. Mir war klar, dass wir nach einem Zusammenprall nur noch würden die Trümmer beseitigen können. Beide Positionen waren verständlich, doch

änderte das nichts an der Lage: 3000 Leute mussten von der Gehaltsliste der Saarstahl, für Sozialpläne gab es kein Geld. Es musste also
etwas anderes passieren. Ich selbst habe dann das Konzept einer
Stahlstiftung entwickelt, eine Art erweiterte Betreuungs-, Vermitt-
lungs- und Beschäftigungsgesellschaft. Erst die Stiftung machte es
den Gewerkschaften möglich, Kündigungen zuzustimmen.

> *Für den Standort war ganz klar, dass alle gesellschaftlichen
> Gruppen in die Gründung der Stiftung einwilligen mussten,
> weil es sonst keine Lösung gegeben hätte. Schließlich ist es Ihnen
> gelungen, alle Verantwortlichen ungeachtet ihrer gegensätz-
> lichen Interessen von der Stahlstiftung zu überzeugen. Der ge-
> sellschaftliche Konsens war die Basis des Erfolgs.*

Eine Erfahrung, die mich stark geprägt hat. Große gesellschaftliche
Probleme sind auch nur im gesellschaftlichen Konsens zu lösen.

> *Wirklich? Das mag in den Anfängen der alten Bundesrepublik
> funktioniert haben. Aber es ist ein Lösungsansatz von gestern.*

Da bin ich ganz anderer Meinung. Krisenhafte Situationen in Unternehmen können nur von Arbeitgebern und Arbeitnehmern gemeinsam bewältigt werden. Diese Überzeugung, die in der Eini-
gung über die Stahlstiftung ihre Bestätigung gefunden hat, bin ich
nie mehr losgeworden. Sie gilt für mich auch heute noch.

> *Was war das Besondere an der Stiftung? Was sollte sie anderes
> tun, als einfach nur Sozialpläne zu verwalten?*

Der innovative Kern war eigentlich etwas, das nicht mit den materiellen und rechtlichen Aspekten zu erfassen ist. Der damals tausendfach gesagte Satz: »Ich gehe in die Stiftung«, brachte das zum
Ausdruck. Die Stahlarbeiter wussten, dass sie von der Stiftung aufgefangen wurden. Sie haben also auf die fragwürdig gewordene
Sicherheit ihres alten Arbeitsplatzes verzichtet und darauf vertraut,
von der Stiftung betreut, vermittelt und versorgt zu werden. Damit
verschwanden die geforderten 3000 Arbeitnehmer umgehend von
der Gehaltsliste der Saarstahl. Der Weg für die Bundeshilfen war frei.

Woher kam denn dieses Vertrauen in die Stiftung, die ja noch gar nicht lange bestand?

In die Stiftung waren alle Akteure eingebunden: die einzelnen Stahlunternehmen, die Betriebsräte, die Gewerkschaften, die Arbeitsverwaltung, die Landesregierung. Sie alle haben ihr Wort gegeben, die Stiftung zu unterstützen und damit die Menschen, die nach dem Ausscheiden aus der Stahlindustrie von ihr betreut werden sollten. Dadurch konnte den Mitarbeitern regulär gekündigt werden, was wiederum notwendig war, damit sie in den Genuss der Unterstützung durch die Arbeitslosenversicherung kamen.

Kündigungen aber waren doch nach der Vereinbarung mit den Gewerkschaften eigentlich ausgeschlossen.

Richtig. Um die Arbeitnehmerseite zu bewegen, auf dieses Recht zu verzichten, haben wir jedem einzelnen vom Personalabbau betroffenen Mitarbeiter ein Versprechen gegeben. Per Handschlag, also ohne schriftliche und damit einklagbare Vereinbarung, haben wir

Mit dem Gesamtbetriebsratsvorsitzenden der Saarstahl AG Edwin Ebert (4. v. li.) und Jürgen Peters (2. v. li.) auf einer Sitzung des Gesamtbetriebsrats 1987

zugesagt, dass er wieder an einen Arbeitsplatz in eines der Stahlunternehmen würde zurückkehren können beziehungsweise im
gegenseitigen Einvernehmen weitervermittelt oder versorgt werden würde. Wir haben diese Vereinbarung damals als »moralische
Rückfahrkarte« bezeichnet. Die Gewerkschaften haben sich darauf
eingelassen und damit den Weg für reguläre Kündigungen frei gemacht.

Wann ist die Stiftung gegründet worden?

Am 9. Januar 1987. Der Stiftung wurde das Wohnungsbauver-
mögen von Saarstahl in Völklingen übertragen. Damit war sie zunächst einmal mit Kapital ausgestattet. Zur Erfüllung des Stif-
tungszweckes durften nur die Erträge aus dem Stiftungsvermögen
und noch andere Zuwendungen verwendet werden. Die Finanzierung war am Anfang eine Kombination aus Geldern der Arbeitslosenversicherung, in die die Stahlarbeiter jahrzehntelang eingezahlt hatten, aus den Mitteln der Europäischen Gemeinschaft für
Kohle und Stahl und aus den Sozialfonds der Stahlunternehmen.
Dazu kamen Unternehmensmittel und Spenden der Mitarbeiter
über den Förderverein. Außerdem hatte sich das Saarland verpflichtet, die Stiftung zu unterstützen. Im Zuge dessen konnte man
auch eine neue Seite von Oskar Lafontaine kennenlernen. Da er
für das Land zahlen musste, war er unheimlich pingelig. Da es um
Steuergelder ging, hat er mit spitzem Bleistift gerechnet.

Wer wurde von der Stiftung gefördert?

Die Stiftung stand allen ehemaligen Arbeitnehmern der früheren
Saarstahl offen, die im Rahmen der personellen Anpassungen seit
Mitte 1980 in den vorzeitigen Ruhestand versetzt wurden, und all
denjenigen, denen im Zuge des drohenden Konkurses der Saarstahl
AG gekündigt wurde. Für sie hat die Stiftung viel getan, indem sie
sie nicht nur materiell förderte, sondern sie auch beriet und weiter-
qualifizierte. Die Stiftung hat also viel mehr getan, als lediglich Sozialpläne abzuwickeln. Es ging um eine umfassende Unterstützung
eines jeden Einzelnen.

Den Konkurs von Saarstahl viel später, im Jahr 1993, hat die Stiftung allerdings nicht abwenden können.

Dafür ist sie auch nicht geschaffen worden. 1993 war aufgrund der bestehenden Stiftung zumindest die personelle Seite eines solchen Schrittes geregelt, denn auch damals mussten wieder viele Mitarbeiter das Unternehmen verlassen.

Im Wesentlichen hat sich der Strukturwandel vor allem auf Steuerkosten vollzogen – die jahrelangen Zahlungshilfen von Bund, Land und EG, die Finanzierungszusage des Landes für die Stiftung. Ist das eigentlich vertretbar?

Das ist absolut vertretbar. Vor allem bei der Monostruktur des Saarlandes und auch seiner politischen Geschichte. Erinnern Sie sich daran, wie das Saarland zwischen Frankreich und Deutschland hin- und hergeschoben wurde. Allerdings müssen die Zahlungshilfen so konzipiert sein, dass sie eine Unterstützung zur Selbsthilfe darstellen und mehr nicht. Die Menschen müssen begreifen, dass der Umstrukturierungsprozess nicht aufzuhalten ist und sie sich daran aktiv beteiligen müssen.

Das aber tun sie doch nicht, wenn der Staat bezahlt.

Er soll auch nicht alles auf immer und ewig bezahlen. Aber Sie können kaum bestreiten, dass es in solch schwierigen Übergangsphasen vornehmste Pflicht des Steuerzahlers ist, seinen Mitmenschen zu helfen, sich selbst zu helfen. Wofür sonst sollten die Steuergelder ausgegeben werden? Gibt es etwas Vernünftigeres, als dass Sie Ihrem Mitmenschen, der es schlechter getroffen hat als Sie, temporär helfen? Wichtig sind dabei die Befristung und die Hilfe zur Selbsthilfe.

Was hat die Stahlstiftung gebracht?

Sie hat dazu beigetragen, den Stahlstandort Saar zu erhalten. Mittel- und langfristig sind tatsächlich Arbeitsplätze gesichert worden. Heute existieren in der Stahlindustrie im Saarland noch 11 000 Arbeitsplätze. Die Abwicklung des Personalabbaus 1987 wurde ausschließlich über das Stahlstiftungsmodell finanziert. In den Jahren 1986/87 betrug der Abbau insgesamt 3500 Mitarbeiter, von denen 850 über die Stahlstiftungsbetreuung direkt in die vorzeitige Pensionierung übergingen. 550 wurden im Rahmen der Personalpolitik der Gruppe zur Dillinger Hütte versetzt oder fanden später bei Saarstahl eine Wiederbeschäftigung. Letztlich wurden 2100 Mitarbeiter von der Stiftung betreut. Davon wurden 116 qualifiziert. Zehn Prozent der Betroffenen fanden einen neuen beruflichen Einstieg. 70 Prozent waren 51 Jahre und älter, sie wurden durch Montanunionsmittel gefördert.

Gerade einmal zehn Prozent haben einen neuen Arbeitsplatz gefunden? Das ist ausgesprochen wenig.

Nun war die Weitervermittlung auch nicht der Hauptzweck der Stiftung, denn sie war ja nur zum Teil eine Beschäftigungsgesellschaft. Und weil es damals nur wenige Beschäftigungsmöglichkeiten im Saarland gab, ist sie vor allem eine Betreuungseinrichtung gewesen, eine Einrichtung, in der auch der kleinste Arbeiter nicht vergessen wurde. Wichtig war, dass die arbeitslos gewordenen Menschen nicht allein gelassen wurden. Es sollte ihnen eine Perspektive gegeben werden, wie sie mit ihrer persönlichen Katastrophe des Arbeitsplatzverlustes fertig werden konnten.

Mit dem Konkurs der Saarstahl 1993 kam dann allerdings die nächste Welle auf die Stahlstiftung zu.

Am 18. Mai 1993 wurde das Konkursverfahren eingeleitet. An den Standorten Völklingen, Burbach und Neunkirchen waren 7000 Arbeitnehmer betroffen, und die Finanzierung der Altsozialpläne stand plötzlich infrage. Auch da hat sich die Stahlstiftung wieder eingesetzt und mit zeitlich befristeten Betreuungsverhältnissen die Sorge für 2000 Stahlarbeiter übernommen, die im Zuge des Konkurses im August ihre Arbeit verloren. Es war ein Glücksfall, dass es die Stiftung gab.

Und heute?

2004 wurde die Stiftung neu finanziert. Beide Unternehmen, die Dillinger Hütte und die Saarstahl AG, haben je 500 000 Euro gestiftet. So kann die Stiftung auch weiterhin als personalpolitisches Instrumentarium existieren, denn nichts anderes war sie ja.

Gab es Nachahmer?

An der Ruhr ist das Stiftungskonzept nicht durchsetzbar gewesen. Auch dort waren ja die Strukturbrüche zu spüren gewesen und hatten Tausende von Arbeitsplätzen gekostet. Aber die divergierenden Interessen der Konzerne Hoesch, Krupp, Thyssen und Mannesmann haben eine Stahlstiftung letztlich verhindert. In Österreich, wo Stahlunternehmen ebenso in den Strudel der Krise gerieten, hat der Vorstand der Voest-Alpine in Kooperation mit dem Gesetzgeber, den Sozialpartnern und der Belegschaftsvertretung eine Arbeitsstiftung eingeführt. Um die Stiftung in Österreich, so wie sie angelegt war, verwirklichen zu können, hat das österreichische Parlament sogar eine Reform des Arbeitslosenversicherungsgesetzes beschlossen. Auch in Ostdeutschland wurde auf das Stahlstiftungsmodell zurückgegriffen …

… in Hunderten von Beschäftigungsgesellschaften, die nach der Wende entstanden sind.

Rund 400 Gesellschaften mit mehr als 100 000 Beschäftigten gab es dort. Regine Hildebrandt, die brandenburgische Sozialministerin, hat bei uns einmal ein Seminar dazu besucht. Ich hatte damals erhebliche Schwierigkeiten, sie zu verstehen, denn sie sprach nicht nur ihren Dialekt, sondern darüber hinaus auch schnell wie ein Maschinengewehr. In Westdeutschland war das Konzept der Stiftung hingegen nicht durchzusetzen.

Es fehlte womöglich der gesellschaftliche Konsens.

Aus meiner Sicht war die Stahlstiftung ein Erfolg. Ich denke, sie wird auch im Saarland als solcher gesehen. Grundlage für diesen

Erfolg war ein gesellschaftlicher Konsens. Ohne Konsens gibt es häufig keine Lösungen. Davon bin ich noch immer überzeugt, auch wenn ich für diese Überzeugung am Ende meines Berufslebens einen sehr hohen Preis gezahlt habe. Trotzdem bleibe ich dabei: Wenn Sie Probleme lösen wollen, dann müssen Sie Leute zusammenbringen, die etwas tun, und sie auf das gleiche Ziel und den gleichen Weg einschwören. Das gilt für den Kirchenrat einer Gemeinde genauso wie für den Umgang zwischen Arbeitnehmern und Arbeitgebern im Konzern. Das Streben nach konsensualen Lösungen drängender Fragen gehört zu meinem Selbstverständnis und zieht sich durch mein ganzes berufliches Leben, angefangen bei der Stahlstiftung über die Mitbestimmung bis hin zu meinem Versuch, den deutschen Arbeitsmarkt zu reformieren. Auch das wäre nur im gesellschaftlichen Konsens möglich gewesen, zu dem es aber nie gekommen ist.

Bleiben wir vorerst bei der Mitbestimmung …

… eines meiner großen Lebensthemen.

Das klingt ein wenig pathetisch.

Aber es ist nicht so gemeint. Die Frage, wie man die Mitarbeiter eines Unternehmens und vor allem eines Konzerns in das unternehmerische Geschehen einbeziehen kann, hat mich zeitlebens beschäftigt.

Mitbestimmung bedeutet, dass die Arbeitnehmer auf ihr Unternehmen Einfluss nehmen oder mitbestimmen können. Dafür gibt es das Betriebsverfassungsgesetz, das die Arbeitnehmerrechte festgeschrieben hat. Aus Sicht der Arbeitgeber ist die Mitbestimmung ein gesetzlich verordnetes Übel und damit ein enormer Standortnachteil für Unternehmen in Deutschland.

Das sehe ich ganz anders. Zwar stand ich zeitlebens auf der Arbeitgeberseite, dennoch behaupte ich: Wenn es die Mitbestimmung nicht gäbe, dann müsste sie erfunden werden, denn mit der Mitbestimmung lässt sich sogar Geld verdienen.

Mit dieser Aussage stehen Sie ziemlich allein auf weiter Flur.
Sie müssen also erklären, wie Sie das meinen.

Vielleicht bin ich einer der wenigen, die das behaupten. Sicher aber bin ich einer unter ganz vielen, die die Mitbestimmung wertschöpfend eingesetzt haben. Die zigtausend mittelständischen und hoch erfolgreichen Unternehmen in Deutschland leben Mitbestimmung jeden Tag. Sie behandeln ihre Mitarbeiter gut, sie beziehen sie in den Produktionsprozess mit ein, sie suchen nach ihrer Expertise bei strategischen Entscheidungen. Was machen die Mitarbeiter dort anderes als mitzubestimmen?

Mir ging es um die institutionelle Mitbestimmung: Die Arbeitnehmer sind organisiert. Ihre Vertreter sitzen in den Aufsichtsräten und nehmen damit Einfluss auf die Geschicke des Unternehmens.

Die institutionalisierte Mitbestimmung trägt Demokratie in die Unternehmen. In der Stahlkrise habe ich sie erlebt und schätzen gelernt. Schon aufgrund meiner positiven Erlebnisse habe ich eine positive Einstellung zur Mitbestimmung. Hätte ich den Einfluss der Arbeitnehmerseite indes zunächst negativ zu spüren bekommen, wäre meine Meinung heute womöglich eine andere. In der Stahlindustrie habe ich fachlich exzellente Mitarbeiter auf der Betriebsratsseite angetroffen, die in großer Loyalität zum Unternehmen standen und bei der Durchsetzung unternehmerischer Entscheidungen geholfen haben. In meinen acht Jahren als Sprecher der Arbeitsdirektoren musste ich uns positionieren und zur Mitbestimmung Stellung beziehen. Im Zentrum meiner Überlegungen stand damals, wie man die Mitbestimmung weiterentwickeln und für die Unternehmen nutzbar machen konnte.

Ich frage Sie noch einmal: Die institutionalisierte Mitbestimmung in Deutschland ist vergleichsweise einzigartig. Ist sie nun ein Erfolg, oder ist sie die Wurzel vieler großer Übel?

Welcher Übel denn zum Beispiel?

Sie bremst Reformen im Unternehmen, sie verhindert einen schnellen Zugewinn an Wettbewerbsfähigkeit, sie bürdet dem Unternehmen hohe Kosten auf. Denken Sie an die Rücksichtnahme des Vorstands, der weiß, dass in seinem Aufsichtsrat Arbeitnehmervertreter über seine Vertragsverlängerung und seine Gehaltserhöhung entscheiden.

Auch die Arbeitnehmerseite ist am langfristigen Erfolg eines Unternehmens interessiert. Sie hat längst gelernt, dass sich ohne Unternehmenserfolg auch Arbeitnehmerinteressen nicht gut vertreten lassen. Die Jahre des Verhinderns und Bremsens sind vorüber. Und noch etwas: Die Zeit arbeitet für die Mitbestimmung.

Wirklich? Ich dachte eigentlich, sie arbeitet dagegen, der immer härter werdende Wettbewerb drängt die Betriebsräte zurück.

Sie denken zu einfach. Das Humankapital eines Unternehmens, sprich: die Mitarbeiter, sind ein Unternehmenswert, der sich absurderweise noch immer nicht auf der Aktivseite der Bilanz wiederfindet. Viele gute Mitarbeiter sind ein Vermögen. Das werden viele Unternehmen erst noch begreifen lernen und ihre Mitarbeiter dann anders wahrnehmen.

Aber was hat das mit der Mitbestimmung zu tun?

Wer Mitarbeiter als Vermögen betrachtet, wird sich mehr Gedanken darüber machen, wie pfleglich er mit diesem Vermögen umgeht und wie er es einsetzt. Anders gesagt, er wird versuchen, die Kreativität, die Talente seiner Mitarbeiter freizusetzen, zu fördern und vor allem zu nutzen. Er wird weiter versuchen, sie in strategische Entscheidungen einzubinden. Mit dieser Überlegung ist man dann schon ziemlich mittendrin in der Diskussion über die Mitbestimmung.

Dann verstehen Sie Mitbestimmung aber auch nicht politisch im Sinne von Macht und Gegenmacht.

Ich verstehe Mitbestimmung als Wertschöpfung, als wettbewerbsfördernd.

Jetzt wird es wirklich erklärungsbedürftig. Sie sind der Einzige, der so etwas sagt.

Ich gehe noch weiter: In der Globalisierung kann man mit der deutschen Form der Mitbestimmung ganz vorne mitmarschieren. Sie können aus der Mitbestimmung Mehrwert schaffen, Sie können damit die Produktivität erhöhen, Sie können mit der Mitbestimmung also Geld verdienen.

Dann erklären Sie bitte, wie dieses Kunststück gelingen kann.

Nehmen Sie die Ausgangslage: Das Mitbestimmungsgesetz von 1976 gibt den Rahmen vor. Schwerpunkt der Mitbestimmung sind danach die materiellen Arbeitsbedingungen. Bei der Arbeitszeit, bei Versetzungen und bei der Bewältigung sozialer Folgen unternehmerischer Entscheidungen sollen die Arbeitnehmer über ihre Betriebsräte mitreden oder Einfluss nehmen können.

Daher die Klischees: Mitbestimmung ist aus Unternehmenssicht ein Übel. Es hemmt die Manager in ihrer Entscheidungsfreiheit.

Legen Sie die Klischees jetzt ab und folgen Sie mir in die achtziger Jahre. Seit Mitte der achtziger Jahre hat sich eines im Denken der Gewerkschaften ganz entscheidend geändert: Die Gewerkschaften haben die handlungsleitende Funktion des Unternehmensgewinns erkannt und akzeptiert. Sie haben begriffen, dass Unternehmen erst etwas verdienen müssen, bevor sie an die Verteilung denken können. Sie haben damit akzeptiert, dass Arbeitnehmerrechte Grenzen haben, und zwar dort, wo sie Unternehmen um ihren Verdienst bringen. Auf dieser neuen Grundlage bekommt die Mitbestimmung eine andere Richtung. Die Arbeitnehmerseite ist dem Unternehmenserfolg und nicht mehr nur ihren partiellen Interessen verpflichtet. Sie lässt sich deshalb im Rahmen der Mitbestimmung für den Unternehmenserfolg nutzen.

Dann nehmen wir das Beispiel Volkswagen ...

... wo wir die Mitbestimmung über den gesetzlichen Rahmen hinaus zu einem Gestaltungsfaktor gemacht haben. Mein großer Traum war es, daraus ein Modell für die deutsche Wirtschaft zu machen.

Mit dem Ergebnis, dass bei Volkswagen die Mitbestimmung oder der Betriebsrat zu einem wahren Leviathan herangewachsen ist, den Sie hinterher nicht mehr im Griff hatten.

Um meine Auffassung von Mitbestimmung zu verstehen, müssen Sie sich mit mir einmal in die Niederungen der Praxis begeben. In der Praxis muss sich ein Vorstand permanent bewähren, er muss unternehmerisch erfolgreich arbeiten. Dazu braucht er Instrumente, Mitstreiter und Machtmittel. Beim Definieren dieser Instrumente und Machtmittel kommt er automatisch zur Mitbestimmung und macht die Erfahrung, dass man sie zum Vorteil beider Seiten einsetzen kann. Wenn eine unternehmerische Entscheidung ansteht, muss man zunächst die Betriebsräte überzeugen. Gelingt das, ist auch die Belegschaft schneller auf der Seite der Arbeitgeber. Die notwendigen strategischen Entscheidungen werden damit im Grunde von den Betriebsräten im Unternehmen durchgesetzt. Das erleichtert vieles. Für den Manager sind Betriebsräte, wenn sie denn einmal von einer bestimmten Strategie überzeugt sind, von hohem Wert. Sie sind die beste Konzernkommunikation.

Und so haben Sie die Betriebsräte bei VW eingesetzt – als Kommunikatoren?

Genau das habe ich getan. Voraussetzung dafür aber war, dass sich die Betriebsräte nicht nur auf die Angaben des Vorstands verlassen mussten, sondern selbst in der Lage waren, sich ein Bild vom Unternehmen, dem Wettbewerbsumfeld und dem Weltmarkt zu machen; denn so konnten sie der betriebswirtschaftlichen Logik viel leichter folgen. Wir haben die Betriebsräte also ernst genommen. Wir haben sodann die Vorstellungen des Gesamtbetriebsrates zu

unternehmerischen Entscheidungen, Prozessen und Geschäftsmo-
dellen immer als qualifizierten Beitrag zur Unternehmensentwicklung verstanden.

*Wie hat sich denn ein Betriebsrat ein eigenes Bild des Unter-
nehmens machen können, dessen Arbeitnehmer er vertritt?*

Er braucht Mitarbeiter, er muss eigenständig über die personelle und sachliche Infrastruktur verfügen können. Er braucht ein
Budget. Dem VW-Gesamtbetriebsrat standen in meiner Zeit diese
Handlungsressourcen zur Verfügung, über deren Nutzung er auto-
nom entscheiden konnte. Dazu gehörten natürlich eine entsprechende sachliche Ausstattung und ein eigener Beraterstab. Der Gesamtbetriebsrat hatte die Möglichkeit, zu Studienzwecken Reisen
zu unternehmen, um sich von den globalen Herausforderungen an
einen Weltkonzern wie Volkswagen ein Bild zu machen. Er hatte
exzellente wissenschaftliche Referenten, die ihre eigenen Analysen
des Unternehmens anstellten und nicht allein auf die Angaben des
Vorstands angewiesen waren. Wenn der Betriebsrat in eigenen Re-
cherchen ermittelt, dass ein Unternehmen im Vergleich mit anderen ein Kostenproblem hat, wird er unternehmerische Entscheidungen, die auf die Beseitigung dieses Kostenproblems zielen, viel
leichter mittragen und auch in der Belegschaft dafür eintreten.

Geben Sie ein konkretes Beispiel.

Der Betriebsrat hat zum Beispiel die Errichtung eines neuen Stand-
orts in Osteuropa als Beitrag zur Stärkung der Wettbewerbsfähig-
keit mitgetragen, obwohl dies den Konkurrenzdruck auf die tra-
ditionellen deutschen Standorte erhöht hat. Zudem haben eigene
Analysen des Betriebsrats zur Weltautomobilindustrie dazu ge-
führt, dass er die globale Expansion des Konzerns nach China,
Südamerika und Mexiko nicht nur mitgetragen, sondern in der
Belegschaft auch aktiv dafür geworben hat. Der Betriebsrat bei
Volkswagen hat sich – um mal ganz konkret zu werden – mit dem
Produktionssystem von Toyota auseinandergesetzt und ist den
Gründen für seine Effizienz nachgegangen. Seine Erkenntnisse

brachte er dann in die Volkswagen-interne Debatte ein. Er hat damit auch begriffen, dass Volkswagen nicht umhinkommt, seine Kapazitäten immer wieder zu überprüfen und anzupassen.

Vom Betriebsrat selbst kamen Vorschläge zur Veränderung tarifvertraglicher und arbeitsorganisatorischer Strukturen. Er hat sich auch dafür starkgemacht, Leiharbeiter einzusetzen, um die Effizienz zu erhöhen und die Personalkosten zu senken. Die eigenständige Arbeit der Betriebsräte, die eigene Sicht, die sie vom Unternehmen entwickelten, war ungemein nützlich. Wenn sich der Betriebsrat mit den Vor- und Nachteilen einzelner Standorte im In- und Ausland befasste, konnte er auch erkennen, wie viel teurer die Produktion in Deutschland ist als andernorts, und dass die deutschen Mitarbeiter um einiges produktiver sein müssen, um mitzuhalten.

Und darin liegt jetzt die Wertschöpfung eines Betriebsrats?

Natürlich. Die Wettbewerbsfähigkeit des VW-eigenen Komponentenwerks in Braunschweig ist auch den Betriebsräten dort zuzuschreiben, die Mitte der neunziger Jahre begriffen haben, dass sich etwas ändern muss, wenn das Werk nicht im Konzern zurückfallen will. Sie haben sich ein Modell überlegt, um die absehbare Beschäftigungslücke dort zu schließen. Betriebsräte wurden zu Co-Managern, die ein ganzes Werk gerettet haben. Das ist doch Wertschöpfung.

Co-Manager – ein schöner Begriff …

… der aus meiner Sicht für einen Betriebsrat einen Ehrentitel darstellt. Bei den Betriebsräten selbst kam er allerdings nicht gut an, was ich eigentlich nie richtig verstanden habe.

> *Die Betriebsräte wollten sich eben nicht ganz von Ihnen vereinnahmen lassen. Ihre Idee des Co-Managements war wohl ein wenig zu viel des Guten?*

Die Grundlage, dass dies alles funktioniert, ist dann die von mir viel gepredigte Vertrauenskultur. Nur im gegenseitigen Vertrauen können Sie krisenhafte Zuspitzungen vermeiden. Denken Sie an die Einführung der Vier-Tage-Woche oder an das Modell »5000 mal 5000«. Auf beiden Seiten, der Arbeitgeber- und der Arbeitnehmerseite, herrschte folgender Grundkonsens: Die wirtschaftlichen Erträge des Unternehmenserfolgs werden zuerst zur Verzinsung des eingesetzten Kapitals verwendet, es wird also eine Dividende gezahlt. Dann werden die notwendigen Investitionen vorgenommen. Der verbleibende Teil ist zur Sicherung der Beschäftigung der Mitarbeiter einzusetzen. Dieses Einvernehmen zwischen beiden Seiten war Grundlage für das Vertrauensverhältnis. Überzeugt von der Notwendigkeit des gegenseitigen Vertrauens, habe ich dies auch gepredigt …

… und womöglich manchen überfordert. Menschen brauchen wohl nicht nur Vertrauen, sondern auch Kontrolle.

In einem Punkt war ich sicher nicht realistisch. Ich habe zu wenig daran gedacht, dass es Mitarbeiter gibt, die mein Vertrauen ausnutzen, um sich dann über den rechtlichen Rahmen hinaus zu bedienen. Rückblickend muss ich heute sagen, dass ich in dieser Hinsicht zu weit gegangen bin.

In anderen Ländern gibt es Mitbestimmung, aber keine Mitverantwortung. Ist das nicht doch die bessere Variante?

In anderen Ländern ist Mitbestimmung einzig eine Interessenvertretung der Arbeitnehmer. Da geht es ums Einfordern und Ablehnen, mehr nicht. Bei uns in Deutschland geht es allerdings schon deshalb weiter, weil die Arbeitnehmer in den gesellschaftlichen Organen über das Betriebsverfassungsgesetz Macht ausüben können. Die Arbeitnehmervertreter, seien es die Betriebsräte oder Gewerkschaftsfunktionäre, sitzen in den Aufsichtsräten. Denken Sie daran, dass ich als Arbeitsdirektor bei Volkswagen ein solches Produkt der Machtausübung der Arbeitnehmerseite gewesen bin.

Sie hatten über die institutionalisierte Mitbestimmung einen atemberaubenden Aufstieg genommen. Schon deshalb konnten

Sie die Betriebsräte nicht übergehen. Das wird als Fehler in der Konstruktion der Mitbestimmung gesehen.

Ich sehe das nicht als Konstruktionsfehler an, denn ich wollte mein ganzes Arbeitsleben lang die Arbeitnehmerseite nicht übergehen. Als Manager brauche ich die Arbeitnehmer, jeden einzelnen und nicht nur ihre Vertreter. Deshalb wollte ich die Arbeitnehmervertreter ins Management einbeziehen. Ich wollte, dass sie sich nicht nur für die Arbeitnehmerinteressen, sondern für den Konzern und seinen Erfolg einsetzten. Wenn man sich die vielen mittelständischen Unternehmer in Deutschland anschaut, sieht man, dass sie vor allem ihre Mitarbeiter gut behandeln und einbeziehen. Das ist ihr Erfolgsgeheimnis. Warum sollten Konzerne das anders machen? Dadurch ergibt sich im Alltag und in der Praxis auch eine ganz andere Umgangsqualität.

Die Mitbestimmungswelt, die Sie geschaffen haben und hier noch einmal so flammend verteidigen, mag ja über Jahre funktioniert haben – ob zum Wohl oder zum Schaden des Unternehmens, ist umstritten. Warum steht die Mitbestimmung allgemein so sehr in der Kritik?

Weil sie nicht überall so gelebt wird, wie es sein sollte. Jetzt allerdings werden mich meine Kritiker wieder vorführen und mir sagen, dass ich an meinem eigenen Verständnis von Mitbestimmung gescheitert bin. Darin genau besteht eine meiner Niederlagen: Das erfolgreiche Modell der Mitbestimmung, das ich bei Volkswagen mitentwickelt habe und das über Jahre hervorragend funktioniert hat, wird nach mehr als einem Jahrzehnt einzig an der kriminellen Energie einiger Menschen gemessen und nicht daran, was mit diesem Modell alles erreicht worden ist.

Die Mitbestimmung wird aber nicht nur über die Betriebsräte ausgeübt, sondern auch über die Gewerkschaften.

Die Gewerkschafter, die Mitglieder der Konzernaufsichtsräte sind …

… wie die IG-Metall-Vorsitzenden Steinkühler, Zwickel und jetzt Peters bei Volkswagen …

… sind auch Gralshüter ihrer Programmatik.

Aber ist nicht gerade das schädlich? Programmatisch verbohrte Funktionäre haben eben immer nur die Programmatik im Kopf und bringen, anders als kluge Betriebsräte, kein Verständnis für die Sicht des Unternehmers oder Managers auf.

Die Gewerkschaftsführer sind nicht verbohrt. Das sehen Sie zu einseitig. Die Wirklichkeit ist vielschichtiger. Grundsätzlich muss ich zur Verteidigung der Gewerkschaften sagen: Eine Massenorganisation, die gesellschaftlich Macht ausüben will, braucht ihre Programmatik, sonst ist sie nicht schlagkräftig. Sie braucht Ordnung in ihren Zielen. Im Übrigen fungiert sie auch noch als Korrektiv oder Kontrollorgan der Betriebsräte.

Dabei bremst die Programmatik Fortschritt und Innovation aus. Das haben Sie selbst erlebt. Wie schwer hat sich die Gewerkschaft nach Ihren Worten getan, die neuen Arbeitszeit- und Entgeltmodelle bei »Auto 5000« zu akzeptieren!

Sagen wir es anders: Die Überzeugung der Gewerkschaft hat mich sehr viel Kraft gekostet.

Sie kennen viele ausländische Manager und Unternehmer, mit denen Sie oft über Mitbestimmung in Deutschland gesprochen haben. Sind Ihnen da Vorbehalte begegnet? Ist die deutsche Mitbestimmung womöglich ein Hinderungsgrund, um hierzulande zu investieren?

Überhaupt nicht. Was viel mehr zählt, ist die hohe Zuverlässigkeit der deutschen Arbeitnehmer. Schauen Sie sich doch mal die Streiktage in Deutschland an. Neben den Personalkosten insgesamt sind die Streiktage ein messbares Kriterium dessen, was einem Unternehmer blühen kann, der hierzulande investiert. Gemessen an Streiktagen, steht Deutschland hervorragend da. Da sieht es in

Südamerika anders aus oder auch schon in Frankreich. Den Wert der Betriebsräte könnte man unter anderem auch in Streiktagen messen. Überlegen Sie, wie viel Kosten ein guter Betriebsrat schon allein dadurch spart, dass er durch seine Art der Kommunikation unternehmerischer Notwendigkeiten einen Streik verhindert.

Wie sieht die Zukunft der Mitbestimmung aus?

Die Zeit arbeitet für die Mitbestimmung. Manager werden zunehmend begreifen, dass ihre Arbeitnehmer ein Vermögen sind. Sie werden begreifen, dass aus dem partnerschaftlichen Umgang miteinander unternehmerischer Nutzen entsteht. Bestes Beispiel dafür sind die Kosten, die Unternehmen heute noch aufbringen müssen, um eine bestimmte Qualität zu erzwingen. Ich denke immer an die Zahl von zig Milliarden Euro, die ein Weltkonzern wie Volkswagen dafür aufbringt, die geforderte Qualität der Produkte zu erreichen. Teile dieser Kontrollkosten ließen sich sparen, wenn Kontrollen nicht mehr notwendig wären. Stellen Sie sich vor, wie viel niedriger die Produktionskosten wären, wenn es gelänge, den Aufwand für die Qualitätskontrolle und die Nachbesserungen zu verringern. Aber das geht nicht ohne die Mitbestimmung.

Warum nicht?

Weil sie das Verhalten der Arbeitnehmer beeinflusst und prägt und auch deren Werte. Die Unternehmensziele und die Schritte dazu werden mit den Mitbestimmungsgremien wie dem Betriebsrat und dem Aufsichtsrat vereinbart.

Was muss Mitbestimmung künftig sein?

Sie muss ein seriöser Treuhänder für die Weiterentwicklungsprozesse sein. Denn das ist die zweite große Erkenntnis der Gewerkschaften: Das einzig Beständige in der Globalisierung ist die Veränderung. Mit anderen Worten: Die Mitbestimmung muss die Veränderungen konstruktiv begleiten. Sie muss sich also in die Pflicht nehmen lassen, wenn sie nicht obsolet werden will …

… was wiederum die Macht der Betriebsräte oder den Einfluss der Mitbestimmung begrenzt.

Die Macht der Betriebsräte hat schon ihren Sinn. Sie haben eine Pilotfunktion. Weil sie auf der Arbeitnehmerseite stehen, sind sie am besten dafür geeignet, eine Belegschaft von mehreren Hunderttausend Leuten in Bewegung zu setzen.

Was wird aus der Mitbestimmung bei Volkswagen in den nächsten fünf Jahren werden?

Das weiß ich nicht. Es kommt darauf an, was diejenigen, die heute in der Verantwortung sind, daraus machen. Ich bin zuversichtlich, dass die Betriebsräte weiterhin zu ihrer Mitverantwortung stehen. Vielleicht habe ich mich aber auch zu sehr von meinem allzu positiven Menschenbild leiten lassen. Oft habe ich gedacht, dass es in mir eigentlich zwei Personen gibt: der eine, der kritisch ist, der die Dinge immer wieder hinterfragt; der andere dagegen ist gutmütig, vertraut darauf, dass andere gleichermaßen aufrichtig sind und damit nicht kontrolliert werden müssen. Letztlich hat der Gutmütige über den Kritiker immer gesiegt. Fast mein ganzes Berufsleben lang ist das gut gegangen. Am Ende nicht mehr …

… was Sie jetzt aufgrund Ihres Absturzes ausgerechnet kurz vor dem geplanten Ende Ihrer Karriere dazu verleitet, alles in einem anderen Licht zu sehen.

Nicht alles und schon gar nicht die generelle Zukunft der Mitbestimmung. Aber ich sehe natürlich auch die Fehler. In Menschen kann man sich irren.

Die Mitbestimmung haben Sie als eines Ihrer großen Lebensthemen bezeichnet. Ein weiteres großes Anliegen war der Kampf gegen die Arbeitslosigkeit …

… mit dem ich, ob Sie es glauben oder nicht, immer noch nicht abgeschlossen habe. Ich bin weiterhin der felsenfesten Überzeugung, dass sich das Problem der Massenarbeitslosigkeit mit den vorhandenen Ressourcen, mit den vorhandenen Gesetzen und mit der vorhandenen Staatsform lösen lässt.

Damit sind Sie wieder allein auf weiter Flur. Die Zahl der Industriearbeitsplätze sinkt, und die hohe Sockelarbeitslosigkeit ist nicht in den Griff zu bekommen.

Ich bin davon überzeugt, dass man Industriearbeitsplätze in Deutschland halten kann. Bei aller Härte des globalen Wettbewerbs können Unternehmen auch mit Industriearbeitsplätzen hierzulande wettbewerbsfähig sein.

Die Realität beweist täglich das Gegenteil. Die Billiglohnländer verleiten immer mehr Unternehmen dazu, ihre Produktionen ins Ausland zu verlagern. Deutschland hat in den vergangenen zehn Jahren viele Millionen Industriearbeitsplätze verloren.

Das will ich nicht bestreiten, aber es müsste nicht so sein. Ich glaube, dass man die Herstellungsprozesse so konzipieren kann, dass ihr Produktivitätsvorteil die zugegebenermaßen hohen Löhne hierzulande kompensiert.

Aber das alles muss doch einhergehen mit einem Absenken des Reallohnniveaus.

Die gesamten Herstellkosten setzen sich bei Industriearbeitsplätzen – und um diese geht es Ihnen ja gerade – aus verschiedenen Faktoren zusammen. Die Löhne sind oft nur ein kleiner Teil davon, hinzu kommen Finanzierungskosten, Materialkosten, Kapitalkosten, Energiekosten und noch sehr vieles mehr.

Auch wenn die Löhne in den gesamten Herstellkosten gar nicht mehr so viel ausmachen, sind Industriearbeitsplätze hierzulande im großen Stil wohl kaum noch zu existenzsichernden Löhnen zu halten.

Die Löhne in Deutschland müssen sich natürlich dem europäischen Umfeld anpassen. Entlastung auf der Kostenseite täte schon not …

… was hierzulande keine Gewerkschaft mitmacht.

Sie können ein Lohnniveau nicht einfach absenken. Langfristig allerdings ist es wichtig, zu wettbewerbsfähigen Löhnen zu kommen und die Arbeitnehmer dafür dann am Gewinn zu beteiligen – in welcher Form auch immer. Auch die Industriearbeiter müssen, wenn sie sich auf niedrigere Löhne einlassen sollen, am Erfolg des Unternehmens teilhaben können.

Diese Debatte gibt es in Deutschland immer mal wieder. Aber ehrlich gesagt: Jeder Unternehmer, der die Wahl hat, wird mit seiner Produktion dorthin gehen, wo er niedrigere Löhne zahlt und den Gewinn für sich behalten kann.

Sicher reizt das viele Unternehmer und Manager. Es kommt eben auf die unternehmerische Zielsetzung an. Dabei geht es um die Frage, ob ein Unternehmer sein Unternehmen langfristig in einem überschaubaren Wirtschaftsraum führen und vergrößern will oder ob er sich in eine Ecke der Globalisierung begibt, in der man es mit vielen, nicht beeinflussbaren Umständen und gesetzlichen Regelungen zu tun hat.

Damit sagen Sie, dass die Einstellung der Unternehmer und Manager letztlich den Ausschlag gibt, ob hierzulande Industriearbeitsplätze erhalten bleiben.

Nicht nur ihre Einstellung, auch ihr Einfallsreichtum. Und daran mangelt es immer wieder. Das Einfachste ist immer, die Produktion in Deutschland zu schließen, die Mitarbeiter zu entlassen, sie der Bundesagentur für Arbeit nach Nürnberg zu schicken und seine Maschinen in einem Billiglohnland wieder aufzubauen.

Das ist nicht das Einfachste, erscheint aber oftmals als die Ultima Ratio.

Ich widerspreche. Es muss nicht die Ultima Ratio sein. Wir haben bei Volkswagen bewiesen, dass es auch anders geht. Wir haben eine neue Fabrik gebaut und vor allem Arbeitslose eingestellt. Das Unternehmen haben wir »Auto 5000 GmbH« genannt. Es ist der Beweis, dass man zu wettbewerbsfähigen Preisen hierzulande Autos fertigen kann und dabei sogar noch Industriearbeitsplätze schafft; denn einer der immer noch ganz großen Standortvorteile Deutschlands ist die Qualität der Mitarbeiter.

Qualität liefern Industriearbeiter in anderen Ländern wie China oder Indien aber doch auch.

Das ist richtig. Dabei muss man allerdings die Fertigungszeiten vergleichen. In China brauchen die Mitarbeiter noch deutlich länger, um ein Auto zu bauen, als bei VW in Wolfsburg oder bei Audi in Ingolstadt. Keine Frage: Die Chinesen – um bei Ihrem Beispiel zu bleiben – werden aufholen, was für die deutschen Autobauer nur bedeutet, dass sie noch besser und schneller, also noch produktiver werden müssen. Der Wettlauf ist längst eröffnet, die Jagd hat begonnen. Aber das heißt noch lange nicht, dass Deutschland den Kürzeren ziehen muss, nur weil das Lohnniveau höher ist.

Qualitätsmängel und längere Fertigungszeiten können also durchaus den Lohnvorteil zunichte machen?

Natürlich. Aber es wäre ein Trugschluss zu glauben, dass man sich dessen in aufstrebenden Ländern wie China nicht bewusst wäre. China wird eine Exportnation nicht mehr nur für Schuhe und Textilien sein, sondern auch für Autos. In den nächsten zehn Jahren wird China ein großer Mitspieler auf dem Automarkt werden. Vor diesem Hintergrund ist es natürlich die Frage, wie viele Industriearbeitsplätze ein Unternehmen wie Volkswagen in Deutschland halten kann. Allerdings kommt es auch darauf an, was man sich dafür einfallen lässt.

Sie verlangen viel von Ihren ehemaligen Kollegen, die es sich ja auch leicht machen könnten.

Ich sage ja nicht, dass VW die 100 000 Arbeitsplätze wird verdoppeln können. Es kann sogar sein, dass das Unternehmen durch den Wettbewerb zu derart hohen Produktivitätsfortschritten gezwungen wird, dass Arbeitsplätze abgebaut werden müssen; und zwar ohne dass sie ins Ausland abwandern. Aber dadurch kann die Produktion hierzulande trotzdem wettbewerbsfähig sein. Dazu kommt: Wenn es gelingt, neue Produkte zu entwickeln, dann können die in Deutschland natürlich zu wettbewerbsfähigen Preisen auch hergestellt werden.

Ein Plädoyer für Deutschland. Wenn Sie einen ausländischen Unternehmer in seiner Investitionsentscheidung für Deutschland gewinnen müssten, was würden Sie ihm sagen?

Ich würde ihm erst mal grundsätzliche Standortvorteile in Deutschland nahebringen: die exzellente Verkehrsinfrastruktur, die er für seine Logistik braucht; dann das Prozedere der Genehmigungen für den Bau seines Betriebes, auch was die Umwelt angeht …

… aber das ist doch kein Standortvorteil in diesem umweltfreundlichen überbürokratisierten Land.

Das ist ein riesiger Standortvorteil. Es gibt Regionen, in denen Sie heute in Deutschland alles aus einer Hand bekommen. Sie wissen sehr schnell und sehr genau, welche Auflagen sie allesamt erfüllen müssen, was Ihnen wiederum erlaubt, recht zügig mit der Fertigung zu beginnen.

Das aber entbindet den Unternehmer nicht davon, die Auflagen zu erfüllen. Und das wiederum kostet ihn Geld.

Denken Sie nicht, dass das heute in Ländern wie China oder Indien besser ist als bei uns. Auch diese Länder haben begriffen, dass sie ihre Umwelt schützen müssen. Wer heute eine Lackiererei in China bauen will, ist mit den gleichen Umweltauflagen wie in Deutschland konfrontiert. Und die, die schon eine Lackiererei betreiben, müssen sie irgendwann den strenger werdenden Auflagen entsprechend nachrüsten.

Noch ein Standortvorteil …

… wären die innovativen Arbeitszeitregelungen. Ich würde einem Investor eine komplette Belegschaft anbieten, die er ausgewählt und vorbereitet bekommt. Wenn sie ihm gefällt, kann er sie übernehmen, wenn nicht, kann er die Betreffenden nach einer Befristung abgeben oder austauschen. Das ist heute alles über Personalagenturen und Zeitarbeitsfirmen möglich. Sie können sich Belegschaften für Ansiedlungen chartern. Das gibt es nicht überall. Ein weiterer Standortvorteil ist die Sicherheit. Da schlägt Deutschland zum Beispiel die Vereinigten Staaten und Russland um Längen. Man braucht sich nur zu überlegen, wie viel die amerikanische Volkswirtschaft angesichts der hohen Kriminalität etwa an Sicherheitskosten aufwenden muss. In anderen Ländern ist es um die Sicherheit noch viel schlechter bestellt. Das kann auch einen Unternehmer sehr viel kosten.

Indien oder China bieten all diese Standortfaktoren nicht?

Nicht unbedingt in der Qualität, wie sie durchgehend in Deutschland zu finden sind. Auch in diesen Ländern besteht durchaus das Risiko, dass der unternehmerische Erfolg durch einen der eben genannten großen Standortfaktoren konterkariert wird; sei es das Klima, sei es die Logistik, sei es die Qualität der Fertigung, seien es die Finanzverhältnisse, sei es die Energieversorgung oder auch die Sicherheit. Daran merken Sie: Ein Unternehmer muss einen ganzen Strauß an Standortfaktoren im Blick haben und danach gewichten, welcher Faktor für seinen unternehmerischen Erfolg ausschlaggebend ist. Das können die Löhne sein, die in den gesamten Herstellkosten 15 bis 18 Prozent ausmachen. Das können aber auch ganz andere Faktoren sein. Deutschland kann sich durchaus blicken lassen. Natürlich ist das A und O der Markt, seine Größe und der Zugang zum Kunden.

Lassen Sie uns noch einmal zum Arbeitsmarkt kommen. Unser Arbeitsmarkt gilt als unflexibel und überreguliert. Manager und Unternehmer beklagen dies immer wieder als eine der Hauptbremsen für die Schaffung von Arbeitsplätzen.

Diese viel zitierte Rigidität des Arbeitsmarktes ist zu einem Popanz aufgeblasen. Zumindest für einen Konzern ist es in Deutschland möglich, Arbeitsverhältnisse ganz und gar auf seine Bedürfnisse zuzuschneiden. Sie sind in jeder Form denkbar und auch umsetzbar. Für mittelständische Betriebe mag das anders aussehen. Das Klagelied über den starren Arbeitsmarkt in Deutschland haben Sie von mir nie gehört, und Sie werden es auch nicht hören. Ein Tor wäre, wer darauf vertraute, dass die Wirtschaft – und da vor allem die großen Konzerne – Arbeitsplätze schaffen würde, wenn der Arbeitsmarkt nur flexibler wäre.

Sie also fordern keinen flexibleren Arbeitsmarkt?

Natürlich kann der Arbeitsmarkt für einen Unternehmer nicht flexibel genug sein. Wir haben bei VW bewiesen, dass man Industriearbeitsplätze in Deutschland nicht nur halten, sondern auch schaffen kann. Man kann sehr erfolgreiche Autos bauen – und das mit Langzeitarbeitslosen. Das Modell »5000 mal 5000« mit der Auto 5000 GmbH, die den Touran baut, ist das beste Beispiel.

Das Modell war Ihre Idee. Wie kamen Sie dazu?

Meine Ausgangsüberlegungen drehten sich immer wieder um die Globalisierung und den schärfer werdenden internationalen Wettbewerb. Ich habe mich stets gefragt, wie in dieser Welle die Arbeitsplätze bei Volkswagen in Deutschland bestehen bleiben können. Damals stand das Unternehmen vor der Entscheidung, den Bau des Tourans, der in seiner Entwicklung bereits weit fortgeschritten war, wie den des Touaregs womöglich in das Werk nach Bratislava zu vergeben. Aufgrund des Vergleichs der Fertigungskosten hatten wir entschieden, den Touareg, eines der prominentesten Modelle, in der Slowakei zu bauen. Für die sechs deutschen Werke war das ein Schock.

Es ging also darum, ob die deutsche Belegschaft wieder den Kürzeren zieht. Ihnen als Vorstandsmitglied des Konzerns konnte es doch egal sein, wo das Auto gebaut wird, zumal

120

Sie als Arbeitsdirektor allen Mitarbeitern gleich verpflichtet sind.

Sicher, dennoch trieb mich diese Frage um, ob deutsche Standorte aufgrund der hohen Kosten a priori immer schon verloren haben müssen. Das ist eine der Grundfragen, die mich als Bürger beschäftigen, der sich nach der Zukunft dieses Landes fragt. Diese Frage hat mich über Jahre nicht losgelassen. Denn sie wird ja nicht nur von Politikern, Managern und Ökonomen gestellt, sondern auch von den Arbeitern und Arbeitslosen. Sie begegnet einem in ihren Blicken: Bin ich wirklich nicht mehr zu gebrauchen? Natürlich hat mich niemand dazu gezwungen, mich als VW-Personalchef ausgerechnet dieser Frage zu stellen.

Wann kam Ihnen die Idee, ein neues Werk nach ganz neuen Maßstäben in Deutschland zu bauen?

Während der Werksferien 1998, das weiß ich noch genau, saß ich in unserem Haus im Saarland auf der Terrasse. Wir lebten damals in Wolfsburg und verbrachten die Sommerferien immer im Saarland. In diesem Urlaub kreisten meine Gedanken unentwegt um diese Frage. Was könnte der Weg sein, um unsere Werke in Deutschland in ihrer Wettbewerbsfähigkeit zur Weltspitze zu führen? Damals hatten wir im Vorstand heftig darüber diskutiert, was mit der Globalisierung auf uns zukäme und auf was wir uns gefasst machen müssten. Uns war auch schon klar, dass die deutschen Werke in ihrer Produktivität in den kommenden Jahren um 30 Prozent würden zulegen müssen. Eine dramatische Größenordnung …

… mit der Volkswagen heute noch kämpft.

Ich habe einen neuen Ansatz gesucht. Die Frage war einfach: Wie baue ich qualitativ hochwertige Autos in der Hälfte der Zeit für die Hälfte der Kosten? Da kam ich in diesem Sommer zu ganz radikalen Prämissen.

Was waren das für Prämissen?

Es gab zwei: Erstens musste der Produktionsprozess noch einmal anders organisiert werden, logischer, schneller, kostensparender. Und zweitens musste die Belegschaft zu anderen Bedingungen arbeiten. Nicht nur billiger, sondern in viel höherem Maße eigenverantwortlich und ergebnisorientiert. Die deutschen Löhne sind zehnmal so hoch wie etwa die slowakischen.

Nun kann man deutsche Löhne nicht auf ein slowakisches Niveau drücken.

Das geht nicht. Wenn der Lohnkostenanteil an den Herstellkosten bei 18 Prozent liegt, die Löhne aber nicht auf osteuropäisches Niveau gebracht werden können, dann müssen eben die anderen Kostenarten beeinflusst werden. Aber natürlich war klar, dass auch die Löhne sinken müssen, und zwar um rund 20 Prozent unter den über dem Flächentarifvertrag liegenden Haustarifvertrag von Volkswagen. Zumutbar war das nur über eine Ergebnisbeteiligung der Belegschaft. Allerdings – und das ist Deutschlands Chance – kann den harten Standortwettbewerb niemand nur mit dem Niveau der Personalkosten gewinnen. In dieser Hinsicht verläuft die öffentliche Diskussion häufig viel zu einseitig. Oder anders gesagt: Selbst wenn die Personalkosten gegen null tendierten, kann die Produktion noch zu teuer sein. Am Beispiel des Autos sieht man das gut: Rund 40 Prozent des Gesamtpreises eines Autos entstehen auf dem Weg vom fertigen Auto bis zum Endkunden. Das sind die Kosten für den Vertrieb, die Werbung, den Transport und die Finanzierung. Dieses Feld zum Beispiel muss man sich auch vornehmen.

Wie haben Ihre Vorstandskollegen eigentlich auf Ihre Idee reagiert, den Beweis anzutreten, dass sich industrielle Fertigung in Deutschland noch lohnt?

Sie waren davon überzeugt und haben mit großem Engagement mitgemacht. Undenkbar wäre es gewesen, wenn die Produktionsseite sich das Projekt nicht zu eigen gemacht hätte.

Warum?

Weil wir den ganzen Produktionsprozess im Automobilbau infrage gestellt haben und so auf neue Abläufe gestoßen sind. Um Sie nicht mit zu vielen Einzelheiten zu strapazieren, nenne ich nur einen entscheidenden Punkt: Mit der Belegschaft haben wir je Schicht eine bestimmte Anzahl an Autos in einer bestimmten Qualität vereinbart, die sie fertigstellen muss. Für diese Anzahl haben wir einen Preis vereinbart, den Lohn. Die Belegschaft musste die Verantwortung für ihre Leistung tragen. Mängel sollte sie selbst beheben. Autos, die Mängel aufwiesen, wurden sofort ausgeschleust, um sie am Ende der Produktionsschleife nachbearbeiten zu können. Die Arbeitnehmer waren also dafür verantwortlich. Sie konnten die mit Mängeln behafteten Autos nicht mehr der nächsten Schicht überlassen, sondern mussten die Mängel in ihrer eigenen Zeit beheben. Die Autobauer wurden dadurch viel mündiger und selbständiger. Anreiz dafür wiederum war dann die Beteiligung am unternehmerischen Erfolg.

Die Bezahlung nach Leistung und nicht mehr nach Zeit, ein niedrigerer Grundlohn und dafür die Beteiligung am unternehmerischen Erfolg – wie haben Sie die Betriebsräte und Gewerkschafter dazu gebracht, dieser geplanten innerbetrieblichen Revolution zuzustimmen?

Die Entscheidung der Konzernspitze, den Touareg in unserem Werk in Bratislava zu bauen, hatte die Betriebsräte bereits in Alarmstimmung versetzt. Das Signal war eindeutig: Deutschland ist zu teuer. Es war ihnen also klar, dass auch sie handeln mussten, wenn Arbeitsplätze in Deutschland bestehen bleiben sollten. Viel wichtiger aber war noch, dass ich versprochen habe, neue Arbeitsplätze mit dem Bau des Tourans zu schaffen. Wir würden damit, so hatte ich zugesagt, Tausende von Arbeitslosen einstellen. Um das Ganze auf eine gängige Formel zu bringen, habe ich mir die 5000 DM als Gehalt ausgedacht und sie mit der Zahl von 5000 Arbeitern multipliziert. 5000 mal 5000 – das hat sich jedem eingeprägt. Ich wusste ja, was ein Durchschnittsarbeiter bei gültigem Flächentarif verdiente. Die 5000 DM sollten vor allem ihre psychologische Wirkung nicht verfehlen.

Der IG Metall konnte man das anbieten?

Ich habe es zunächst versucht und gehofft, dass sie mich nicht gleich aus dem Tempel jagen. Allerdings war mir auch klar, dass mir keiner mit den Worten um den Hals fallen würde: »Das machen wir.« Mit der Bezahlung nach Leistung hatten die Gewerkschafter große Probleme, denn ich habe an den heiligsten Festen gewerkschaftlicher Politik gerüttelt. Mit der Bezahlung nach Leistung war die feste Arbeitszeit im Grunde aufgehoben. Hinzu kam die Beteiligung am unternehmerischen Erfolg. Das widersprach dem Grundsatz des gleichen Lohns für alle. Damit habe ich die gewerkschaftliche Programmatik infrage gestellt …

… zumal als Gewerkschafter, der Sie ja waren.

Ich bin immer noch Gewerkschaftsmitglied. Für die Gewerkschaft war das verständlicherweise schwierig. Im Nachbarwerk wurde der Golf zum Haustarifvertrag produziert, durch den die Arbeiter dort 20 Prozent mehr Lohn bekamen.

Wer stand damals auf Gewerkschaftsseite, wer war beim Betriebsrat maßgeblich?

Klaus Volkert war Betriebsratsvorsitzender. Klaus Zwickel war Chef der IG Metall und saß bei Volkswagen im Aufsichtsrat. Und Jürgen Peters war Bezirksleiter für die IG Metall in Hannover und Verhandlungsführer für die Tarifgespräche für den Haustarifvertrag. In Einzelgesprächen habe ich versucht, die drei zu überzeugen, und zwar jeden nach seiner Art. Jedem musste ich Argumente liefern, sich auf diese Änderungen in der industriellen Fertigung einzulassen. Das strahlendste Argument war, dass es möglich sein würde, in Wolfsburg, dem teuersten Standort im ganzen VW-Konzern, ein paar Tausend neue Arbeitsplätze in der Automobilfertigung zu schaffen.

Des Größenwahns haben die Sie nicht bezichtigt?

Vielleicht. Natürlich hat so manch einer gedacht: Jetzt spinnt er, jetzt hebt er ab, Wolfsburg ist doch ein Auslaufmodell. Der IG-Metall-Vorstand stand dem Ganzen dann auch enorm skeptisch gegenüber und wollte das Konzept eigentlich ablehnen. Ich bin hart geblieben, habe daran festgehalten, obwohl ich wusste, dass ich an den Gewerkschaftern, die im Aufsichtsrat saßen, nicht vorbeikam; denn die Auto 5000 GmbH musste schließlich auch vom Aufsichtsrat genehmigt werden.

Und der Betriebsrat?

Der hat seine Rolle positiv gespielt. Als ich dem Betriebsratsvorsitzenden Volkert auseinandergesetzt habe, dass wir damit auch ein paar Tausend neue Arbeitsplätze in Wolfsburg schaffen, war er von der Idee sehr angetan. Er hat sie schließlich mitgetragen und im Konzern kommuniziert. In ihm und seinem wissenschaftlichen Mitarbeiter Werner Widuckel, der heute Personalvorstand bei Audi ist, hatte ich meine dringend notwendigen Verbündeten. Volkerts Mitarbeiter haben dann alles darangesetzt, dass meine Ideen immer noch in die Programmatik der IG Metall passten.

Die Gewerkschaft war also sperriger als die Betriebsräte. Sie wollte keine Lohndifferenzierung im Konzern …

… und schon gar nicht wollte sie das Programmentgelt, also die Bezahlung nach der erbrachten Leistung und nicht mehr nach der Zeit. Es ist sehr umstritten bei den Gewerkschaften, dass die Belegschaft das Risiko der Produktqualität trägt. Denn nach gewerkschaftlicher Definition ist bezahlte Arbeit der körperliche und geistige Einsatz in einer bestimmten Zeit, während das Ergebnis dieses Bemühens in der Verantwortung des Unternehmers oder Managers liegt. Erschwerend in diesem Überzeugungsmarathon kam hinzu, dass meine Ideen auch noch in die machtpolitische Mühle der IG Metall gerieten. Plötzlich wurde von der Stuttgarter IG Metall gegen das Konzept geschossen, weil dort befürchtet wurde, dass der Tabubruch auch auf Daimler überschwappen könnte. Und ich wollte eigentlich nur meine Probleme bei Volkswagen lösen.

Wie haben Sie denn die Gewerkschafter schließlich überzeugt?

Mit den 5000 Mark habe ich geworben. Dieses Angebot von 5000 Mark für einen Arbeitsplatz ist in Deutschland auf eine unglaubliche Resonanz gestoßen. Die IG Metall habe ich letztlich durch das Versprechen der neuen Arbeitsplätze überzeugt. Es ging nicht darum, Kapazitäten auszulasten oder Ersatzarbeitsplätze zu schaffen, sondern darum, Arbeitslose einzustellen.

Im Grunde kann man sich nicht vorstellen, dass Sie ausgerechnet Arbeitslose für die Stellen hochqualifizierter Autobauer gebrauchen können.

Ähnlich haben auch die Gewerkschafter gedacht. Die Touran-Produktion an sich benötigte 3500 Mitarbeiter.

Aber das Projekt hieß doch »5000 mal 5000«?

Was der psychologischen Wirkung geschuldet war. Das ganze Konzept sollte über dieses griffige »5000 mal 5000« transportiert werden. Wir wollten 5000 Arbeitsplätze schaffen, 3500 in Wolfsburg und 1500 in Hannover.

Wie viele Arbeitslose haben Sie letztendlich eingestellt?

Die IG Metall hat uns am Ende in unserer Vereinbarung darauf verpflichtet, 3800 Arbeitslose wieder in Lohn und Brot zu bringen. Zum Glück war damals die Beschäftigungssituation im Werk in Wolfsburg recht gut, sodass dort keine Kapazitätsanpassungen notwendig waren.

Wie haben Sie sich denn die Arbeitslosen beschafft? Wohl kaum über die damals noch so ineffiziente Bundesanstalt für Arbeit.

Das war gar nicht nötig. Mit einem Schlag war das Projekt derart bekannt, dass in kürzester Zeit 48 000 Bewerbungen bei Volkswagen landeten. Alle Bewerbungen mussten über das Internet bei uns eingehen – eine erste Auswahlrunde. Bedenken Sie, dass sich 48 000 Arbeitslose auf Stellen beworben haben, für die man 3800 Automobilbauer braucht.

Wonach haben Sie ausgewählt? Nach Ausbildung, Zeugnissen, Dauer der Arbeitslosigkeit ...

Vor allem nach den Talenten. Wir haben spezielle Tests entwickeln lassen, um herauszubekommen, was für Fähigkeiten die Leute haben, unabhängig von ihren Zeugnissen. Aus 48 000 Bewerbungen haben wir 3800 Mitarbeiter ausgewählt. Die Leute, die wir brauchten, haben wir alle gefunden. Sie können sich gar nicht vorstellen, was für Talente die Leute haben, von denen sie selbst häufig nichts wissen. Sie können sich auch nicht vorstellen, wer sich alles beworben hat. Lehrer waren dabei, ehemalige Stasi-Mitarbeiter, ein ganz breites Spektrum. Später dann, als die Produktion bereits angelaufen war, konnten diese Arbeitslosen bei der IHK noch eine Prüfung zur »Fachkraft für Automobilbau« ablegen.

Wann begann die Produktion?

Im Herbst 1999 war das erste Konzeptpapier für die Auto 5000 GmbH entstanden. Erst im März 2001 wurde die Idee dann im Vorstand präsentiert. Der Vorstand und auch die IG Metall sprachen sich für die Idee aus. Wenige Monate später, im August, haben wir daraufhin die Auto 5000 GmbH gegründet. Im September stand das Tarifsystem. Im März 2002 begannen wir mit dem Internet-Auswahlverfahren der künftigen Belegschaft und stellten zwei Monate später bereits die ersten neuen Mitarbeiter ein. Die Produktion wurde dann im November 2002 aufgenommen. Es sind also von der ursprünglichen Idee bis zum Produktionsstart mehr als vier Jahre verstrichen.

Und wann lief der erste Touran vom Band?

Im Januar 2003 hatte das Modell Weltpremiere, im März wurde es dann auf dem Markt eingeführt. Im November 2004 hatten wir mit dem Touran bereits einen Marktanteil bei den Vans in Deutschland von 25 Prozent erreicht. Im August 2004, knapp zwei Jahre nach dem Produktionsstart, hatte diese Truppe von ehemals Arbeitslosen 250 000 Autos hergestellt – in absoluter Topqualität.

Verdient die Auto 5000 GmbH heute Geld?

O ja.

Erwirtschaftet sie eine höhere Rendite als andere VW-Werke?

Ja.

Wie gut verdienen die Mitarbeiter mit ihrer Erfolgsbeteiligung heute?

Sie verdienen noch nicht das Gleiche wie ihre Kollegen in anderen Werken, die nach dem alten Haustarif bezahlt werden. Aber sie sind auf gutem Wege.

War das denn vorgesehen?

Es war ein ehrgeiziges Ziel, dorthin zu kommen. Aber dazu muss das Modell noch über mehrere Etappen weiterentwickelt werden.

Und wie lange arbeiten sie im Durchschnitt?

Wir haben 38 Stunden Arbeit vereinbart, davon drei Stunden Aus- und Weiterbildung.

Was für ein Ansehen haben die Auto-5000-Mitarbeiter im Konzern? Sind das die armen Verwandten, die aufgrund ihrer Arbeitslosigkeit nun unter schlechteren Bedingungen arbeiten müssen?

Nein, im Gegenteil. Dadurch, dass wir im Produktionsprozess so viele Innovationen umgesetzt haben, kamen die Mitarbeiter in den Genuss einer hohen Aufmerksamkeit ihrer Kollegen in anderen Werken. Die Belegschaft ist darüber hinaus auch selbst sehr zufrieden. In einer Befragung 2005 im Rahmen der wissenschaftlichen Begleitforschung von Professor Michael Schumann und seinem Team wurden regelrecht Traumwerte erzielt. Zufrieden zeigten sich fast 100 Prozent. 50 Prozent gaben an, sehr zufrieden zu sein, die andere Hälfte war zufrieden. Die Mitarbeiter wurden übrigens gefragt, ob sie ihre Entscheidung, zur Auto 5000 GmbH gegangen zu sein, schon einmal bereut hätten. 75 Prozent haben diese Frage mit Nein beantwortet.

Warum kann man das Konzept nicht auf andere Standorte übertragen? Dass die Belegschaft nicht mehr nach der Zeit, sondern nach ihrer Leistung bezahlt wird, ist doch ein echter Aufbruch in eine neue Zeit …

… der aber so leicht nicht im ganzen Konzern zu schaffen ist. Zu einer solchen Revolution gehören immer zwei. Aber ich bin zuversichtlich, dass zumindest Teile des Modells in anderen Standorten Einzug halten.

Die Gewerkschaft hat 2006 bei der Auto 5000 GmbH einen höheren Grundlohn ausgehandelt. Warum wäre eine höhere Gewinnbeteiligung besser als eine reguläre Lohnerhöhung?

Weil sich die Auto 5000 damit einen größeren Lohnkostenvorteil hätte bewahren können. Wenn dann viel verdient wird, kann auch viel verteilt werden. Zum Entgeltsystem der Auto 5000 GmbH passt die Erhöhung des Festbestandteils nicht.

Wie sieht die Zukunft der Auto 5000 GmbH aus?

Ich glaube, Auto 5000 hat die Kinderkrankheiten hinter sich. Sie hat die Erwartungen erfüllt, die Ziele, die wir uns damals gesetzt haben, sind erreichbar. Vor dem Hintergrund der internationalen Anforderungen an die Wettbewerbsfähigkeit der Automobilproduktion ist Auto 5000 meiner Meinung nach das Konzept der Zukunft. Insofern rede ich einer Übertragung des Modells auf andere Standorte natürlich das Wort.

Das sagen Sie, wohl wissend, dass die Wettbewerbsfähigkeit auch durch die niedrigeren Löhne der Arbeitnehmer zustande kommt …

… die im Erfolgsfall allerdings die große Chance haben, diesen Lohnnachteil durch ihre Ergebnisbeteiligung zu kompensieren.

Letztendlich hat die Auto 5000 GmbH viel Lob erfahren. Wissenschaftliche Bewertungen haben das Modell hinreichend gewürdigt. Sie selbst allerdings, als derjenige, der zu diesen neuen Ufern aufgebrochen ist, bleiben meist unerwähnt. Schmerzt Sie das eigentlich?

Nein, hin und wieder werde ich noch erwähnt. Vater bleibt Vater, auch wenn die Kinder nicht mehr viel von ihm sprechen. Ich freue mich mit über den Erfolg.

Gibt es andernorts in der Automobilindustrie Nachfolgemodelle der Auto 5000 GmbH?

In dieser Radikalität sehe ich sie nicht. Doch ich bin sicher, dass das Konzept noch bei der einen oder anderen Veränderung Pate stehen wird. Die Auto 5000 GmbH fertigt ihre Automobile übrigens nicht in ganz neuen Hallen. Am Standort Wolfsburg wurden alte Hallen dafür leer geräumt und neu ausgestattet. Hätte man die Auto 5000 GmbH auf der grünen Wiese ganz neu gebaut, hätte man viele Dinge noch ganz anders optimieren können.

Zeitgleich mit Beginn der Planungen der Auto 5000 GmbH haben Sie sich damals in ein anderes Projekt gestürzt und der Stadt Wolfsburg die Halbierung der Arbeitslosigkeit versprochen. Wie sind Sie darauf gekommen?

Der Ausgangspunkt dieses Projektes war der 60. Geburtstag der Stadt Wolfsburg im Jahr 1998. Jährlich kam es zu einem Adventsgespräch zwischen den Stadtverantwortlichen und den Hauptverantwortlichen bei Volkswagen. Man traf sich immer im Schloss, um über Schwerpunktthemen zu sprechen, über die Pläne und Vorstellungen der Stadt einerseits und des Unternehmens andererseits. Es war eine Art Austausch, der eben im Rahmen dieser Adventsgespräche institutionalisiert war.

Wie viele der Erwerbstätigen in Wolfsburg sind denn bei Volkswagen beschäftigt?

Das Werk hat mehr als 50 000 Beschäftigte, Wolfsburg selbst hat nur 115 000 Einwohner. Daran erkennen Sie die einzigartige Monostruktur der Stadt. Hinzu kam die niedrige Zulieferdichte, die um 25 Prozent geringer war als an Hauptstandorten anderer Automobilhersteller. Der Dienstleistungssektor hatte einen um 55 Prozent geringeren Anteil an den Beschäftigten als im Bundesdurchschnitt.

Und Volkswagen fühlt sich damit Wolfsburg auch verpflichtet?

Natürlich. Im Dezember 1997 hat mich die Oberbürgermeisterin Ingrid Eckel gefragt, was VW der Stadt im folgenden Jahr zum 60. Geburtstag schenken würde.

Welche Erwartungshaltung ...

Immerhin war es ein schöner Brauch, dass die Stadt bei runden Geburtstagen immer ein besonderes Geschenk bekam, ein Kunstwerk oder ein Gebäude. Ich finde, eine Stadt kann ein Geschenk des größten Arbeitgebers auch, ohne unverschämt zu sein, erwarten. Damals war meine Überlegung, dass Volkswagen der Stadt etwas schenken sollte, das lebte. Ein lebendiges Geschenk sozusagen, das etwas mit den Problemen der Stadt zu tun hat. Damit kam automatisch das Hauptproblem der Stadt zur Sprache, die hohe Arbeitslosigkeit, die bis Ende 1997 auf mehr als 17 Prozent gestiegen war.

Wie viele Menschen sind denn das?

Das habe ich mich natürlich gefragt. 17 Prozent waren damals 9351, davon befanden sich 2572 im Vorruhestand. Die Basis für das Projektziel war dann 6779. Ausgehend von dieser Zahl haben wir überlegt, wie viele Arbeitsplätze geschaffen werden müssten, wollte Volkswagen der Stadt die Halbierung der Arbeitslosigkeit schenken. Wir mussten also 3000 bis 4000 Arbeitslose in Stellung bringen. Um das nachhaltig zu sichern, muss man 6000 bis 15 000 Arbeitsplätze schaffen, weil immer wieder welche wegbrechen und nicht alle Arbeitslosen auf alle Arbeitsplätze zu vermitteln sind. Die Arbeitslosen haben ja häufig ein ganz spezifisches Problem; zum Beispiel die alleinerziehenden Frauen mit geringer Ausbildung, die man entweder ausbilden muss oder aber nur im einfachsten Dienstleistungsbereich beschäftigen kann.

Wie haben Sie das denn der Bürgermeisterin mitgeteilt?

Bevor ich die Idee formuliert habe, habe ich überlegt, was es bedeuten würde, wenn man mehrere Tausend Arbeitsplätze schaffen muss. Auf dem Adventsgespräch im Jahre 1997 hatte ich dann ein Grußwort zu halten. Am Ende meines Grußworts habe ich diese Idee formuliert, ich habe die Geschichte erzählt, dass mich die Oberbürgermeisterin nach einem Geschenk gefragt habe. Ich sagte, ich könne mir vorstellen, dass es eine gute Idee wäre, der Stadt die Halbierung der Arbeitslosigkeit zu schenken. Schon auf der Hinfahrt zu diesem Adventsgespräch hatte ich dem Betriebsratschef Volkert von den Plänen erzählt, ihn sozusagen vorgewarnt, damit er nicht ganz überrascht war.

Wie war die Reaktion? Es handelte sich ja um ein recht ungewöhnliches Geschenk.

Ich hatte die Strahlkraft dieser Ankündigung völlig unterschätzt. Es gab eine riesige Resonanz. Die Stadträte haben mich sofort beim Wort genommen und die Idee aufgegriffen. Dabei hatte ich sie nur als Frage in den Raum geworfen: »Was halten Sie denn davon, wenn …?« Mehr war es gar nicht. Schließlich hatte ich ja noch überhaupt keinen Beschluss der Gremien. Der Vorstand hatte noch nichts dazu gesagt.

Warum haben Sie sich ein solches Projekt auch noch zugemutet? Sie hätten es doch mit einer Skulptur oder einem neuen Konzertsaal als Geburtstagsgeschenk gut sein lassen können.

Aber was nützt eine Skulptur oder gar ein Konzertsaal, wenn sich die Menschen aufgrund ihrer Arbeitslosigkeit die Konzertkarten nicht leisten können? Die Skulptur oder der Saal ändern an den Le-

Juli 1998: 60 Jahre Stadt Wolfsburg. Klaus Volkert, Peter Hartz, Oberbür-germeisterin Ingrid Eckel und ihr Nachfolger und heutiger Oberbürger-meister Rolf Schnellecke

bensbedingungen der Menschen wenig. Ich wollte unbedingt be-weisen, dass es möglich ist, die Arbeitslosigkeit zu senken. Es war eine Chance, denn als Personalchef von Volkswagen hatte ich einen riesigen Konzern im Rücken. Mit ihm konnte ich etwas bewegen, diese Ideen umsetzen …

> *Ging es um Ihre Eitelkeit, ging es um ein außergewöhnliches Geschenk von VW an die Stadt, oder ging es Ihnen um die Ar-beitslosen?*

Natürlich sollte Wolfsburg von Volkswagen ein außergewöhnliches Geschenk bekommen. Mit meiner persönlichen Eitelkeit hatte das nichts zu tun. Die Arbeitslosigkeit in Wolfsburg war unerträglich hoch, daran konnte niemandem gelegen sein. Arbeitslosigkeit ist eine der großen Ungerechtigkeiten unserer Zeit. Und genau das hat mich umgetrieben. Ich bin so aufgewachsen. Die erste Sorge mei-ner Mutter galt stets der Erwerbsfähigkeit ihrer Söhne. »Bub, hasch du Arbeit?«, hat sie mich bis zu ihrem Tod immer als Erstes gefragt, wenn ich sie besuchte, obwohl ich zu der Zeit schon längst bei VW arbeitete.

Wie ging es weiter?

Dann haben wir ein Konzept erarbeitet unter Mithilfe von McKinsey. Ausgegangen sind wir dabei von Wolfsburgs Stärken und Schwächen: Es gab zu wenig Zulieferindustrie, einen geringen Anteil des Dienstleistungssektors, auch die Neugründungen blieben weit hinter dem Bundesdurchschnitt zurück. Die Nettoneugründungsbilanz war deutlich negativ. Hinzu kam ein ganz dramatischer Kaufkraftabfluss. 400 bis 600 Millionen Mark wurden andernorts ausgegeben. Das waren die fünf Hauptfakten, an denen man ansetzen konnte. Es gab also Potenziale.

Wie haben Ihre Vorstandskollegen reagiert?

Auf der Basis, dass die Halbierung der Arbeitslosigkeit in Wolfsburg möglich erschien und als Geschenk damit sinnvoll, haben sie das Vorhaben genehmigt. Es war zunächst einmal auf drei Millionen Mark veranschlagt. Zugegeben ein sehr ordentliches Geschenk, das allerdings für einen Weltkonzern als Gabe an seine Heimatstadt durchaus vertretbar war.

Der Geburtstag der Stadt war bereits am 11. Juli des darauffolgenden Jahres. Viel Zeit hatten Sie nicht.

Es musste in der Tat alles relativ schnell gehen. Wir haben daraufhin eine Arbeitsgruppe gegründet, um in den folgenden Monaten einen konkreten Fahrplan auszuarbeiten. Der Stadt haben wir dann im Juli ein umfangreiches Konzept geschenkt mit einem dazugehörigen Masterplan, wie das Konzept in die Praxis umgesetzt werden sollte.

Ein ganzes Buch wahrscheinlich, ähnlich der maisgelben Mappe, in der Sie später Gerhard Schröder die Vorschläge Ihrer Arbeitsmarktkommission überreichten.

Wir mussten bei der Zeremonie ja etwas in der Hand halten. Das Konzept basierte auf vier Säulen: Der Standort sollte für Zulieferer attraktiver werden. Bestehenden Unternehmen sollte zu mehr Wachstum verholfen werden. Es sollte außerdem ein Innovationscampus errichtet werden, auf dem sich Neugründungen ansiedeln konnten. Dazu kam die Erlebniswelt. Die Autostadt befand sich bereits in der Entstehung. Die Frage also war, was noch dazu passen würde. Die Leute, die zur Autostadt pilgerten, sollten sich in Wolfsburg einfach noch ein wenig länger aufhalten. Man kann nämlich genau ausrechnen, wie viele Leute sich länger als einen Tag in der Stadt aufhalten müssen, damit tausend neue Arbeitsplätze im Dienstleistungsbereich entstehen. Und wir wussten ja, dass die Stadt da erheblichen Nachholbedarf hatte. Es galt also, den Tourismus weiter anzukurbeln.

In Wolfsburg ein schwieriges Unterfangen ...

... aber nicht unrealistisch, denn die Autostadt hatte ja bereits eine enorme Sogwirkung entwickelt. Wir haben dann in der ganzen Welt nach den führenden Wachstumsregionen gesucht, um zu studieren, wie dort Beschäftigung generiert wurde. So sollte auch Wolfsburg werden.

Wie ist das alles finanziert worden?

Richtig, ein Konzept allein reicht nicht. Für die Umsetzung des Masterplans gründeten wir die Wolfsburg AG, an der die Stadt und Volkswagen je zur Hälfte beteiligt waren. Die Kapitalausstattung wurde 1999 auf umgerechnet zehn Millionen Euro erhöht. Zur Finanzierung der verschiedenen Aktivitäten gründeten wir eine Personal-Service-Agentur, die einen doppelten Effekt hatte: Zum einen nützte sie Volkswagen, weil man über sie günstig Leute unter Haustarif bekommen konnte; zum anderen verdiente sie Geld, womit wiederum die Umsetzung des Konzepts zur Halbierung der Arbeitslosigkeit finanziert werden konnte. Mit dieser Agentur haben wir übrigens die Leiharbeiter hoffähig gemacht, ein personalpolitisches Konzept, das früher geradezu verpönt war.

Die Agentur verdiente an der Differenz zwischen dem gezahl-
ten Lohn an ihre Leiharbeiter und dem Betrag, zu dem die
Arbeitnehmer an Volkswagen verliehen wurden. Somit hat im
Grunde Volkswagen die Umsetzung des Konzepts bezahlt.

Die Personal-Service-Agentur war jedenfalls so erfolgreich, dass
sie sich an verschiedenen Standorten ansiedelte und auch für andere Unternehmen als Volkswagen tätig war. In dieser Agentur
herrschte eine richtige Aufbruchstimmung.

Ich bleibe dabei: Dadurch, dass Volkswagen diese Agentur vor
allem für seine Tausende von Leiharbeitern in Anspruch ge-
nommen hat, haben der Konzern und damit seine Anteilseigner
die Halbierung der Arbeitslosigkeit mitfinanziert; denn Volks-
wagen hatte ja auch vorher Möglichkeiten, an die zusätzlich be-
nötigten Arbeiter zu kommen.

Früher hat sich in der Tat die Personalabteilung darum gekümmert, zusätzliche Arbeitskräfte zu besorgen, wenn sie vonnöten
waren. Allerdings in keiner Weise so effizient wie die Agentur. VW
hat die Leute dann auch nur für längere Befristungen bekommen,
was wiederum von Nachteil war. Kurz: Bevor die Wolfsburg AG
und für ihre Finanzierung die Personal-Service-Agentur ins Leben
gerufen wurden, gab es eine derartige Dienstleistung in Wolfsburg
nicht. Es ist also keinesfalls so, als hätte VW die Agentur nur beschäftigt, um wiederum die Wolfsburg AG zu finanzieren.

Die Personal-Service-Agentur der Wolfsburg AG hat später
Pate gestanden für die Reformen am Arbeitsmarkt ...

... weil sie ausgesprochen erfolgreich war. Sie breitete sich bald an
anderen VW-Standorten wie Braunschweig, Emden oder Salzgit-
ter aus und sollte später auf ganz Niedersachsen ausgerollt werden.
Allerdings unter anderem Namen und einer veränderten gesell-
schaftsrechtlichen Struktur.

Wo war die Wolfsburg AG untergebracht?

In einem neu gebauten, fast futuristischen Gebäude, in dem alle Anstrengungen zur Halbierung der Arbeitslosigkeit zusammenliefen. Das Gebäude verfügt über mehrere Seitenflügel, in denen Start-ups untergebracht wurden. Diese neuen kleinen Unternehmen, die dort entstanden, wurden ebenfalls von der Personal-Service-Agentur mit den entsprechenden Mitarbeitern versorgt.

Dann verraten Sie mal, wie man denn Leute mit innovativen Geschäftsideen nach Wolfsburg locken kann?

Die Wolfsburg AG hat Wettbewerbe für Start-ups, also Neugründungen, ausgeschrieben. Jeder, der eine Idee hatte, konnte sich beteiligen. Die besten Geschäftsideen wurden prämiert. Die Prämierten bekamen dann auch eine Unterstützung zur Ansiedlung. Allen, die sich angesiedelt haben, stand ein exzellentes Netzwerk zur Verfügung, um möglichst schnell erfolgreich zu sein. Hier hat sich übrigens Ursula Piëch, die Frau des Vorstandsvorsitzenden, ganz enorm engagiert. Mit großem Erfolg. Sie hat die Ansiedlung von Start-ups zu ihrem persönlichen Anliegen gemacht.

Wie oft wurde der Start-up-Wettbewerb ausgeschrieben?

Einmal im Jahr. Das moderne Gebäude der Wolfsburg AG hat noch vier weitere Komplexe, in denen die jungen Unternehmen ihre Büroräume und Werkstätten unterbringen konnten. Sie konnten sich dort sehr günstig einmieten, bis sie alleine laufen konnten. Auch in Fragen der Finanzierung, der Genehmigungen und der Beschaffung wurde ihnen von den Leuten der Wolfsburg AG geholfen. Sie bekamen ein ganzes Paket angeboten. Viele haben dort losgelegt.

Was waren das denn für kleine Unternehmen?

Die tummelten sich auf ganz verschiedenen Feldern: in der Gesundheit, in der Elektronik. Es gab Start-ups, die sich mit Oberflächentechnologien befassten. Sehr erfolgreich waren die Ausgründungen aus den Universitäten.

Aber das schafft noch keine große Zahl von Arbeitsplätzen?

Richtfest 2002: Die Volkswagen-Arena ist Teil der »Erlebniswelt« in Wolfsburg

Unterschätzen Sie das nicht. In den ersten fünf Jahren hatten wir uns mit der Wolfsburg AG vorgenommen, 10 000 Arbeitsplätze zu schaffen. Dazu gehörten auch die, die durch die Auto 5000 GmbH entstanden. Ich wusste, wenn wir 10 000 Arbeitsplätze schaffen wollten, dann brauchte man auch ein oder zwei Großunternehmen, denn nur mit kleinen Firmen und neuen Hotels ist das in einer Stadt wie Wolfsburg nicht zu erreichen. Von Januar 1998 bis zum März 2005 wurden 7811 unbefristete Arbeitsplätze geschaffen. Dazu kamen 130 befristete Stellen. Damit wurde die Halbierung der Arbeitslosigkeit erreicht.

Und wo sind die Arbeitsplätze im Einzelnen entstanden?

Von diesen neuen Stellen sind insgesamt 3940 bei den 101 Zulieferern entstanden, die sich zum Teil neu in Wolfsburg angesiedelt haben. 1572 Arbeitsplätze wurden von neuen Firmen wie kleineren Start-ups geschaffen, 2500 entstanden durch die »Erlebniswelt«.

Teil des Konzeptes war es auch, die Zulieferindustrie in Wolfs-burg auszubauen. Wie ist das gelungen?

Dafür haben wir Zuliefermessen veranstaltet, denn auch durch die Ansiedlung von Zulieferern sollten neue Arbeitsplätze entstehen. Aber das war nicht alles. Chancen für die Stadt bestanden auch im Tourismus. Um die Besucher ein oder vielleicht sogar zwei ganze Tage in Wolfsburg zu halten, haben wir eine »Erlebniswelt« kon-zipiert und gebaut. Dazu gehörte dann auch das Stadion, das die Immobiliengesellschaft von VW mit der Wolfsburg AG entwickelt hat. Geplant wurden darüber hinaus ein Eisstadion, ein See mit Feriendorf und das neue Science-Center von Zaha Hadid. Ziel war es, Kurzurlauber nicht an Wolfsburg vorbeifahren zu lassen. Die Autostadt bot dafür großes Potenzial, denn sie allein lockte damals 1,7 Millionen Besucher im Jahr an.

Wo kamen eigentlich die Investitionsmittel her, um das alles zu bauen?

Größtenteils von Investoren, die wir dafür begeistern konnten. Mit Volkswagen im Rücken war das sehr gut möglich.

Funktioniert die Wolfsburg AG heute noch?

Ja. Sie braucht auch weiterhin die Unterstützung der Politik.

Das klingt gerade so, als würde sie diese von der niedersächsi-schen Landesregierung nicht bekommen. Wofür braucht man denn die Politik?

Die Wolfsburg AG ist ein Joint Venture von Volkswagen und der Stadt. Auch das Land muss sich engagieren, wenn so ein Unterneh-men mit seinen Dienstleistungen wachsen und seine positive Wir-kung, die es in Wolfsburg unter Beweis gestellt hat, weiter entfalten soll.

Sie klingen jetzt sehr resigniert.

Wir hatten große Pläne – was in Wolfsburg funktioniert hat, sollte auf ganz Niedersachsen ausgedehnt werden ...

... und dann auf die gesamte Bundesrepublik.

Richtig. Wenn man in einer Region neue Arbeitsplätze schaffen will, müssen sich viele Menschen dafür engagieren. Arbeitsplätze zu schaffen, die dann auch wirklich Bestand haben, ist eine ausgesprochen mühsame Angelegenheit. Sie entstehen nicht einfach, weil ein paar futuristische Gebäude zur Verfügung gestellt werden oder weil man den Unternehmen sagt, sie könnten sich auf dem Arbeitsmarkt wie im Wilden Westen benehmen. Immer wieder muss man sich etwas einfallen lassen, wirklich dranbleiben und vor allem diejenigen, die etwas tun können, permanent motivieren. Der Erfolg der Wolfsburg AG – die Halbierung der Arbeitslosigkeit in der Stadt – ist so ein Gemeinschaftswerk.

Daher rührte Ihre Idee, im Zuge der Arbeitsmarktreform die 1,7 Millionen Manager in Deutschland oder die, wie Sie es nennen, sechs Millionen Profis der Nation, einzubeziehen ...

... wofür ich ja viel Häme eingesteckt habe. Wer hat sich nicht alles darüber lustig gemacht! Aber in Wolfsburg ist es so gelaufen. Der Erfolg dort ist der Erfolg der vielen klugen Köpfe, die ein paar Minuten ihrer Arbeitszeit darauf verwandt haben, über das Problem der Arbeitslosigkeit nachzudenken. Das hätte die Lösung für Deutschland sein können, denn die Senkung der Arbeitslosigkeit ist eine gesellschaftspolitische Aufgabe, für die sich mehr Menschen als nur die Politiker einbringen müssen. Jetzt hätte eigentlich das Land tätig werden müssen. Ein Industriekonzern kann das alles initiieren und anschieben, aber eben nicht allein weiterentwickeln. Das ist auch nicht seine Aufgabe.

Wie lange hat es gedauert, bis das Versprechen, die Arbeitslosigkeit der Stadt Wolfsburg zu halbieren, eingelöst war?

Etwa sechs Jahre. Laut der offiziellen Statistik des Arbeitsamtes ist die Arbeitslosigkeit in Wolfsburg von 17 Prozent Ende 1997 auf

8,2 Prozent im Jahr 2004 gesunken. Über 23 000 neue sozialversicherungspflichtige Arbeitsplätze sind am Standort Wolfsburg in der Zeit entstanden. Über 8000 neue Arbeitsplätze gehen direkt auf das Konto der Wolfsburg AG. Ich habe Wort gehalten.

Hat sich Gerhard Schröder das Ganze mal angeschaut?

Er war da, auch die Ministerpräsidenten haben sich angeguckt, was in Wolfsburg entstand, denn Wolfsburg war das beste Beispiel, wie man aus einer mittelmäßigen Stadt die dynamischste Kommune in Deutschland macht.

Im Grunde haben Sie ein Konzept zur Beseitigung der Arbeitslosigkeit geliefert, von der Blaupause angefangen bis hin zur Umsetzung, allerdings mit starker Unterstützung eines Großkonzerns, der Ihnen mit der Auto 5000 GmbH gleich 3800 Arbeitsplätze lieferte.

Warum sollte das nicht Teil der Lösung sein – ein Konzern, der ein völlig neues Unternehmen aufbaut und Arbeitsplätze schafft? Wir haben die Beschäftigtenprobleme im Konzern gelöst. Darüber hinaus haben wir die Beschäftigungsprobleme in Wolfsburg und in der Region gelöst. Jetzt hätte man das Konzept ausrollen müssen, auf ganz Niedersachsen.

Wie viel Geld hat das alles den Steuerzahler eigentlich gekostet?

Überhaupt nichts. Es ist ja keine Subventionslandschaft entstanden. Mit Subventionen darf man gar nicht erst anfangen. Die Unternehmen, die in einer bestimmten Region entstehen oder angesiedelt werden sollen, müssen sich sofort in der freien Wildbahn des Wettbewerbs bewegen, damit sie langfristig erfolgreich sind. Ich bin ganz sicher: Man kann Arbeitsplätze im Hochlohnland Deutschland schaffen. Aber dafür muss man sich etwas einfallen lassen. Die Veränderung der Rahmenbedingungen allein reicht nicht aus. Durch Steuergeschenke an die Wirtschaft oder die Deregulierung des Arbeitsmarktes wird in den großen Unternehmen kein einziger Arbeitsplatz mehr entstehen, auch wenn Manager oder Verbandsfunktionäre das immer wieder behaupten. Vor allem aber bekommt man allein durch die Veränderung der Rahmenbedingungen die hohe Sockelarbeitslosigkeit nicht in den Griff. Der große Satz an Langzeitarbeitslosen lässt sich dadurch nicht beseitigen.

Den Beweis, dass es doch geht, wollten Sie unbedingt erbringen?

Und zwar auf Bundesebene. Ich war von der Idee besessen, den Erfolg in Wolfsburg auf die ganze Republik zu übertragen. Nur deshalb habe ich mich später von Gerhard Schröder zu dem großen Abenteuer in der Politik überreden und mich in eine Welt hineinziehen lassen, die ich bis dahin nur von außen kannte.

Weltkonzern VW: An den Hebeln der Macht

1993 ist Peter Hartz ganz oben. Zwölf Jahre steht er als Personalvorstand und Arbeitsdirektor von 340 000 Mitarbeitern an der Spitze des Volkswagenkonzerns. Schon bald nach seinem Wechsel zu VW wird er zum Vertrauten des Vorstandsvorsitzenden Ferdinand Piëch und – zusammen mit dem exzentrischen Automobilmanager José Ignacio López – zum neuen Machtzentrum um Piëch im Vorstand eines der größten Automobilkonzerne der Welt. Mit unkonventionellen Personalmodellen macht er schnell von sich reden und fordert die Arbeitgeber- und Arbeitnehmerseite heraus. Immer wieder rüttelt er, das SPD- und Gewerkschaftsmitglied, an den Grundfesten gewerkschaftlicher Ideologie – und setzt sich durch. Dabei hilft ihm sein gutes Verhältnis zum Betriebsrat und zu den mächtigen Funktionären der IG Metall, die bei Volkswagen im Aufsichtsrat sitzen. Dabei hilft ihm aber auch Gerhard Schröder, der als niedersächsischer Ministerpräsident bei Volkswagen ein gehöriges Wort mitzureden hat.
Peter Hartz setzt auf Kooperation und Konsens zwischen Arbeitnehmern und Arbeitgebern. Dabei ist der Konsens Ausdruck seiner eigenen Doppelrolle – als Arbeitgeber und Gewerkschaftsmitglied, als Konzernvorstand und Anwalt der Arbeitnehmer. In VW-Betriebsratschef Klaus Volkert findet er einen Mitstreiter für seine Ideen. Schnell lernt er, dass pragmatische Betriebsräte für den Konzern von großem Nutzen sein können. Er setzt sie für das Unternehmen ein. Sie übernehmen Schritt für Schritt die interne Kommunikation. Betriebsräte haben eigene Stäbe, eigene Budgets und viele Reisemöglichkeiten. Die Spitze wird exzellent bezahlt. Sein Ziel: Sie sollen sich selbst ein Bild von der Lage des Konzerns im internationalen Wettbewerb machen können. Denn je besser sie den Druck der globalen Konkurrenz begreifen würden, desto größer würde ihre Bereitschaft sein, dem Vorstand in seiner Strategie zu folgen. Hartz' Rechnung scheint aufzugehen. Er eilt von Erfolg zu Erfolg. Über die Jahre aber trübt sich sein Blick. Allzu vertrauensselig vernachlässigt er die Kontrolle einiger Mitarbeiter – ein verhängnisvoller Fehler.

»Ich habe Vertrauen gelebt und hätte auf Kontrolle setzen sollen«

Mit 52 Jahren haben Sie es an die Spitze eines der größten Konzerne Deutschlands gebracht. Sie hatten plötzlich die Verantwortung für damals 240 000 Mitarbeiter. Wie hat Volkswagen Ihr Leben verändert?

VW hat mein Leben kolossal verändert. Vom ersten Tag an lebte ich plötzlich ein Turboleben, das sich an unzähligen Problemstellen ausrichtete. Wenn es irgendwo brannte, musste ich dorthin. 1993 und 1994 befanden sich die größten Baustellen im Inland. Später dann rutschten unsere Standorte in Südamerika in eine Krise. Ich war ständig unterwegs, immer auf Reisen, fast gar nicht mehr zu Hause, und schon überhaupt nicht mehr häufig im Saarland. Tage mit 16 bis 18 Arbeitsstunden waren plötzlich normal. Wochenenden gab es kaum noch. Volkswagen ist binnen kürzester Zeit zu meinem Leben geworden.

Sie hatten plötzlich einen eigenen Stab …

… mit sehr viel mehr Mitarbeitern als noch in Dillingen. Als Vorstandsmitglied genießt man bei Volkswagen einen besonderen Service. Die besten Leute arbeiten einem zu. Sie schreiben hervorragende Reden, entwickeln Ideen weiter und vieles mehr. Die Termine werden koordiniert, die Post und die E-Mails vorsortiert. Ich musste mir überhaupt keine Gedanken machen, wie ich irgendwo hinkomme. Wenn ich etwas wissen wollte, habe ich – im übertragenen Sinn – einfach auf irgendeinen Knopf gedrückt, und schon setzte sich eine Handvoll exzellenter Mitarbeiter in Bewegung.

Sie lebten fortan wie unter einer Käseglocke, der Realität entrückt.

Überhaupt nicht. Die Probleme, mit denen ich als Manager konfrontiert war, haben mich immer wieder tief in die Wirklichkeit katapultiert. Und ich habe sehr wohl mitbekommen, wie brutal sie sein kann. Ich bekam eine Unmenge an Informationen, jeden Tag neue Zahlen, Wochenberichte, Monatsberichte, Quartalsberichte, Produktberichte. Ich hatte überhaupt keine Chance, der Realität zu entkommen. Ich hatte meinen Stab, der mir alles vorbereitet und nur das vorgelegt hat, was ich wissen musste.

Genau das meine ich: Ihr Stab hat Ihnen gesagt, was wichtig ist.

Meine Mitarbeiter hatten mein volles Vertrauen. Wenn Sie mit dem Wort »Käseglocke« allerdings auf die praktische Seite der Lebenswirklichkeit anspielen, dann gebe ich Ihnen recht.

Hatten Sie Zeit, sich einzugewöhnen oder einzuarbeiten?

Überhaupt nicht. Kaum war ich bestellt, musste ich binnen drei Monaten das Problem von 30 000 überzähligen Mitarbeitern lösen, die Volkswagen zu viel beschäftigte. Von der Stahlindustrie zur Automobilindustrie – das war ein fliegender Galoppwechsel.

Mit Frau Marlene in Wolfsburg August 1995

Blick auf die Autostadt mit den Pavillons der einzelnen Marken

Mit dem Einstieg von Volkswagen in die Vier-Tage-Woche kannte Sie plötzlich jeder. Waren Sie damit auch im Vorstand sofort etabliert?

Ich wurde gut aufgenommen. Und da ich als neues Vorstandsmitglied ja ein kommender und kein gehender Mann war, wussten die machtsensiblen Vorstandsmitglieder und Strippenzieher, dass mit mir die nächsten fünf Jahre zu rechnen war – oder auch die nächsten zehn, wenn mir keine gravierenden Fehler unterlaufen würden. Das spielt in den Machtverhältnissen eines solchen Gremiums eine ganz wichtige Rolle.

Was meinen Sie genau?

Es macht einen großen Unterschied, ob man kommt oder kurz vor der Pensionierung steht. Ich selbst habe das erlebt. Ich habe meinen Einfluss kommen und schwinden sehen – noch bevor die sogenannte VW-Affäre bekannt wurde, denn Mitte 2005 befand ich mich ja schon auf der Zielgeraden.

Das Volkswagenwerk in Wolfsburg

Auf der Zielgeraden? Sie standen mitten in ihrer dritten Amtsperiode.

Ich hatte für meinen Rückzug aus dem Vorstand bereits konkrete Pläne. Ich wollte zeigen, wie man elegant – oder nennen Sie es professionell – den Wechsel schafft.

Sie hatten sich demnach bereits entschieden.

Ich wusste, wie lange mein Vertrag läuft, ich wusste, wer mein Nachfolger werden sollte, ich wusste, was ich machtpolitisch unbedingt noch durchsetzen wollte. Und damit wusste ich, wann ich gehen wollte.

Wie hatten Sie es denn konkret geplant?

Ich hatte mir überlegt, im Sommer 2005 aus den Werksferien zurückzukehren, den Mitarbeitern meinen Nachfolger vorzustellen und dann auf Abschiedstournee zu gehen. Ende des Jahres 2005 sollte dann Schluss sein. Ich wollte ins Saarland zurückkehren.

Aber Ihr Vertrag war doch gerade erst bis 2007 verlängert worden.

Der Aufsichtsrat hatte den Vertrag bereits 2002 bis zum Jahr 2007 verlängert. So lange hätte ich bleiben sollen und können. Ich hätte auch schon wesentlich früher in den Ruhestand gehen können, aber ich hatte eben noch viel vor. Ich wusste, dass wieder eine Senkung der Personalkosten von rund 30 Prozent anstand. Wie bei meinem Einstieg in den Konzern mussten Kosten in Milliardenhöhe eingespart werden. Auf die Gestaltung dieses Prozesses wollte ich unbedingt noch Einfluss nehmen. Denn wieder ging es um den Abbau von Arbeitsplätzen und den Umgang mit den Mitarbeitern.

Wann genau sollten Sie offiziell ausscheiden?

Meine Amtszeiten liefen von 1993 bis 1998 und von 1998 bis 2003. 2002 hat der Aufsichtsrat meinen Vertrag dann noch einmal bis zum 8. August 2007 verlängert. Das wäre der letzte Tag vor meinem 66. Geburtstag gewesen – nach der Satzung von Volkswagen der letztmögliche Arbeitstag. Mit Vollendung des 65. Lebensjahres muss man als Vorstandsmitglied spätestens ausscheiden. Der Aufsichtsrat hatte diese Frist voll ausgereizt. Für mich war diese Verlängerung nicht nur die Bestätigung meiner Arbeit, sondern auch ein Vertrauensbeweis …

… der Ihren Absturz von der Spitze des Konzerns noch dramatischer erscheinen lässt. Als Ihr Vertrag 2002 verlängert wurde, war das Präsidium des Aufsichtsrats, also das Machtzentrum, noch anders besetzt als heute. Ihre Gegner hatten dort noch nicht Platz genommen.

Entscheidenden Einfluss hatten damals der niedersächsische Ministerpräsident Sigmar Gabriel, Klaus Zwickel, der Betriebsratschef Klaus Volkert und Ferdinand Piëch, der 2002 als aktiver Vorstand bereits ausgeschieden und an die Spitze des Aufsichtsrats gewechselt war. Eigentlich hatte ich vor, mit dem Ausscheiden Ferdinand

Piëchs aus dem Vorstand selbst auch in Pension zu gehen. Das hätte ich mal machen sollen.

Durch die Vertragsverlängerung aber waren Sie geschmeichelt. Man schien Sie zu brauchen. Und von der Macht konnten oder wollten Sie nicht lassen.

Dass ich vom Aufsichtsrat 2002 gebeten wurde, noch bis 2007 zu bleiben, habe ich in der Tat als Bestätigung meiner Arbeit empfunden. Und was die Macht angeht, so würde ich lieber von Gestaltungsspielräumen sprechen. Denn das ist das, was Macht ausmacht und was für mich immer erstrebenswert war.

Haben Sie je darüber nachgedacht, ob Sie bei VW der richtige Mann am richtigen Platz waren?

Darüber habe ich, bevor ich zu VW ging, natürlich nachgedacht und während meiner Zeit dort immer wieder. Wenn man in einem solchen Konzern so weit oben steht, muss man selbstkritisch sein. Ich kann Ihnen versichern, dass ich schon damals wusste, was Selbstzweifel sind, denn ich war von Mitarbeitern umgeben, die zum Teil viel intelligenter waren als ich. Ich habe mich oft gefragt, ob ich es wirklich mit ihnen, den Intellektuellen, aufnehmen konnte. Warum saß ich oben und nicht einer von ihnen?

Und warum?

Es war wohl meine Kreativität. Viele Innovationen kamen von mir. Meine Mitarbeiter haben sie weiterentwickelt und umgesetzt. Ohne sie wäre das nicht möglich gewesen. Das Bewusstsein, dass viele Ideen von einem selbst kommen, gibt Sicherheit beim Führen.

Sie zählen sich selbst nicht zu den Intellektuellen. Ist das ein Problem für Sie?

Nein. Denn für mich sind Intellektuelle diejenigen, die aufgrund Ihrer Ausbildung und ihrer geistigen Tätigkeit gesellschaftlich exponiert sind, also eine bedeutende Rolle haben. Jede Gesellschaft braucht Intellektuelle, aber eben auch andere.

Haben Sie eigentlich jemals darauf spekuliert, Vorstandsvorsitzender zu werden?

Niemals. Das hätte ich mir nicht zugetraut, weil ich unter anderem zu wenig von Autos verstehe. Ein Konzern aber, der nur auf Autos spezialisiert ist, muss von jemandem geführt werden, der von Autos wirklich Ahnung und eine Leidenschaft dafür hat. Der Vorstandsvorsitzende muss mit den Technikern auf Augenhöhe diskutieren, Impulse geben und ihre Arbeit nachvollziehen können.

Konnte Ferdinand Piëch das?

O ja. Immer wieder ließ er sich in der Entwicklung blicken, also in der Abteilung, in der die neuen Autos entstehen. Oft hat er mir gesagt: Ein Arbeitstag, an dem er nicht in der Entwicklung gewesen wäre, sei für ihn kein guter Tag.

Als Sie zu Volkswagen stießen, trafen Sie auf José Ignacio López de Arriortúa. Er hatte kurz zuvor bei VW angeheuert und sollte dem Konzern mit drastischen Einsparungen wieder zu Gewinnen verhelfen. In der Automobilbranche hatte er bereits für Furore gesorgt, erst recht bei Volkswagen, wo er richtig bekannt wurde. Drei Jahre haben Sie mit López zusammengearbeitet. Wie haben Sie ihn erlebt?

Er ist ein charismatischer Manager gewesen, der auch auf mich einen tiefen Eindruck hinterlassen hat. Er hat einen neuen Realismus in den Konzern hineingetragen. Er hat den Mitarbeitern die Augen geöffnet. López war ein weitsichtiger Vorbote der Globalisierung.

Wie lange war er denn vor Ihnen schon da?

Ferdinand Piëch übernahm den Vorstandsvorsitz am 1. Januar 1993. Ich kam im Oktober desselben Jahres. López kam im Frühsommer, etwa vier Monate vor mir. Piëch, López und ich waren die drei Akteure, die die dringendsten Probleme zu lösen hatten ...

... und bildeten damit wohl bald das Machtzentrum des Vorstands. Welche Probleme waren das damals?

Die Entwicklung der Autos, die in eine ganz neue Richtung getrieben werden musste …

… das machte Piëch.

Genau, dann die drastischen Einsparungen in den Beschaffungs- und Produktionskosten. Das war die Aufgabe von López. Für die notwendigen Personalanpassungen, deren Umfang López vorgegeben hatte, war ich verantwortlich. Mit López habe ich mich sehr gut verstanden.

Sie mit ihm? Das kann man sich einfach nicht vorstellen. López war einer der härtesten Manager, die die Autoindustrie zu bieten hatte. Er ließ die Lieferanten bluten, quetschte sie regelrecht aus. Er war zudem ein unkonventioneller Spinner, der sich und seine Mitarbeiter »Krieger« nannte und alle dazu verdonnerte, ihre Armbanduhren rechts zu tragen. Hatten Sie davon nicht längst gehört?

Sein Ruf eilte ihm weit voraus. Natürlich war er unkonventionell. Aber das war ich auch. López war ungemein energiegeladen und

Mächtiges Trio: Ferdinand Piëch, José Ignacio López und Peter Hartz 1996 in Wolfsburg

begeisterungsfähig. »Great, great, great!«, hat er mit seinem rollenden »R« immer wieder gerufen. Das habe ich heute noch im Ohr. Und er hatte bei aller Exzentrik immer ein Ohr für die Arbeiter. Er hat sie »Sir Worker« genannt. Das war sehr gewöhnungsbedürftig und entbehrte nicht einer gewissen Komik. Allerdings hielt damit ein völlig neues Denken bei Volkswagen Einzug. Die Fabrikarbeiter bekamen eine ganz andere Bedeutung. Sie wurden als Partner ernst genommen. Natürlich tat López das nicht aus Altruismus oder purer Sozialromantik. Er wollte von den Arbeitern lernen, wie er sie noch effizienter einsetzen konnte. Mit diesem Denken hat López auch mich in seinen Bann geschlagen.

Wie ist Piëch eigentlich auf ihn gekommen?

López war zunächst Einkaufsvorstand bei Opel, dessen Muttergesellschaft General Motors ist. Dadurch wurde er in Deutschland bekannt. Als Piëch ihn holte, war er bereits Chefeinkäufer von General Motors in Detroit. Überall, wo er arbeitete, hinterließ er tiefe Spuren. Sein Name begegnete mir zum ersten Mal während meiner Stahlzeit. Damals kamen die Verkäufer zu mir und berichteten: »Stellen Sie sich vor, da will ein verrückter spanischer Ingenieur den Stabstahl 20, 30 oder sogar 40 Prozent billiger haben.« Sein Ruf eilte ihm weit voraus.

Wie haben Sie damals reagiert?

Zunächst gar nicht. Viele und auch ich waren der Ansicht, dass es sich nur um eine Welle handelte, die sich totlaufen würde.

1993 dann standen Sie auf López' Seite. Die Welle war nicht ausgelaufen, sondern wurde von López bei VW erst richtig losgetreten.

Er war ein Wirbelwind, der die Leute mitreißen konnte. Er kam mit einer großen Entourage zu Volkswagen. Wen der alles in seinem Gefolge hatte! Durchaus gute Leute, die vollkommen auf ihn eingeschworen waren.

Wie viele Kollegen hatte er denn mitgebracht?

Ein halbes Dutzend. Sie alle wurden sehr schnell in Schlüsselstellungen gebracht. Das hat seine Macht bei VW vergrößert.

López ist – ebenso wie Sie – 1941 geboren. Er kam – wie Sie – aus sehr kleinen Verhältnissen. Sein Vater war Arbeiter, die Familie arm. Die Mutter hatte zu Hause das Sagen. Parallelen zwischen Ihnen beiden gab es hinreichend.

Sein Vater war ein Arbeiter aus dem Baskenland. Ignacio López wurde unweit von Bilbao geboren. Er studierte in Bilbao. Die Familie trug ihr letztes Geld zusammen, damit er studieren und Karriere machen konnte. Wahrscheinlich ist das einer der Gründe für seinen hohen Respekt vor den Arbeitern. Ein Grund, der mir natürlich auch nicht fremd ist. López hatte eine Rangordnung von Personengruppen aufgestellt, die für einen Konzern wichtig waren. An erster Stelle standen die Kunden, denn ohne deren Begeisterung für die Produkte eines Unternehmens ist nichts möglich. An zweiter Stelle aber kamen bereits die Arbeiter. Dann kam lange nichts, und am Ende standen die Shareholder, die am wenigsten zum Unternehmenserfolg beitragen. Sie wollen die Früchte ernten.

Geradezu erbarmungslos hat López seine Feinde aus dem Weg geräumt. Mindestens zehn Manager haben das auch bei Volkswagen zu spüren bekommen. Sein großes historisches Vorbild war El Cid, der spanische Nationalheld aus dem 11. Jahrhundert, der die Araber gnadenlos bekämpfte. Das alles entspricht so gar nicht Ihrem Menschenbild und Selbstverständnis. Er ist vielmehr der Anti-Hartz. Wieso kamen Sie so gut mit ihm zurecht?

Natürlich war er auch sehr umstritten. Was VW in seiner Absatzkrise 1993 brauchte, war aber genau so einer wie er. Kreativ, durchsetzungsstark, charismatisch. Die Arbeiter haben für ihn, für seinen Erfolg gearbeitet. Er hat die Produktion neu organisiert und für VW dadurch Milliarden eingespart. Vom López-Effekt war die

Rede. Da er unkonventionell war, hat er auch meine unkonventionelle Lösung des Personalüberhangs mitgetragen und verteidigt. Auch López wollte die Arbeiter nicht zu Tausenden auf die Straße setzen.

Haben Sie eigentlich heute noch Kontakt zu ihm?

Ja, ich glaube, ich bin der Einzige. Im Zuge eines Vergleichs zwischen Volkswagen und dem Automobilkonzern General Motors, der López in einem aufsehenerregenden Verfahren der Industriespionage bezichtigt hatte, ist er bei Volkswagen ausgeschieden. Das war 1996 und Teil der Vereinbarung der beiden Konzerne, auf die sich VW eingelassen hatte, um einen Prozess zu vermeiden. Volkswagen hatte sich damals verpflichtet, 100 Millionen Dollar an GM zu zahlen und für eine Milliarde Dollar dort Autoteile zu beziehen. Für López war das ein schwerer Schlag. Sein großer Traum war es, nach einer gewissen Frist wieder für Volkswagen zu arbeiten. Doch der sollte ihm nicht mehr erfüllt werden. 1998 wurde er als Beifahrer bei einem Autounfall schwer verletzt. Ich habe ihn danach noch einmal in seiner Heimat im Baskenland besucht.

López kam mit einer Entourage, mit Mitarbeitern, die an ihn glaubten. Sie aber kamen ganz allein. Haben Sie sich je überlegt, ob es besser gewesen wäre, ebenso eine Entourage um sich zu versammeln?

Ich kam ganz allein und übernahm die Mitarbeiterinnen und Mitarbeiter meines Vorgängers. Ich wurde derart positiv aufgenommen, dass ich daraus meines Erachtens keinen Nachteil gezogen habe. Ich hatte ja auch gleich einen großen Erfolg vorzuweisen, nämlich die Einführung der Vier-Tage-Woche und damit eine Lösung des damals anstehenden Kostenproblems. Ich habe mich auf die exzellenten Mitarbeiterinnen und Mitarbeiter dort verlassen und bin damit auch sehr gut gefahren, denn ich habe ja nicht alles von Anfang an geändert. Vieles habe ich vorgefunden und so belassen.

Sie sagen von sich, Sie sprächen nicht gut Englisch. López' Eng-
lisch hatte eine starke spanische Einfärbung. Wie haben Sie
beide sich eigentlich unterhalten?

Das hätten Sie hören sollen! Er sprach Spanisch-Englisch, ich
Deutsch-Englisch, aber es ging. Ich habe mich mit ihm sehr gut
verstanden. Manchmal kam er mit etwas, über das er sich geär-
gert hatte. Dann prasselte ein wahrer Redeschwall auf mich ein. Die
Botschaft habe ich meist verstanden, aber sicher nicht jedes einzelne Wort. Meistens wollte er den einen oder anderen Mitarbeiter
loswerden. Da war er nicht anders als Ferdinand Piëch.

Und Sie waren der Mann fürs Grobe, der die unliebsamen Mit-
arbeiter dann entlassen musste, die López und Piëch nicht mehr
im Konzern haben wollten.

Das habe ich natürlich nicht immer getan. Manch einen habe ich
»versteckt«, wenn ich fand, dass es sich um einen guten Mitarbeiter
handelte. Der Konzern ist riesig. Ich erinnere mich noch an einen
Fall, als der Betreffende Ferdinand Piëch nach einigen Monaten
doch wieder über den Weg lief. Der Vorstandsvorsitzende stellte
mich daraufhin sofort zur Rede: »Wieso ist der noch da?« Ich sagte
ihm, er habe ihn von einer bestimmten Stelle weghaben wollen, das
hätte ich auch umgesetzt, aber ein Rausschmiss wäre unverhältnis-
mäßig gewesen. Mit einem »Hmhm« war das Thema dann erledigt.

Die Herren Vorstände haben ganz schön viel auf Sie abgeladen.
Alle Personalprobleme – wie praktisch.

Dafür war ich ja eingestellt.

Warum war López aus Ihrer Sicht ein Vorreiter der Globalisie-
rung?

Er hat ihre Chancen begriffen und sie uns zunutze gemacht, vor allem beim Einkauf. Er hat die Welt als eine große Einkaufsstraße
betrachtet, er hat weltweit nach den günstigsten Beschaffungsmög-
lichkeiten gesucht und damit Kosten in Milliardenhöhe gespart.

Darüber hinaus hat er seine Art, bei Volkswagen die Kosten zu senken, zu den Lieferanten getragen. Er hat gesagt: »Wir durchforsten deine Kosten gemeinsam, ich bringe dafür meine Leute mit. Am Ende teilen wir uns den Vorteil deiner Kosteneinsparungen.« Ich fand das ausgesprochen fair und logisch.

Aber die Lieferanten haben gestöhnt. Dem ein oder anderen hat er den Garaus gemacht. Auch dadurch geriet er in den Ruf, ein knallharter, brutaler Manager zu sein.

Natürlich haben die Lieferanten gestöhnt. Aber vielen hat er auch geholfen. Er hat sie nicht erpresst, ihnen also angedroht, anderswo einzukaufen, wenn sie die Produkte nicht billiger verkauften. Aber er hat ihnen gesagt, dass sie ihre Kosten senken müssten. Daraus resultierten dann auch die hohen Kosteneinsparungen, die er erreicht hat.

Verklären Sie ihn nicht ein bisschen?

Er ist mit den Zulieferern nicht anders umgegangen als mit den VW-eigenen Komponenten-Werken. Mein Lieblingsbeispiel ist immer das Werk in Braunschweig. Da haben die Betriebsräte, angetrieben von Ignacio López, plötzlich betriebswirtschaftliche Funktionen übernommen und selbst festgesetzt, wie viel ein bestimmtes Teil kosten durfte. Die Belegschaft selbst hat sich mit einem Mal darum gekümmert, wie die Herstellkosten gesenkt werden können. Und Ignacio López war ihr Anwalt – manche werden vielleicht jetzt den Kopf schütteln. Die Arbeiter haben López wirklich geachtet …

… aber die Betriebsräte nicht?

Die hat er schnell gegen sich aufgebracht. Er hat sich an viele Formalismen nicht gehalten, die den Betriebsräten wichtig sind. Die Gremien eines mitbestimmten Konzerns waren seine Sache nicht.

Hat López für Volkswagen viele neue Werke gebaut?

Vor allem in Südamerika. Dort hat er Märkte erschlossen. Er hat an diese Region geglaubt und sie immer als Wachstumsregion gesehen …

… womit er aber nicht ganz richtig lag.

Er hat die alten Werke dort auf Vordermann gebracht und dann noch drei neue gebaut. Eines hat er nicht mehr gebaut, sondern nur noch konzipiert. Das war das Werk im brasilianischen Curitiba. Wir führten seine Pläne noch aus, nachdem ich seine Gebietsverantwortung nach seinem Abgang von ihm geerbt hatte. Dass wir dieses Werk noch gebaut haben, war angesichts der Marktentwicklung wohl ein Fehler.

López brachte Bewegung in den Konzern. Aber vielleicht hätte sich seine Art auch abgenutzt. Das allerdings ist Spekulation, denn allzu lange stand er ja nicht in Diensten von VW.

Ich glaube, dass ein Konzern und seine Mitarbeiter so jemanden nur ein paar Jahre verkraften können. Dann hätte man sicher ein neues Konzept entwickeln und umsetzen müssen. Ich bin überhaupt der Meinung heute, dass Führungskräfte nicht zu lange in ihren Positionen verharren sollten. Für mich gilt das auch. Das jedenfalls würde ich vielen Vorständen heute raten. Nach zwei Vertragsperioden sollte man gehen, denn sonst schleichen sich Dinge ein, die man, auch wenn man sehr gut ist, gar nicht richtig bemerkt.

Was meinen Sie genau?

Wenn man sehr lange in seiner Funktion ist, dann besteht die Gefahr, dass Ansichten zu Ideologien werden.

Sie sind womöglich das beste Beispiel dafür. Wer wurde eigentlich López' Nachfolger?

Seine Gebiete wurden aufgeteilt. Die Beschaffung hat Ferdinand Piëch übernommen, Südamerika fiel dann in meine Zuständigkeit.

Und das haben Sie mit sich machen lassen? Sie waren Personal-chef, Sie waren für Südamerika verantwortlich und später noch für die Regierungsbeziehungen. Haben Sie nie das Gefühl bekommen, dass das ein bisschen viel sein könnte?

Diese Frage habe ich mir im Nachhinein häufiger gestellt. Aber ich hatte exzellente Mitarbeiter, Leute, die ich über Jahre aufgebaut habe. Viele von ihnen hatten selbst Vorstandsformat. Damit meinte ich, die Aufgaben allesamt bewältigen zu können.

Sie hatten nicht das Gefühl, dass Ihnen das ein oder andere entgleiten könnte?

Ich hatte volles Vertrauen zu meinen Mitarbeitern, die direkt an mich berichteten. Sie waren von ihrer Intelligenz, ihrem Charakter und von ihrer Persönlichkeitsstruktur her den Aufgaben gewachsen. Davon war ich überzeugt. Sie waren integer. Bis auf einen …

Sie meinen Helmuth Schuster, den intelligentesten von allen, der dann Personalvorstand von Škoda wurde. Wie haben Sie Ihre Mitarbeiter eigentlich geführt?

Vor allem durch Vertrauen. Es ist meine Philosophie gewesen, den Leuten, die ich ausgebildet oder ausgewählt und aufgebaut habe, zu vertrauen. Sie kannten die Ziele des Unternehmens, sie hatten ihr Budget, wir haben die Maßnahmen besprochen, und wir sprachen auch immer wieder darüber. Ich habe meine Mitarbeiter nicht laufend kontrolliert. Keiner von ihnen gab mir über all die Jahre die Veranlassung, meine Führungsmethode zu ändern. Die Zeit habe ich für andere Managementaufgaben eingesetzt.

Zum Beispiel für Ihre Aufgaben in Südamerika.

Unter Managementgesichtspunkten war die Verantwortung für Südamerika ein Ausgleich für meine Tätigkeit als Arbeitsdirektor. In Südamerika war ich Unternehmer, vertrat die Anteilseignerseite. Diese Aufgabe hat mich natürlich trotz der Belastung gereizt.

Verantwortlich für Südamerika: Mit dem ehemaligen brasilianischen Präsidenten Fernando Henrique Cardoso

Sie brachte noch einmal eine ganz andere Qualität und Faszination mit sich, als wenn ich nur einen Fachbereich geführt hätte. Mein Nachfolger Horst Neumann hat aus meinen Fehlern gelernt und keine Region übernommen.

Er war klüger als Sie oder vielleicht weniger unersättlich.

Klar war jedenfalls, dass Ferdinand Piëch seine Leistungsträger voll beladen hat. Mit Ignacio López war er genauso verfahren. Und auch ich bin mit den Leistungsträgern in meinem Ressort nicht anders umgegangen.

Eines müssen Sie erklären: Ein Vollblutmanager, ein Berserker wie López geht, und der Vorstand meint, er brauche niemanden, der die Lücke füllt, sondern könne die Aufgaben einfach aufteilen.

Die Vorstandsfunktionen wurden natürlich auf Markenebene neu organisiert. Ferdinand Piëch hat auch gesehen, dass es Grenzen der Belastbarkeit gibt. Andererseits spielte die Machtpolitik im Vorstand eine nicht unbedeutende Rolle. Die Stärke und der Einfluss eines Vorstandsmitglieds hängen natürlich von seiner Verantwortung ab. Piëch wollte, dass ich mich auch als Unternehmer beweisen konnte. Er wollte mich stärken. Das Geschäft in Südamerika lief blendend, bis zu dem Tag, an dem ich die Verantwortung dafür übernahm.

So selbstkritisch sind Sie nicht wirklich.

Bin ich auch nicht. Am 29. November 1996 ist López ausgeschieden, am 30. November fand die erste Aufsichtsratssitzung ohne ihn statt. Ich musste im Aufsichtsrat schon über Südamerika berichten und konnte mir gerade noch angucken, was er für Pläne hatte. Damals erwirtschafteten die Werke in Südamerika noch gute Ergebnisse. Mit dem Beginn meiner Zeit als Verantwortlicher für Südamerika rutschte Brasilien in eine Wirtschaftskrise. Im zweiten Jahr, in dem ich für Südamerika verantwortlich war, sind dann die Verluste aufgelaufen. Die Sanierung der Werke dort hat mehrere Jahre in Anspruch genommen. Aber sie ist noch in meiner Amtszeit gelungen.

In der Ära Piëch ist der Volkswagen-Konzern stark gewachsen. Können Sie den Führungsstil von Piëch beschreiben?

In seiner Zeit ist die Produktion von drei auf fünf Millionen Autos gestiegen, die Zahl der Mitarbeiter von 240 000 auf 340 000. Wir haben im Zuge der Globalisierung Märkte und Länder erschlossen, kurz: Der VW-Konzern ist stürmisch gewachsen. Ferdinand Piëch hat sehr stark vom Kunden her gedacht und sich auf die Produkte konzentriert. Er hat die Teamarbeit gefördert, was man ihm gar nicht zutraut.

Sie kennen Piëch seit vielen Jahren. Sie gehörten zu seinen Vertrauten. Was ist er für ein Mensch?

Er war für mich in seiner aktiven Zeit der beste Autoentwickler der Welt. Das hat er nie gern gehört. Er legte großen Wert darauf, dass sich sein Umfeld auch mit den Produkten beschäftigte. Lassen Sie mich ein Beispiel erzählen: Nachdem Volkswagen sich an Scania beteiligt hatte und groß ins Lkw-Geschäft eingestiegen war – auch mit dem Werk Resende in Brasilien –, war ihm wichtig, dass wir, seine Vorstandskollegen, uns auch mit Nutzfahrzeugen auskannten. Er empfahl uns, den Lkw- und Bus-Führerschein zu machen. Er selbst hatte ihn natürlich schon. So ging ich kurz vor meinem 60. Geburtstag buchstäblich noch einmal in die Fahrschule.

Wirklich?

Der Fahrlehrer holte mich mit einem richtigen Reisebus für 60 Leute morgens um sechs Uhr in der Früh ab. Ich setzte mich ans Steuer, absolvierte meine Fahrstunden in der Region um Wolfsburg und fuhr mich dann um halb acht ins Büro. Die Nachbarn meinten zunächst, es wäre eine neue Buslinie eingerichtet worden und der Busfahrer sähe aus wie Peter Hartz. Das Ganze war enorm zeitaufwendig, denn um Personen zu transportieren, muss man mindestens 56 Fahrstunden hinter sich bringen. Den Lkw-Führerschein habe ich vorher gemacht.

Was treibt Piëch an?

Die Zukunft des Konzerns. Für Ferdinand Piëch steht sie an erster Stelle. Er will die Zukunft von Volkswagen sichern. Volkswagen soll in geordneten Besitzverhältnissen bleiben. Das ist sein Ziel …

> *… und deswegen hat er veranlasst, dass sich Porsche an Volkswagen beteiligt. Er konnte das tun, weil die Familien Piëch und Porsche alle stimmberechtigten Aktien von Porsche halten und er selbst das Familienoberhaupt ist. Jetzt will er auch Volkswagen zu einem Familienunternehmen machen.*

Ferdinand Piëch war immer bestrebt, dass die private Unternehmerschaft unter den Anteilseignern von Volkswagen eine dominierende Rolle spielt. Diese dominierende Rolle wird umso wichtiger, je mehr die Landesbeteiligung Niedersachsens unter Beschuss gerät.

Die EU-Kommission hat vor dem Europäischen Gerichtshof gegen das VW-Gesetz geklagt. Nach dem Gesetz kann niemand mehr als 20 Prozent der Stimmrechte bei VW ausüben, auch wenn er mehr Anteile hält. Das Gesetz sicherte so dem Land Niedersachsen lange den entscheidenden Einfluss.

Das hat über die Jahre zu stabilen Eigentümerstrukturen geführt. Theoretisch können sich zwar zwei, drei Investoren mit jeweils 20 Prozent an VW beteiligen, strategisch verbünden und das Land überstimmen. In dieser Konstruktion hätten Finanzinvestoren durchaus Einfluss nehmen oder auch Unheil anrichten können. Aber da wirkt das Volkswagen-Gesetz als Hemmschwelle. Aus Sicht des Vorstands ist eine Landesbeteiligung also von Vorteil, sofern sie berechenbar ist und das Unternehmensinteresse im Auge behält. Nicht ganz unbedeutend ist dabei allerdings, wer das Land gerade vertritt.

Derzeit ist es Ministerpräsident Wulff, ein Erzfeind von Piëch, wie es heißt. Warum engagieren sich die Familien Piëch und Porsche, die bei Porsche das Sagen haben, so stark bei Volkswagen?

Dahinter stehen sicherlich mehrere Gründe. Ferdinand Piëch will den Volkswagen-Konzern im europäischen Kulturkreis belassen. Er will ihn mit der Porsche-Beteiligung vor den Angriffen der großen Finanzinvestoren schützen. Denken Sie daran, wer Ferdinand Piëch ist: Er ist der Enkel von Ferdinand Porsche, der den Käfer entwickelt hat. Sein Vater war Werksleiter in Wolfsburg. Ferdinand Piëch will sicherlich die Verbindung von Volkswagen zu seiner Familie bewahren. Es geht ihm um viel mehr als nur den Ausbau seiner eigenen Macht. Aber es gibt auch noch einen anderen Grund, warum aus Sicht der Familien Piëch und Porsche eine VW-Beteiligung von Porsche sinnvoll ist.

Nämlich?

Es ist ein sehr geschickter Schachzug der Familien, über die Beteiligung an die Ressourcen des Volkswagen-Konzerns zu kommen, an das Know-how, an das Entwicklungspotenzial eines Weltkonzerns mit mehr als 340 000 Mitarbeitern. Porsche kann dies nun auch für sich erschließen. Im Vergleich zu Volkswagen ist Porsche eine »Puppenstube«, allerdings eine exzellent geführte, die sehr viel Geld verdient.

Aber Volkswagen und Porsche sind zumindest in einem Segment Konkurrenten?

Im Topsegment schon, was aber bei der Größe des Weltmarktes sicher nicht allzu relevant ist.

Ist der Porsche-Enkel Ferdinand Piëch wirklich so traditionsbewusst?

Ich glaube, er verehrt seinen Großvater, den genialen Konstrukteur. Nie hat er das vor sich hergetragen, aber in den Gesprächen, die ich mit ihm geführt habe, war es herauszuhören. Und er hofft natürlich, dass sich in der Familie Piëch, vielleicht bei einem seiner Söhne, jene Konstrukteursgene wiederfinden, die auch er selbst besitzt und die ihn groß gemacht haben.

Die Chancen dafür dürften so schlecht nicht sein: Immerhin hat er zwölf Kinder.

Der Traum eines jeden Familienoberhauptes ist es natürlich, dass es einen Nachfolger gibt. Ferdinand Piëch bemüht sich sehr stark darum, die Familie zusammenzuhalten …

… und agiert deshalb bei Volkswagen nicht unbedingt nach betriebswirtschaftlicher Logik.

Das sehe ich anders. Er ist mit seiner Familie Anteilseigner bei Porsche und damit auch bei Volkswagen. Natürlich geht es ihm darum, dass der Konzern Gewinne macht. Er denkt als Unternehmer. Als solcher allerdings sicher langfristiger als der ein oder andere Finanzinvestor. Deswegen will er, dass private Gesellschafter die dominierende Rolle spielen. Für Volkswagen ist das ein Vorteil. Die Familie Piëch ist, anders als anonyme Investoren, berechenbar.

Als Piëch den ehemaligen Vorstandsvorsitzenden Bernd Pischetsrieder stürzte, war das aber eher eine Überraschung, die gegen Ihre These der Berechenbarkeit spricht. Dabei wurde er von den Arbeitnehmern unterstützt. Wieso gelingt es Piëch immer wieder, die Arbeitnehmerseite für sich einzunehmen?

Die Arbeitnehmer wissen, woran sie bei ihm sind. Bedenken Sie, was für eine Personalpolitik er seit Jahren bei Volkswagen sanktioniert hat.

Ihre Personalpolitik.

Eine Personalpolitik ohne Massenentlassungen, eine, die auch in den immer härter werdenden Zeiten des globalen Wettbewerbs weiter auf den Standort Deutschland setzt. Außerdem weiß die Arbeitnehmerseite, dass Ferdinand Piëch ein langfristiges Interesse an Volkswagen hat. Und das erscheint ihnen allemal berechenbarer als die Intentionen des einen oder anderen unbekannten Investors, der den Konzern nach eigenem Gutdünken umstrukturieren und mit womöglich tausendfachen Entlassungen versuchen könnte, die Rendite kurzfristig in die Höhe zu treiben. Deshalb braucht auch die IG Metall überhaupt keine Skrupel zu haben, mit Piëch die eine oder andere Verabredung zu treffen.

Piëch ist ein Phänomen. Als Entwicklungschef bei Porsche hatte er sehr viel Erfolg. Dann hat er als Chef von Audi die Marke völlig neu positioniert. Das Unternehmen verdiente immer mehr und eilte unter seiner Führung – grob gesprochen – von Rekord zu Rekord. Als er ging, brachen die Zahlen ein. Das Gleiche wiederholte sich bei VW. Ein Rekordergebnis von 5,4 Milliarden Euro hat er im Jahr 2001 noch ausgewiesen. Dann ging er von Bord, und die Zahlen wurden sofort schlecht.

Heute heißt es sogar, VW könne das General Motors von morgen werden, also ein Sanierungsfall ...

... was ich für völligen Blödsinn halte. Aber zu Ferdinand Piëch: Das Phänomen lässt sich damit erklären, dass ein scheidender Vorstandsvorsitzender gut aussehen will und ein neuer Vorstandsvorsitzender seinerseits alle möglichen Risiken in seine erste Bilanz einbringt, um danach wiederum gut auszusehen.

War denn die letzte Bilanz von Piëch schöngerechnet, während unter Pischetsrieder vor allem die Probleme des Konzerns hervorgehoben wurden?

Es gibt eine Menge von Bewertungsspielräumen. Und es ist auch legitim, dass man im letzten Amtsjahr eine positive Bilanz ziehen und zeigen will – natürlich im Rahmen des Legalen. Bernd Pischetsrieder wiederum hat seine Ära auch mit großer Vorsicht begonnen. Hinzu kamen dann allerdings noch ein Abschwung der weltweiten Automobilkonjunktur und der Einbruch im China-Geschäft.

Die Politik hat einen großen Einfluss auf Volkswagen. Vier Ministerpräsidenten des Landes Niedersachsen saßen während Ihrer Zeit im Aufsichtsrat. Nicht alle waren Ihre Freunde. Sie haben Schröder, Glogowski, Gabriel und Wulff erlebt ...

... erlebt auch in ihrer Ausbildung.

Das klingt ein wenig überheblich. Wie traten die Herren denn auf? Aufgrund des VW-Gesetzes hatte das Land ja schon eine Sonderstellung.

Im Auftreten der Herren gab es große Unterschiede, je nach ihrer Persönlichkeitsstruktur. Die Wertschätzung und Höflichkeit ist gegenüber den Ministerpräsidenten besonders ausgeprägt und drückt sich in der protokollarischen Anrede mit »Herr Ministerpräsident« aus, während andere Aufsichtsratsmitglieder schlicht mit ihrem Namen angesprochen werden.

Wie kommen Sie eigentlich dazu, die Ministerpräsidenten als »Auszubildende« zu bezeichnen?

Vor ihrer Aufsichtsratstätigkeit bei Volkswagen hatte es keiner der Ministerpräsidenten je direkt mit einem Global Player in der Größe von Volkswagen zu tun. Als Ministerpräsidenten spielten die Herren durch ihre Mitgliedschaft im Aufsichtsrat von VW plötzlich in einer ganz neuen Liga, der Weltliga, in die sich selbst noch so kluge Politiker erst einmal einfinden müssen. Das haben die einzelnen Vertreter des Landes Niedersachsen auch mehr oder weniger schnell getan. Sie haben gelernt, wie ein Weltkonzern in dieser Dimension funktioniert. Sie müssen sich vergegenwärtigen, dass VW mit seinen Autos einen Umsatz erwirtschaftet, der um ein Vielfaches höher ist als der niedersächsische Landeshaushalt. Außerdem ist Volkswagen mit 340 000 Beschäftigten rund um den Erdball in anderen wirtschaftlichen und kulturellen Dimensionen zu Hause als ein Landespolitiker.

So wie Sie die Herren beschreiben, klingt das nach Provinzpolitikern. Was mussten sie denn genau lernen?

Wie Produkte entwickelt werden, wie angewandte Forschung funktioniert, wie Investitionen und Investitionsprozesse gesteuert werden, wie die internationalen Finanz- und Währungsströme das Unternehmen und seine Politik tangieren und auch beeinflussen und nicht zuletzt, aufgrund welcher Faktoren Standortentscheidungen getroffen werden. Sie konnten lernen, wie die wirtschaftlichen Rahmenbedingungen der Länder, in denen wir aktiv waren, auf die Unternehmensstrategie zurückwirkten.

Haben Sie denn auch begriffen, wie viel attraktiver andere Standorte als Deutschland sein können?

Aber ja, und das sehr genau. Sie haben gesehen, wie im Vorstand Standortvor- und -nachteile gegeneinander abgewogen wurden. Sie haben mitbekommen, welches Land den Standard gesetzt hat. Und welche Volkswirtschaft. Sie haben dann erkennen können, aufgrund welcher Standortbedingungen ein Land für einen internationalen Konzern die Standards setzt.

Ihr großer Freund und Unterstützer im Aufsichtsrat war Gerhard Schröder – ganz im Gegensatz zu dem heutigen Ministerpräsidenten Niedersachsens, Christian Wulff ...

Schröder hat die Zusammenhänge, in denen ein Weltkonzern agiert, blitzschnell erfasst. Vor allem aber hatte er sehr schnell begriffen, wer welche Position im Aufsichtsrat und im Vorstand vertrat. Er hatte ein faszinierendes Gespür für die Machtverhältnisse ...

... weil Schröder ein Machtmensch ist. Wie hat er reagiert, wenn es um Standortentscheidungen ging?

Er steckte – wie alle Ministerpräsidenten – in einem Dilemma. Auf der einen Seite musste er ganz im Sinne des Unternehmens denken und entscheiden. Andererseits hatte er auch die Verpflichtung, das Bundesland mit seinen ureigensten Interessen im Aufsichtsrat zu vertreten. Schröder ist dieser Doppelrolle gut gerecht geworden. Als Aufsichtsrat sah er die Unternehmensinteressen und wusste, dass er sie wahren musste. Aber natürlich hat er auch darauf geachtet, dass Niedersachsen davon profitieren konnte. Er legte zum Beispiel sehr viel Wert darauf, dass vor allem in Beschaffungsfragen an die niedersächsische Industrie gedacht wurde. Er dachte in diesem Zusammenhang viel darüber nach, unter welchen Voraussetzungen sich neue Unternehmen in Niedersachsen ansiedeln würden. Die lokale Unternehmensentwicklung war ihm wichtig.

Haben Sie denn erlebt, dass er Standortentscheidungen nicht nur nach betriebswirtschaftlichen, sondern auch nach politischen Kriterien beurteilt hat?

Ein souveränes Aufsichtsratsmitglied zeichnet eben aus, dass es das Unternehmensinteresse und die weltweiten Realitäten respektiert. Gerhard Schröder hat das getan.

Der letzte Ministerpräsident, den Sie bei Volkswagen erlebten, war Christian Wulff. Bevor er in den Aufsichtsrat kam, hatten Sie ihm als Oppositionsführer im niedersächsischen Landtag – nolens volens – bereits eine herbe Niederlage beigebracht. Aus dem gelungenen Einstieg in die Vier-Tage-Woche Anfang 1994 konnte der damalige Ministerpräsident Schröder bei den Landtagswahlen Kapital schlagen. Wulff verlor die Wahlen und holte sich gegen Schröder eine blutige Nase.

Die Entscheidungen zur Vier-Tage-Woche fielen in der Tat im Vorfeld der Landtagswahlen. Gerhard Schröder saß damals im Aufsichtsrat von Volkswagen und hat unsere Ideen unterstützt. Auch er konnte kein Interesse daran haben, dass Tausende von VW-Mitarbeitern auf der Straße standen, schon gar nicht vor den Landtagswahlen. Natürlich wurden die Konzepte zur Personalanpassung mit dem damaligen Ministerpräsidenten und VW-Aufsichtsrats-

Weltkonzern VW – Besuch des chinesischen Staatspräsidenten Jiang Zemin am 12. April 2002 in Wolfsburg: Bernd Pischetsrieder, Robert Büchelhofer, Ferdinand Piëch und Ministerpräsident Sigmar Gabriel

168

Mit Jiang Zemin beim privaten Teil des Besuchs im Gästehaus von Volkswagen

mitglied Schröder diskutiert und entschieden. So hat die Vier-Tage-Woche den Ausgang der Landtagswahlen beeinflusst. Schröder hatte die positiven Wirkungen auf die Wählerstimmung in Niedersachsen erkannt und sich natürlich zunutze gemacht. Wulff hatte daraufhin das Nachsehen.

> *Wulff kam 2003 in den Aufsichtsrat, nachdem er im dritten Anlauf die Landtagswahlen für sich entschieden hatte. Auch er kam als Auszubildender. Hat er seine Lektion gut gelernt?*

Das Auftreten von Christian Wulff war von Anfang an mit einem erstaunlichen Selbstbewusstsein verbunden.

> *Wie hat er denn Ihre Personalpolitik begleitet?*

Eigentlich waren wir in dem Ziel vereint, möglichst viel Beschäftigung in Niedersachsen wettbewerbsfähig zu halten. Ich habe mich für Niedersachsen sehr engagiert. Bei Wulff fühlte ich mich mit diesem Engagement allein gelassen.

*Er hat Ihre vielen Projekte, wie zum Beispiel die Wolfsburg AG,
Ihrer Meinung nach nicht genügend gewürdigt.*

Mit der Wolfsburg AG könnten, bei entsprechendem Engagement
des Landes, noch viel mehr Arbeitsplätze geschaffen werden. Seinen Erfolg hatte dieses Unternehmen, als Wulff in den Aufsichtsrat
kam, längst bewiesen.

*Haben Sie eine Vermutung, warum das Land Sie plötzlich nicht
mehr unterstützte?*

Vermuten kann ich vieles. Aber vielleicht läge ich dann nicht
richtig.

*Wulff hat aus seiner Ablehnung Ihnen gegenüber keinen Hehl
gemacht. Er machte sich nicht die Mühe, Berichte zu dementie-
ren, in denen er Sie als »Spinne im Netz« oder als »Krake« be-
zeichnete. Das klingt nach einer eher persönlichen Angelegenheit. Wer konnte wen nicht leiden?*

Das müssen Sie den Ministerpräsidenten fragen.

Ich frage aber Sie.

Ich habe gegen keinen Politiker Vorbehalte gehabt. Es gab dafür
auch gar keinen Grund, denn gemeinsam konnte man viel erreichen.

*Sie haben es bis heute nicht verwunden, dass Wulff sich in der
VW-Affäre öffentlich mit den Worten gegen Sie gestellt hat, es
dürfe für niemanden einen »Persilschein« geben.*

Er hat sich mehrmals in den Medien gegen mich als aktives Vorstandsmitglied geäußert. So etwas tut man meines Erachtens nur,
wenn man ein Vorstandsmitglied loswerden will. Das Unternehmen kann er, wie ich meine, dabei nicht im Blick gehabt haben,
denn er hätte wissen müssen, dass eine öffentliche Auslassung eines
aktiven Aufsichtsratsmitglieds gegen ein aktives Vorstandsmitglied
immer zu Lasten des Unternehmens geht.

Für einen so ehrgeizigen Politiker wie Wulff mussten Sie ein ro-
tes Tuch sein. Zweimal ist er in Niedersachsen an Ihrem Freund
Schröder gescheitert. Als er dann nach seinem Wahlsieg ge-
gen Sigmar Gabriel 2003 im Aufsichtsrat von Volkswagen Platz
nahm, hatten Sie als Chef der viel beachteten Arbeitsmarkt-
kommission für seinen ehemaligen Rivalen und Bundeskanzler
Gerhard Schröder schon wieder Wahlkampfhilfe geleistet.

Ich habe meine Arbeit nie als Wahlkampfhilfe für Gerhard Schröder begriffen. Es ging immer um die Lösung eines Problems. Dass
er es verstanden hat, daraus politischen Nutzen zu ziehen, steht auf
einem anderen Blatt.

Dennoch: Sie standen für Wulff immer auf der falschen Seite.
Hinzu kamen Ihr Engagement für die Mitbestimmung, Ihre
Mitgliedschaft in der SPD und in der IG Metall. Für Wulff
mussten Sie ein klassisches Feindbild sein. Haben Sie nie daran
gedacht, dass er Sie aus all diesen Gründen loswerden wollte?

Vielleicht habe ich diese Konstellation zunächst so klar nicht gesehen oder unterschätzt. Ich habe mich nie in die Parteipolitik eingemischt, schon gar nicht auf Landesebene.

Und wann ist Ihnen klar geworden, dass Wulff anders zu Ihnen
stand als Gerhard Schröder?

Endgültig begriffen hatte ich es, als er im Zuge der Vorgänge bei
Volkswagen auf mein sofortiges Ausscheiden gedrungen hat. Er
konnte mich gar nicht schnell genug loswerden, weil er mich immer als Verantwortlichen sah. Nach meinem festen Eindruck hatte
er mich schon verurteilt, bevor es überhaupt zu Ermittlungen gekommen war.

Volkswagen hat jahrelang Politiker bezahlt, die aufgrund ihrer
politischen Mandate längst nicht mehr für den Konzern arbei-
teten. Gegen Ende Ihrer Amtszeit wurde daraus ein Skandal,
der Deutschland ein paar Wochen in Atem hielt. Warum haben
Sie mit dieser Praxis nicht aufgeräumt?

Es gab vor meiner Zeit eine Grundsatzentscheidung, dass Volkswagen-Mitarbeiter zur Ausübung politischer Mandate freigestellt werden.

Angeblich wurde diese Entscheidung auf dem kurzen Dienstweg getroffen, also ohne offiziellen Vorstandsbeschluss. Das hat Sie dann hinterher eingeholt. Dabei handelte es sich um zwei Landtags- und einen Bundestagsabgeordneten.

Ich wusste darüber im Einzelnen nicht Bescheid, bin aber immer davon ausgegangen, dass eine Gegenleistung für die Bezüge erfolgte. Früher wurden die Unternehmen noch dafür gelobt, dass sie Mitarbeiter unterstützten, sich politisch zu engagieren. Sie bekamen Beifall dafür, dass sie ihren Mitarbeitern den Einzug in die Parlamente ermöglichten, um eine gesunde Mischung der Volksvertreter herzustellen.

Wie hat der Vorstand dann reagiert?

Wir haben die Vereinbarung zur Freistellung aufgehoben und die Konsequenzen daraus gezogen. Die Unterstützung wurde eingestellt. Die Kriterien für Abgeordnetentätigkeiten und für die Unterstützung durch die Industrie haben sich radikal gewandelt.

Die Abgeordneten arbeiten ja nicht umsonst. Sie beziehen üppige Diäten. Sie aber empfinden es noch immer als unproblematisch, wenn ein VW-Mitarbeiter bei vollen Bezügen ins Parlament einzieht.

Nach wie vor halte ich es aus Sicht der Wirtschaft für wichtig, dass der Sachverstand eines Menschen, der aus der Wirtschaft kommt, in die politische Arbeit eingebracht wird.

Und dass ihn die Wirtschaft dafür bezahlt?

Bezahlen sollte sie ihn dafür nicht. Es reicht eine »Rückfahrkarte« in den Konzern, eine Zusage also, dass mit Ende der politischen Mandate die Rückkehr zum früheren Arbeitgeber möglich ist.

Alle Welt spricht vom »System VW«. Was verstehen Sie unter diesem Begriff?

Für mich gibt es diesen Begriff nicht. Gemeint ist damit die bisher dominierende Rolle der Mitbestimmung bei Volkswagen. Der Konzern hat die Mitbestimmung besonders stark fortentwickelt.

Der Begriff »System VW« bezeichnet gemeinhin etwas anderes. Er steht für Klüngel und Filz, für Kumpanei zwischen Vorstand, Betriebsrat und der Landespolitik.

Wenn Sie wollen, können Sie ein sehr konstruktives und kooperatives Verhältnis zwischen Vorstand, Gewerkschaften, Betriebsräten und Landespolitik zur Kumpanei erklären. Sie können die Vorgänge am Ende meiner Laufbahn als Indiz dafür nehmen, dass alles nur Kumpanei gewesen ist. Aber das sehe ich nicht so.

Lassen Sie es mich noch einmal anders formulieren: Das »System VW« meint eine unheilige Allianz aller Beteiligten, es ist ein System, in dem sich aufgrund der gegenseitigen Abhängigkeiten jeder mit einem weiteren Gefallen aus der Schuld des anderen stiehlt und am Ende seinen eigenen Nutzen maximiert. Betriebswirtschaftliche Logik spielt dabei eine untergeordnete Rolle.

Das vermeintliche »System VW«, das immer Vetternwirtschaft suggeriert, ist eigentlich ein Phantom. Das kann man schon allein an meiner so unterschiedlichen Beziehung zu Gerhard Schröder und Christian Wulff erkennen. Das jeweilige Verhältnis hat weder den Führungsstil noch die Organisationsform und schon gar nicht Entscheidungswege bei Volkswagen verändert. Die Rechte, die Informationspflichten, die Betriebsvereinbarungen sind dadurch nicht beeinflusst worden. An den Arbeitnehmerinteressen sieht man es auch: Sie sind aufgrund des Unternehmenserfolgs bedient worden. Auch die Mitbestimmung ist stets geblieben, was sie ist.

Die Unabhängigkeit und Machtposition des Betriebsrats bei Volkswagen geht weit über die Grenzen des Mitbestimmungsge-

setzes hinaus. Ist das auf Sie zurückzuführen, oder haben Sie das System schon so vorgefunden?

Die Rolle des Betriebsrats hat sich im Laufe der Jahre weiterentwickelt. Der Betriebsrat ist viel professioneller geworden, seine Arbeit hat an Qualität gewonnen. Er hat sich in den vergangenen Jahren zu einer Institution entwickelt, die von der Führungsebene auch fachlich ernst genommen wurde. Meine Kritiker haben immer von Filz und Kumpanei gesprochen. Die, die es positiv beurteilten, haben betont, dass das der Weg sei, den 344 000 Mitarbeitern das unternehmerische Denken beizubringen, das selbständige Verhalten und Beurteilen, was wiederum ihre Effizienz ungemein erhöht.

In welchem Ausmaß haben Sie das System bei Volkswagen denn ausgebaut?

Als ich kam, hatten die VW-Betriebsräte schon einen ganz anderen Besitzstand als etwa in der saarländischen Stahlindustrie. Sie waren allesamt freigestellt, was mich damals überraschte. Das bedeutet für einen Konzern auch hohe Kosten; weil sich VW wegen des immer schärfer werdenden Wettbewerbs diese Kosten aber auf Dauer immer weniger leisten konnte, blieben mir nur zwei Möglichkeiten: Entweder ich schaffte die Regelungen ab, oder – sofern das machtpolitisch nicht gehen oder gar nicht gewollt sein sollte – ich setzte die Betriebsräte für die Wertschöpfung ein.

Und wie?

Indem wir den Betriebsräten, die durch ihre Freistellung am Wertschöpfungsprozess des Unternehmens nicht teilnahmen, Funktionen übertrugen, die auch dem Unternehmen nützten – zum Beispiel die ganze innerbetriebliche Kommunikation oder Verantwortung in der Arbeitssicherheit, im Gesundheitswesen des Konzerns, in der Aus- und Weiterbildung.

Und wie stark hat sich die Zahl der Betriebsräte in Ihrer Amtszeit erhöht?

174

Überhaupt nicht, im Gegenteil, ihre Zahl ist geschrumpft. Das zu erreichen war ein mühsamer Prozess. Ich habe also nicht die Struktur oder den Besitzstand der Betriebsräte ausgebaut, sondern sie in ihrer Unabhängigkeit und Stellung bestätigt …

… woraufhin sich der Betriebsrat wie ein Staat im Staat entwickelt hat.

Keineswegs. Die Selbständigkeit wurde toleriert. Und es hat sich auch gerechnet. Das Projekt Auto 5000, zum Beispiel, hat der Gesamtbetriebsratsausschuss, das oberste Gremium des Betriebsrats, konstruktiv unterstützt. Wenn man das Betriebsratssystem richtig weiterentwickelt, kann man damit, wie gesagt, sogar Geld verdienen.

Wie viele Betriebsräte gibt es denn bei VW?

Die gesetzliche Grundlage für die Anzahl der Betriebsräte ist das Betriebsverfassungsgesetz. Daran hat sich auch VW zu halten. Eine besondere Besitzstandsregelung bei VW war, dass alle gewählten Betriebsräte freigestellt waren. In Deutschland gab es zu meiner Zeit 279 Betriebsräte und Mitarbeiter des Betriebsrats, also Referenten, wissenschaftliche Mitarbeiter und Sekretärinnen.

Wie war der Betriebsrat organisiert?

Der Betriebsrat hat eine Geschäftsführung, die die Betriebsratsarbeit organisiert. Dann gibt es den Gesamtbetriebsrat, der für das gesamte Unternehmen zuständig ist, weil es aus mehreren Werken und Niederlassungen besteht. Gesellschaften, die in eigenen Rechtsformen geführt werden, wie etwa Audi, haben eigene Betriebsräte. Audi hat zum Beispiel 90. In meiner Zeit gab es weltweit, alles in allem, 788 Betriebsräte für 344 000 Beschäftigte …

… die alle freigestellt sind?

Nein. Die Freistellung richtet sich nach der gesetzlichen Regelung des Landes.

An wen berichten denn die Betriebsräte?

An das jeweilige Betriebsratsgremium, das wiederum im europäischen Betriebsrat und im Weltkonzernbetriebsrat vertreten ist …

… mit dem mächtigen Klaus Volkert an der Spitze.

Volkert war der Präsident des Weltkonzernbetriebsrats und des europäischen Betriebsrats, des Konzernbetriebsrats, des Gesamtbetriebsratsausschusses und des Werkbetriebsrats in Wolfsburg. Das war aber auch so gewollt, um alles zu bündeln und die Macht zu konzentrieren.

Volkert hat damit eine enorme Karriere gemacht. Ohne Sie wäre das kaum möglich gewesen.

Wer Betriebsratsvorsitzender in einem Weltkonzern wird, muss gut sein. Denn auch diejenigen, die im Rahmen der Mitbestimmung aufsteigen, haben einen harten Selektionsprozess hinter sich. Die Mitarbeiter eines Konzerns wissen sehr genau, wer Führungsqualitäten besitzt und wer nicht. Volkert war bereits 1969 zu Volkswagen gestoßen. Er ist gelernter Schmied und hat seinerzeit als Mechaniker begonnen. Er war kein originäres Gewerkschaftsmitglied, wurde später dann aber Vertrauensmann der IG Metall. 1990 stieg er in den Aufsichtsrat auf. Wer das Zeug zu so einer Karriere hat, wäre auch ohne die Mitbestimmung und die IG Metall im Konzern sehr weit gekommen.

Wann wurde der Eurobetriebsrat gegründet?

Als ich kam, hatte sich der Eurobetriebsrat gerade formiert. Die logische Folge war die Gründung eines Weltbetriebsrats. Mit der zunehmenden Globalisierung und der stürmischen Entwicklung der Belegschaft von 240 000 auf mehr als 340 000 Mitarbeiter in meiner Zeit erschien das angemessen.

Hat das den Betriebsrat nicht zu einem riesigen Apparat aufgebläht?

176

Gründung des Weltbetriebsrats: Peter Hartz, Ferdinand Piëch und Klaus Volkert bei der Unterzeichnung in Barcelona 1999

Der Weltbetriebsrat setzte sich aus den Mandatsträgern des europäischen Betriebsrates zusammen und den zusätzlichen Mandaten aus den außereuropäischen Ländern. Die Funktionen wurden größtenteils in Personalunion wahrgenommen. Die Schaffung eines Euro- und eines Weltkonzernbetriebsrates ist im Übrigen die logische Folge der Globalisierung. Wenn Sie davon überzeugt sind, dass die Arbeitnehmer eines Weltkonzerns alle die gleichen Rechte haben, dann können Sie die deutschen Mitarbeiter nicht anders oder besser behandeln als die brasilianischen oder die polnischen. Sie alle müssen mit ihren Arbeitnehmerrechten gleichermaßen vertreten sein. Im Vorstand und Aufsichtsrat wurde ausführlich über die Rolle und die Aufgaben eines Weltbetriebsrats gesprochen. Heute haben auch andere große Konzerne ihre Arbeitnehmervertretung längst weltweit organisiert. Ob sie das dann immer Weltbetriebsrat nennen, weiß ich nicht.

Dann hätten Sie aber konsequenterweise auch einen weltweiten Tarifvertrag abschließen müssen. Das allerdings hätte die Gleichbehandlung ad absurdum geführt.

Überhaupt nicht. Den ersten Entwurf eines europäischen Tarifvertrags hatten wir bereits ausgearbeitet.

Damit ein slowakischer Arbeiter das Gleiche verdient wie ein deutscher?

Das Lohngefälle muss und kann man nicht aufgeben. Aber genau das war die Aufgabe eines europäischen Tarifvertrags. Wir mussten ein System entwickeln, das die unterschiedlichen Lohnhöhen berücksichtigt, denn es ist klar, dass die Menschen in Deutschland von slowakischen Löhnen nicht leben können.

Aber wofür braucht Volkswagen dann einen europäischen Tarifvertrag?

Aus Gründen der Transparenz – damit allen deutlich wird, dass wir kein Land schlechter oder besser behandeln. Und für die Ziele – damit allen Mitarbeitern in jedem Land klar wird, was sie, um innerhalb des Konzerns wettbewerbsfähig zu bleiben, leisten müssen, zum Beispiel hinsichtlich der Qualität. Wenn man ein Auto an einen Standort vergibt, dann müssen die Standortkosten vorher transparent sein.

An den teuren Haustarifvertrag aber trauten Sie sich nicht heran?

Dieser Tarifvertrag stammt noch aus der Wirtschaftswunderzeit. Der legendäre VW-Chef Heinrich Nordhoff hat seine Leute damals sehr gut bezahlt. Das wiederum ist dann in Tarifverträge gegossen worden, die nie gekündigt wurden. Der Haustarifvertrag war somit Besitzstand, der den VW-Mitarbeitern so einfach nicht zu nehmen ist. Also haben wir ihn eingefroren. Neue Mitarbeiter wurden nicht mehr nach diesem Vertrag eingestellt und bezahlt, sondern nach dem etwa 20 Prozent niedrigeren Flächentarifvertrag. Inzwischen fallen über 40 Prozent der Belegschaft nicht mehr unter diesen hauseigenen Tarifvertrag. Das haben wir über ein Dutzend von Tochtergesellschaften des Konzerns erreicht. Eine völlige Abschaffung dieses Haustarifvertrags war nämlich schlicht nicht durchsetzbar.

In einigen Jahren wird er kein Thema mehr sein. Das Geschrei der Volkswagen-Kritiker ist eigentlich unnötig. Der alte Haustarifvertrag ist längst erledigt, seine Aktualisierung eingeleitet.

Gab es im Vorstand keine Bedenken, dass der Betriebsrat womöglich zu stark werden könnte und der Vorstand damit zu einem gewissen Grad erpressbar?

Das mag in anderen Konzernen der Fall sein, bei Volkswagen hegte man derlei Bedenken nicht, denn durch einen Weltkonzernbetriebsrat entstand für die Arbeitnehmerseite ja auch Transparenz. Als Personalvorstand konnte ich mir damit viele glühende Plädoyers für die Wettbewerbsfähigkeit einzelner Standorte innerhalb des Konzerns ersparen, weil die Weltbetriebsräte sich gegenseitig über die Arbeitsbedingungen und die Kostensituation in Deutschland, der Slowakei, Südamerika oder etwa China austauschen konnten. Sie brauchten sich nur die Kostenliga anzuschauen. Der Sinn eines Weltkonzernbetriebsrats wurde nicht angezweifelt.

Wie oft sind Sie denn mit den Betriebsräten zusammengetroffen?

Es gibt eine Unzahl von Sitzungen – die Wirtschaftsausschusssitzungen, die Vorbereitung der Aufsichtsratssitzungen. Dazu kamen Budgetsitzungen, Symposien. In unterschiedlicher Besetzung begegnet man dem Betriebsrat bei Großunternehmen eigentlich permanent. Ferner hielt alle ein oder zwei Monate der Gesamtbetriebratsausschuss Sitzungen ab, also das Machtzentrum des Betriebsrats …

… oder auch die Reisegruppe der Arbeitnehmervertretung. Denn gereist ist ja immer der Gesamtbetriebsratsausschuss. Wie setzte sich der Gesamtbetriebsratsausschuss denn zusammen?

Er bestand und besteht aus den Betriebsratsvorsitzenden der deutschen Standorte und dem wissenschaftlichen Kopf dazu. Insgesamt handelte es sich um neun Personen. Die Betriebsratsvorsitzenden aus anderen Ländern saßen im europäischen Betriebsrat oder im Weltkonzernbetriebsrat. Sie gehörten allerdings nicht zum eigentlichen Machtzentrum der Arbeitnehmervertretung.

Was hatten die Betriebsräte von VW über Wolfsburg hinaus für einen Ruf?

Sie waren bei den Betriebsräten anderer Konzerne und Unternehmen nicht nur beliebt. Bei Volkwagen agierten sie in so guten Verhältnissen, dass sie anderswo dafür auch kritisiert oder beneidet wurden.

Sie sagen immer, Sie können die Mitbestimmung wertschöpfend einsetzen. Erklären Sie das mal mit Blick auf die IG-Metall-Funktionäre Zwickel oder Peters, die im VW-Aufsichtsrat saßen und sitzen.

Genau dort leisten sie einen konkreten Beitrag für das Unternehmen. Sie sind Mitglied des Präsidiums des Aufsichtsrats, seiner Ausschüsse und im Aufsichtsrat selbst.

Wie stark hat sich die Gewerkschaft bei VW eingemischt?

Sehr stark natürlich. Der IG-Metall-Vorsitzende ist Mitglied des Aufsichtsrates. Dazu kommt: Mehr als 90 Prozent der Belegschaft sind IG-Metall-Mitglieder. Die IG Metall ist über vieles informiert – auch durch das weltweite Frühwarnsystem des Konzerns für die einzelnen Gesellschaften, für Konjunktur- und Marktentwicklungen.

Wie haben Sie die Gewerkschafter über all die Jahre erlebt?

Ihrer Rolle entsprechend. Sie müssen die Interessen ihrer Mitglieder vertreten.

Ohne Rücksicht auf die Lage des Konzerns?

Keineswegs. Auch für sie gilt: Die Personalkosten in Deutschland sind hoch. Der Automarkt ist ein Käufermarkt geworden. Der Kunde gibt vor, wie viel Geld VW mit dem einen oder anderen

Auto erzielen kann. Danach muss sich alles richten. Die Personalkosten hierzulande sind das Ergebnis von Leistungen. Wenn sich diese Leistungen am Markt nicht mehr so verkaufen lassen, dann müssen die Preise dafür korrigiert oder mit neuen Ansätzen versehen werden.

Im Klartext: Die Löhne müssen runter.

Das Gesetz des Marktes haben die Gewerkschafter auch verstanden. Ich glaube, sie werden in den nächsten Jahren immer mehr dazu übergehen, eine Ergebnisbeteiligung der Belegschaft bei stabilen Grundlöhnen zu akzeptieren. Die Grundlöhne müssen niedriger angesetzt werden, damit die Kalkulation des Autos so günstig ist, dass es in Deutschland weiterhin produziert werden kann. Auf der anderen Seite weiß jeder, dass es bei stagnierenden Löhnen in Deutschland immer schwieriger wird, eine Familie zu ernähren; deshalb die Gewinnbeteiligung in dem Fall, dass etwas verdient wird. Das war übrigens einer der Lösungsansätze für die Mehrarbeit, die die Arbeitnehmer mit der Erhöhung der Wochenarbeitszeit von 28,8 auf 33 oder 34 Stunden zunächst ohne Erhöhung der Grundlöhne in Kauf nahmen.

Wie haben sich denn die Gewerkschafter darauf eingelassen?

Gewerkschafter wollen eigentlich immer eine nachrechenbare Erhöhung der Tariflöhne erreichen, eine feste Größe also. Die Flexibilität im Ergebnis ist für sie gewöhnungsbedürftig.

Herr Hartz, sehen wir es einmal positiv: Sie haben aus der Not eine Tugend gemacht und vielleicht aus Ihrer Sicht aus der Mitbestimmung das Beste herausgeholt – einen kooperativen Betriebsrat. Aber besser wäre es doch, es gäbe überhaupt keine Betriebsräte.

Wenn es sie nicht gäbe, müssten wir sie heute erfinden. Wie sonst sollte der Arbeitgeber mit seiner Belegschaft sinnvoll kommunizieren und Vereinbarungen treffen? Die Betriebsräte von heute beurteilen die Arbeit des Vorstands und setzen dessen Vorgaben damit durch. Gäbe es die Betriebsräte nicht und würden die Vorgaben einfach nur verordnet, wären die Widerstände in der Belegschaft noch viel größer. Die Mitbestimmung ist sehr effizient nutzbar, denn die Betriebsräte haben die größte Multiplikatorenwirkung.

Man kann Ihre Art des Umgangs mit den Betriebsräten oder Ihr Verständnis von Mitbestimmung aber auch ganz anders sehen. Sie haben die Betriebsräte in ihrer Rolle ausgehebelt. Sie haben sie zu Kommunikatoren für die Unternehmensstrategie des Vorstands gemacht. Und dann haben Sie die Betriebsräte auch noch sehr gut bezahlt.

Ich habe sie sicher nicht ausgehebelt. Die Verhandlungen über viele unserer Innovationen waren immer hart und mühsam. Daran habe ich mich aufgerieben. Die Mitbestimmung in großen Konzernen nimmt heute Einfluss auf Investitionsentscheidungen in Milliardenhöhe. Das ist jedes Mal ein hartes Ringen. Sie sorgt dafür, dass diese Entscheidungen – zum Beispiel Investitionsentscheidungen in einem anderen Land – letztlich von der gesamten Belegschaft mitgetragen werden.

Haben Sie Ihren Vorstandskollegen mal erklärt, in welche Richtung Sie die Mitbestimmung bei Volkswagen getrieben haben?

Sie haben die Entwicklung an einzelnen Projekten verfolgt. Bei der Vier-Tage-Woche etwa oder der Auto 5000 GmbH.

Aber der Vorstand muss sich doch einmal explizit für das System interessiert haben, das Sie dort entwickelten?

Er hat die Konzepte akzeptiert. Er kannte die Ergebnisse und Vorteile für das Unternehmen …

… und er wusste, wie praktisch es für ihn war, dass unter Hartz alles funktionierte, der Betriebsrat wenig Probleme machte. Wie Sie das genau erreicht haben, wollte wahrscheinlich keiner wirklich wissen.

Ich habe immer gesagt, dass ein Betriebsrat nur dann eine konstruktive Wirkung entfaltet, wenn der Vorstand mit ihm auf Augenhöhe spricht, ihn ernst nimmt und der Betriebsrat auch überzeugt ist, dass er ernst genommen wird …

… wofür er wie eine Topführungskraft bezahlt werden musste.

Warum sollte ein Betriebsrat, der die Rechte von 344 000 Arbeitnehmern vertritt, nicht gut bezahlt werden?

Gab es ein oder mehrere Projekte, die am Widerstand des Betriebsrats gescheitert sind, oder hat er letztlich alles durchgewunken?

Durchgewunken wurde gar nichts. Es gab zahlreiche Projekte, deren Realisierungen sich lange hingezogen haben. Zum Beispiel Auto 5000 – Sie können sich gar nicht vorstellen, wie lange der Überzeugungsprozess gedauert hat. Die Auto 5000 GmbH mit ihrem Programmentgelt, also der Bezahlung nach Leistung und nicht mehr nach Zeit, ist für alle Werke konzipiert worden. In der Touran-Produktion sollten neue Produktionsabläufe und eine neue Art der Bezahlung getestet werden, um beides im Erfolgsfall auf den gesamten Konzern zu übertragen. Derzeit können Sie beobachten, wie mühsam es ist, eine leistungsorientierte Bezahlung auf andere Werke zu übertragen. Dabei ist das meiner Ansicht nach der Schlüssel für die Wettbewerbsfähigkeit der Industriearbeitsplätze in Deutschland. Sie erkennen daran, dass der Betriebsrat durchaus eine eigene Meinung zu den Dingen hat.

Wer stand Ihren Innovationen mehr im Weg: die Betriebsräte oder die IG Metall?

Die IG Metall ist sicher noch ein ganzes Stück ideologischer. Ich habe dieses Beispiel auch nur erwähnt, um zu zeigen, dass nicht alles einfach abgenickt wurde. Jedes einzelne Vorhaben oder Innovationsprojekt mussten wir dem Betriebsrat in zähen und zum Teil aufreibenden Verhandlungen abringen, auch wenn es im Kern immer um die Beschäftigungssicherung und die Beschäftigungsfähigkeit der Arbeitnehmer in Deutschland gegangen ist. Jede einzelne Baustelle hat unendlich viel Energie gekostet.

Haben Sie bei VW nicht die Quadratur des Kreises versucht, nämlich Wettbewerbsfähigkeit und Beschäftigung gleichzeitig zu sichern?

Das A und O in unserem Wirtschaftssystem ist der Gewinn. Ohne Gewinne kann man Beschäftigung nicht sichern, denn Beschäftigungssicherung kostet viel Geld. Die Menschen müssen unaufhörlich weitergebildet werden; sonst ist Beschäftigung hierzulande zu wettbewerbsfähigen Bedingungen nicht zu sichern und wandert in andere Länder.

Sie wollten partout beweisen, dass sich im Hochlohnland Deutschland beides vereinbaren lässt. Für Ihren Erfolg brauchten Sie allerdings die Arbeitnehmerseite. Wie abhängig wurden Sie dadurch von den Betriebsräten?

Ich musste die Betriebsräte immer überzeugen.

Das wusste wahrscheinlich auch Volkert. Sind Sie dadurch erpressbar geworden?

Nein, die VW-Betriebsräte wollten stets die modernsten in Europa sein, insofern waren sie vielen Innovationen gegenüber auch sehr aufgeschlossen.

In fast jeder Ihrer Reden, in vielen anderen Ausführungen und auch hier im Gespräch taucht immer wieder das Wort »Konsens« auf. Sie haben versucht, alles im Konsens zu regeln. Warum?

Wenn man einen Vertrag machen will, braucht man immer zwei Seiten. Ob das der Kauf oder Verkauf ist, eine betriebliche Innovation oder sonst etwas. Aus meiner Sicht ist der Konsens der Vater des Erfolges. Ohne ihn geht es nicht.

Bei der Unterzeichnung der »Erklärung zu den sozialen Rechten und den industriellen Beziehungen bei Volkswagen« im Juni 2002 in Bratislava: Bernd Pischetsrieder, Peter Hartz, Klaus Zwickel, Hans-Jürgen Uhl und Klaus Volkert

> *Hat Ihr Streben nach Konsens womöglich Ihre Erpressbarkeit erhöht? Sie wollten alles im Konsens erreichen und haben dafür den Betriebsräten anderweitig Wünsche erfüllt. Nichts sollte das Einvernehmen zwischen Ihnen und Volkert gefährden.*

Überhaupt nicht. Der Betriebsrat wusste immer genau, wie es um das Unternehmen bestellt ist. Ich musste mir also weder das Wohlwollen der Betriebsräte erkaufen, noch war ich irgendwie erpressbar.

> *Sie sagen, man müsse die Spitze der Betriebsräte wie Manager bezahlen ...*

... und das habe ich auch getan. Aus meiner Logik heraus ergibt das Sinn. Ich sehe in den Betriebsräten eine Art Co-Management, einen Sparringspartner, mit dem der Vorstand auf Augenhöhe kommuniziert und der durchaus an der Wertschöpfung innerhalb des Konzerns teilhat. Das habe ich Ihnen bereits hinreichend erklärt.

Muss man den Betriebsräten denn auch Boni zahlen?

Die Betriebsräte waren, wie andere Mitarbeiter auch, eingebunden in die normale Entgeltfindung der Gesamtbelegschaft. Der Gesetzgeber wiederum hat festgelegt, dass sich die Gehälter der Betriebsräte analog dazu entwickeln müssen, wie sie sich entwickelt hätten, wenn der Mitarbeiter kein Betriebsrat geworden wäre, sondern anders im Konzern Karriere gemacht hätte. Logischerweise nehmen die Betriebsräte deshalb auch am Bonusprogramm teil und erhalten die normalen Gehaltserhöhungen.

Haben die Betriebsräte allesamt überproportional hohe Boni bekommen?

Volkswagen hat seine Betriebsräte immer gut bezahlt.

Und den Betriebsratsvorsitzenden besonders. Die Gehälter der Betriebsratsvorsitzenden sind in allen Unternehmen ein großes Geheimnis. Klaus Volkert soll am Ende auf 500 000 Euro jährlich gekommen sein. Hätte ein so mächtiger Betriebsrat wie Volkert eigentlich Ihre temporären Erfolge bei Volkswagen verhindern können?

Was heißt hier temporäre Erfolge? Klaus Volkert hat im Umgang mit dem Topmanagement enorm schnell begriffen, worum es ging. Er hat alles, was ich ihm erzählt habe, immer noch einmal prüfen lassen. Ich erinnere mich noch genau an unsere Gespräche bei der Einführung der Vier-Tage-Woche. Stundenlang habe ich mich mit ihm unterhalten. Schon damals war mir klar, dass ich ihn unbedingt überzeugen musste. Er hatte seine Leute im Griff. Zwar war er etwas autoritär, aber er konnte die Menschen sehr gut mitnehmen.

Wenn Volkert Ihre Erfolge bei VW hätte verhindern können, dann ist es doch nur nachvollziehbar, dass man Ihnen die exzellente Behandlung der Betriebsräte und die außerordentlich hohe Bezahlung des Betriebsratsvorsitzenden als Begünstigung oder sogar Bestechung auslegen kann.

Wenn ich weiß, was ein Betriebsrat leistet, kann ich ihn auch gut bezahlen. Das entspricht der Logik meines Verständnisses von guter Betriebsratsarbeit.

Aber Herr Hartz, der Betriebsratsvorsitzende sitzt im Aufsichtsrat; er ist auch Mitglied des Präsidiums, also des eigentlichen Machtzentrums des Aufsichtsrats, das wiederum über Vorstandsverträge und -gehälter sowie über die Besetzung des Arbeitsdirektors entscheidet. Stehen Sie nicht schon von vornherein in seiner Schuld?

Nein, das hängt mit der Struktur und dem Charakter des Einzelnen zusammen. Wer als Personalchef und Arbeitsdirektor kein Rückgrat hat oder keine Zivilcourage, der läuft Gefahr, beeinflusst zu werden. Aber in meinem Verständnis hat ein Arbeitsdirektor einen sehr klaren Auftrag. Er muss das Unternehmen erfolgreich führen, den Eigentümern die Rendite bringen und gut für die ihm anvertrauten Leute sorgen.

Sie meinen, Sie seien schon von Ihrer Persönlichkeitsstruktur her nicht unter Druck zu setzen?

Ich schon mal gar nicht.

Was hatten Sie bei VW noch vor, bevor Sie regulär in den Ruhestand gewechselt wären?

Ich wusste, was VW in den nächsten Jahren bevorstand. Schon 2004 war klar, dass die Personalkosten noch einmal um 30 Prozent würden sinken müssen, also um etwa drei Milliarden Euro. Nicht auf einen Schlag, aber bis 2011. Der Abbau der Kosten sollte sich in mehreren Runden vollziehen. Das Konzept dafür habe ich noch mit konzipiert, aber nur noch die erste Phase eingeleitet. Der erste Schritt war das neue Vergütungssystem für neue Beschäftigte von Januar 2005 an. Das war notwendig geworden, weil wir den sehr hohen Haustarifvertrag nicht einfach abschaffen konnten. Also mussten wir ihn einfrieren. Dieses neue System sollte auf dem normalen Flächentarifvertrag basieren. Dazu haben wir eine demografische Arbeitszeit eingeführt, denn es war schon damals klar, dass 28,8 Stunden Arbeitszeit auf Dauer nicht ausreichten. Für jeden Mitarbeiter wurde dann ein Flexibilitätskonto eingerichtet mit 400 Stunden pro Jahr zusätzlich zur 28,8-Stunden-Woche ohne Lohnzuschläge. Das waren alles die Vorbereitungen für den in der zweiten Phase erforderlichen Abschluss, der die Arbeitszeit bis auf 34 Stunden erhöhen sollte. Hinzu kamen bei diesen Verhandlungen auch noch eine Nullrunde, ein Bonussystem und ein Arbeitszeitkonto mit den 400 Stunden pro Jahr.

Das war die erste Runde, die zu harten Tarifverhandlungen im Herbst 2004 führte. Dabei haben Sie sich dann aber eine Beschäftigungsgarantie bis 2011 abringen lassen. Über diese Ihre Hinterlassenschaft wurde hinreichend geklagt.

Für mich hat eine langfristige Arbeitsplatzgarantie immer nur eine psychologische Bedeutung. In meiner Zeit habe ich so oder so keinen einzigen Mitarbeiter betriebsbedingt entlassen. Kapazitätsanpassungen habe ich immer auf andere Weise geregelt. Da gab und gibt es viele Wege. Nur wem nichts einfällt, der setzt Tausende von Leuten auf die Straße. Nur Manager, die keine Ideen haben, müssen Leute entlassen und, wie es einmal so treffend hieß, »der Bundesagentur für Arbeit vor die Tür kippen«.

Für Sie war also diese Beschäftigungsgarantie kein Fehler?

Überhaupt nicht. Erstens braucht man nur einen Blick ins Arbeitsrecht zu werfen, die Kündigungsfristen zu bedenken und die Möglichkeiten, die einem die Sozialauswahl lässt, dann weiß man schon, dass Massenentlassungen weltfremd sind. Außerdem passt das nicht zur Unternehmenskultur von Volkswagen. Und politisch ist es schon gar nicht möglich.

Wie sollte denn die zweite Runde aussehen?

Die zweite große Rate auf dem Weg zu den 30 Prozent Personalkosteneinsparung sollte aus der Erhöhung der regelmäßigen Wochenarbeitszeit ohne Lohnausgleich über einen Arbeitszeitkorridor von 25 bis 35 Stunden kommen. Das wurde im Herbst 2005 umgesetzt. Allerdings vereinbarten die Tarifpartner auch einen Abbau von Arbeitsplätzen mit den üblichen personalpolitischen Instrumenten wie Abfindungen.

Haben Sie damals auch schon die im Herbst 2006 vereinbarte Gewinnbeteiligung konzipiert?

Aber ja. Die Ergebnisbeteiligung ist der ausformbare Entgeltbestandteil, über den man den Menschen temporäre Lohn- und Gehaltseinbußen zumuten kann. Diesen Ansatz hatten wir schon bei der Auto 5000 GmbH gewählt.

Und die dritte Runde?

Die hätten wir erreicht, wenn wir das Produktionsmodell von Auto 5000 in allen Werken eingeführt hätten. Dabei ist allerdings nicht nur das Programmentgelt, also die Bezahlung nach Leistung, gefragt, sondern auch die anderen Innovationen im Produktions- und Vertriebsprozess. Mit diesem Konzept könnten alle Standorte modernisiert werden. Das allerdings sind meine persönlichen Vorstellungen, die weder abgestimmt noch akzeptiert waren. Als ich ausgezogen bin, die 30 Prozent Personalkosten einzusparen, wusste ich, dass es ohne eine einzige Entlassung möglich und für die Belegschaft auch zumutbar ist. Wenn es nach mir gegangen wäre, hätte ich das am liebsten noch vor meiner Pensionierung in die Wege geleitet.

Hätten Sie sich damit nicht wieder um die offenbar dringend notwendigen Personalkürzungen herumlaviert?

Ich muss mich doch nicht dafür schämen, wenn ich möglichst lange versuche, der Belegschaft den Job zu erhalten und dazu, wenn es irgend geht, ein hohes Einkommen. Dabei haben wir als Erstes immer die Interessen der Anteilseigner bedient. Schauen Sie sich die Entwicklung der Dividende an. Volkswagen befindet oder befand sich als Unternehmen ja nicht in einer Krise. Einzelne Standorte verdienen kein Geld, aber sie sind doch in ihrer Substanz nicht marode. Dieses Geschrei, dass sich Volkswagen in einer existenziellen Krise befinde, war vollkommen übertrieben.

Das sehen viele anders.

Natürlich gibt es Handlungsbedarf. Aber das ist in jedem Unternehmen der Fall, und zwar permanent. Es gibt in großen Konzernen kein Ende der Restrukturierung, weil sich die Märkte und Produkte dauernd verändern. Eines müssen Sie mir erklären: Die einen kritisieren mich dafür, dass ich zu lange an zu vielen Beschäftigten festgehalten habe und die Belegschaft zu gut bezahle. Sie machen daraus den Vorwurf, ich hätte ein fatales Erbe, also eine Art Sanierungsfall hinterlassen. Die anderen wiederum ziehen gegen mich zu Felde, weil ich angeblich den Betriebsrat gekauft hätte, um den Arbeitnehmern alle möglichen Rechte abzuringen und sie schlechter zu stellen. Was denn nun?

Herr Hartz, auch Sie sind als Manager nicht ohne Fehler …

Leider nicht. Aber wer ist das schon?

Ich nenne Ihnen jetzt die Managementfehler, die Ihnen unabhängig von Ihrem jähen Ende als Konzernvorstand vorgehalten werden. Über die anderen sprechen wir später noch.

Bitte.

Die Konkurrenz produziert heute nicht nur schneller, sondern auch 20 Prozent kostengünstiger. Ist das nicht auch Ihre Schuld?

Nein.

Warum nicht?

Wer über fünf Millionen Autos im Jahr baut, der kann wohl keine schlechten Produkte oder Autos bauen. Natürlich hat VW ein Kostenproblem. Der Respekt gilt dem Wettbewerber, der kostengünstiger ist, aber was Design und Ausstattung angeht, da setzen sich eben doch über fünf Millionen Käufer im Jahr lieber in einen Volkswagen …

… oder noch lieber in einen Toyota. Noch einmal: Sind Ihre Personalmodelle zukunftstauglich? Wäre nicht ein handfester Konflikt mitunter besser gewesen als die immer neuen Erfindungen, um die Leute möglichst lange zu halten?

Die Frage ist, welchen Zielen man verpflichtet ist. Wenn man Wettbewerbsfähigkeit und den Erhalt der Arbeitsplätze gleich gewichtet, was wir immer getan haben, dann muss man zusehen, wie man die Jobs erhält.

Kann es nicht sein, dass diese beiden Ziele nicht kompatibel sind?

Vielleicht nicht überzeugungsfähig. Es ist einfacher, Leute zu entlassen. Aber so einfach wollte ich es mir nicht machen.

Analysten applaudieren bei jeder Entlassungswelle. Ließ Sie das nicht mitunter an Ihren Zielen zweifeln?

Diese Analysten werden ihre Kinder dann wohl anderswo als bei VW unterbringen müssen.

Haben Sie zu sehr auf Konsens gesetzt?

Was kann denn ein Chef in einem großen Unternehmen allein bewirken? Gar nichts. Er kann trüb aus dem Fenster schauen. Man muss etwas streitig verhandeln können. Am Ende steht dann immer ein Konsens.

Hat Ihr unbedingter Wille zum Konsens Sie nicht in eine unselige Abhängigkeit vom Betriebsrat gebracht?

Nein, das nicht. Ich war immer bestrebt, für meine Vorstellungen Mitstreiter zu finden. So müssen Sie mein Streben nach Konsens verstehen. Ich konnte ja mit meinen Ideen nicht ganze Mannschaften abhängen. Denn erst über die Kommunikation durch Multiplikatoren können in einem so riesigen Konzern wie VW Wirkungen erzielt werden.

Regionalverantwortung für Südamerika und Südafrika, Personalkosteneinsparungen in Milliardenhöhe, politisches Engagement. Haben Sie sich verzettelt?

Nicht verzettelt, aber ich habe mich sicherlich übernommen, vor allem in meinen späteren Jahren bei VW; weil meine biologische Uhr tickte, meine Zeit bei VW sich dem Ende zuneigte, wollte ich einige Dinge unumkehrbar machen.

Haben Sie zu viel von Vertrauen und zu wenig von Kontrolle geredet?

So wie es jetzt aussieht, habe ich die Vertrauenskultur am Ende wohl immer häufiger mit Vertrauensseligkeit verwechselt. Ich war sicher zu vertrauensselig. Oder anders: Die von mir hochgehaltene Vertrauenskultur hat manches Mal zu Vertrauensseligkeit geführt.

Haben Sie bei VW Jobs gerettet oder ihr Verschwinden nur allzu lange hinausgezögert?

Eindeutig gerettet.

1993 hatte der Konzern 30 000 Arbeitsplätze zu viel. Die haben Sie bei Ihrem Einstieg mit der Vier-Tage-Woche gerettet. 2004 hat der Konzern immer noch 30 000 Arbeitsplätze zu viel.

Die Menschen haben 1993 durch die verringerte Arbeitszeit erhebliche Einkommenseinbußen hinnehmen müssen. Als Ferdinand Piëch ausschied, wies der Konzern Gewinne in Milliardenhöhe aus. Aber wie in jeder anderen Industrie lassen sich auch in der Automobilindustrie Produktivitätsfortschritte nicht aufhalten. Jede Zeit hat ihre Ideen und bringt neue Anforderungen. Jetzt muss sich der

Vorstand wieder etwas einfallen lassen, um im internationalen Produktivitätswettbewerb mitzuhalten. Und in zehn Jahren werden die Autos wieder anders gebaut. Technologische Innovationen werden ganz neue Abläufe mit sich bringen.

Die Ära Hartz hat also kein Personalproblem hinterlassen?

Nein, denn ich habe auch die Lösungen hinterlassen. Nur war es mir leider nicht vergönnt, diese noch umzusetzen. Ich habe – genau wie damals bei López – auch zu dem damaligen Markenchef gesagt, er solle alles machen, was er machen müsse, Produkte entwickeln, Prozesse verändern, die Wettbewerbsfähigkeit herstellen. Um die notwendigen Personalanpassungen, also die Folgen davon, würde ich mich genauso professionell und innovativ kümmern wie Anfang der neunziger Jahre.

Und noch etwas: Die Tatsache, dass wir vor dreizehn Jahren die Menschen nicht entlassen haben, hat mit den Kapazitätsproblemen von heute nichts zu tun. Das sind Folgen des Produktivitätsfortschritts der letzten Jahre. Damals produzierte VW drei Millionen Autos, heute sind es über fünf Millionen. Könnten stattdessen 6,5 Millionen Autos verkauft werden, wäre die Kapazität heute ausgeschöpft. Schauen Sie sich die anderen großen deutschen Konzerne an. Auch sie haben ihren Handlungsbedarf erkannt und verkündet, was sie machen wollen. Arbeitsplätze werden weiter abgebaut. Das an sich kann man nicht kritisieren. Nur wie es gemacht wird, ist die Frage. Die großen Manager sollten sich überlegen, wie sie zusätzliche Arbeitsplätze – sei es in ihrer Branche oder in einer anderen – schaffen können, anstatt die Menschen mit dem üblichen personalpolitischen Instrumentarium in den Arbeitsmarkt zu drücken.

Sie werden versuchen, viele Leute mit Abfindungen aus dem Konzern zu drängen …

… was für ein Unternehmen nicht immer vorteilhaft ist. Dann gehen die besten Leute, also die, die sicher sein können, andernorts unterzukommen. Sie nehmen die Abfindung mit und verbessern sich womöglich danach noch. Es laufen die weg, die so gut sind, dass sie am Markt noch Chancen haben. Die anderen bleiben einem Konzern indes erhalten, weil sie sich gar nicht erst trauen, auf das Abfindungsangebot einzugehen. Wer Kapazitätsanpassungen über Abfindungen löst, riskiert den Exodus der besten Talente.

Es gibt auch noch andere Methoden – Altersteilzeit zum Beispiel.

Die Rasenmähermethode der Altersteilzeit kann ein ebenso untaugliches Instrument sein. Die Qualität eines Mitarbeiters, seine Leistungsfähigkeit richtet sich doch nicht ausschließlich nach dem Lebensalter. Viele von denen, die dann über die Altersteilzeit aus Unternehmen ausscheiden, werden im Grunde noch gebraucht. Da muss man selektiv vorgehen. Ein 63-Jähriger kann ein exzellenter Werkzeugmacher sein, ein 45-Jähriger dagegen ein Weiterbildungsproblem haben. Das Alter sagt überhaupt nichts aus.

1993 hat der Vorstand angesichts der massiven Einsparungen bei den Personalkosten selbst auf 20 Prozent des Gehalts verzichtet. War das während Ihrer Amtszeit das einzige Mal?

Dieser Verzicht hat jahrelang angehalten. Danach gab es eine sehr zurückhaltende Politik, die Gehälter anzuheben. Bei VW ist bei den Vorstandsgehältern ein besonders hoher Anteil ergebnisabhängig. Ich bin der Meinung, mit der Erhöhung der Vorstandsgehälter wurde maßvoll umgegangen.

Haben Sie mal Bilanz über Ihre Zeit bei Volkswagen gezogen?

Ich habe einiges angestoßen und sicher einige neue Ansätze zur Personalführung und -entwicklung in den Konzern getragen. Wir haben hier nur exemplarisch über die Auto 5000 GmbH gesprochen. Manche meiner Ideen sind nicht umgesetzt worden, vieles ist gängige Praxis. Nicht alles war ein Erfolg. Manche Fragen habe ich mir nicht mehr beantworten können.

Zum Beispiel?

Zum Beispiel die Frage, was nach der Teamarbeit kommt.

Wieso danach? Haben Sie die Teamarbeit abgeschrieben?

Die Teamarbeit, die wir uns heute nicht mehr wegdenken können, hat es auch nicht immer gegeben. Sie wurde zum Schlüssel des wirtschaftlichen Erfolges der vergangenen 15 Jahre. Aber es wird ein Zeitpunkt kommen, da Arbeitsabläufe wieder ganz neu organisiert werden müssen. Die Veränderungen unserer Gesellschaft und die Veränderung der Lebensumstände des Einzelnen beeinflussen menschliches Verhalten. So muss der Einzelne nicht unbedingt im Team effizient bleiben. Die Teamarbeit wird sich weiterentwickeln, und darauf sollten sich die Konzerne vorbereiten. Eine andere Frage, die mich immer wieder beschäftigt, ist die nach der optimalen Größe einer Unternehmenseinheit, in der man die menschlichen Fähigkeiten bestmöglich einsetzen kann.

Also sind bei VW die einzelnen Einheiten eigentlich zu groß?

Sie haben womöglich schon die erste richtige Schlussfolgerung gezogen.

Herr Hartz, was wird von Ihren Ideen bleiben, was wird verschwinden?

Das werden andere beurteilen müssen.

Was haben Sie nach all den Jahren bei Volkswagen hinterlassen?

Ich habe ein funktionsfähiges Unternehmen hinterlassen, in dem die Ressource Mensch gut aufgestellt ist. Ich glaube, dass ich Beispiele gebracht und Methoden entwickelt habe, um die Personalprobleme von heute und morgen zu lösen, ohne dass sie der Allgemeinheit zur Last fallen.

Sie meinen, ohne dass der Konzern in großem Stil Mitarbeiter entlassen muss, wenn es heißt, die Personalkosten müssten um 30 Prozent gesenkt werden?

Genau. Und vor allem, ohne dass die Personalprobleme den Konzern in seiner Handlungsfähigkeit lähmen. Ich bin zutiefst davon überzeugt, dass der Instrumentenkasten, den ich hinterlassen habe, funktioniert. Man muss ihn nur benutzen …

… was sehr mühsam ist …

… was wirklich mühsam ist und was mehr bedarf als nur des Willens, es zu tun. Ich meine, dass die Menschen auf die Mühe derer, die an der Konzernspitze stehen, einen Anspruch haben. Ich jedenfalls habe mich immer in die Pflicht nehmen lassen.

Große Politik: Das Ende einer Illusion

Am 22. Februar 2002 wird Peter Hartz zum bekanntesten Manager in Deutschland. Bundeskanzler Gerhard Schröder setzt seinen Freund über Nacht an die Spitze einer Kommission, die den Arbeitsmarkt reformieren soll. Ein Skandal um gefälschte Vermittlungsstatistiken hat kurz zuvor die alte Bundesanstalt für Arbeit erschüttert. Der Sumpf in der Behörde ist Hartz' Chance. Auf einmal sitzt er am ganz großen Hebel und scheint seine Ideen und Überzeugungen in der ganzen Republik verwirklichen zu können. Dabei übersieht er, dass Schröder ihn auch aus wahltaktischen Gründen einsetzt; denn Schröder steht aufgrund der schlechten Bilanz seiner Regierung am Arbeitsmarkt vor den Bundestagswahlen im Herbst 2002 unter Druck. Es ist nicht sicher, dass er Kanzler bleiben wird.

Die Rechnung scheint zunächst aufzugehen – für Schröder und Hartz. Die Reformvorschläge der Kommission, die Hartz Mitte August 2002 in Berlin vorstellt, schlagen ein – aller Kritik und politischen Häme zum Trotz. Sie vermitteln den Wählern das Gefühl, dass sich auf dem daniederliegenden Arbeitsmarkt endlich etwas tut. Die Stimmung dreht sich zugunsten Schröders – und das, obwohl kaum einer versteht, was Hartz wirklich will.

Bald nach der Wahl aber muss Hartz mit ansehen, wie seine Vorschläge in den Mühlen des politischen Prozesses zerrieben werden. Zwar werden sie zügig in Gesetzesvorschläge gegossen, doch plötzlich reden alle dabei mit: die Minister und ihre Mitarbeiter, die SPD-Fraktion, die Opposition und die Ministerpräsidenten über den Bundesrat. Nur Hartz hat nichts mehr zu sagen. Er schweigt. Mit einem einzigen Satz distanziert er sich von den vier Gesetzen, die alsbald seinen Namen tragen: »Nicht überall, wo Hartz draufsteht, ist auch Hartz drin.« Durch das Hartz-IV-Gesetz von 2004 werden schließlich Arbeitslosen- und Sozialhilfe zusammengelegt. Hartz IV bringt die Menschen aus Angst vor einem radikalen Sozialabbau auf die Barrikaden. Hunderttausende demonstrieren. Peter Hartz, die Lichtgestalt, wird zum Buhmann der Nation.

**»Die Politik hat, wie die Wirtschaft,
ihre eigenen Regeln. In den Regeln der Politik
kannte ich mich zu wenig aus.«**

*Am 22. Februar 2002 um kurz nach elf Uhr taucht Ihr Name
plötzlich in allen Nachrichtenagenturen auf. Fernsehen und
Rundfunk zeigen erste Bilder. Peter Hartz, Personalchef bei
Volkswagen, werde einer Kommission vorsitzen, die die Arbeitslosigkeit bekämpfen soll. Wo waren Sie damals?*

Ich saß in der Aufsichtsratssitzung von Audi …

*… und wussten bereits, dass Schröder Großes mit Ihnen vor-
hatte.*

Nein, das wusste ich, ehrlich gesagt, erst ein paar Minuten, bevor es
die Öffentlichkeit in Deutschland erfuhr.

Wie bitte?

Am Morgen des 22. Februar 2002 befand ich mich auf dem Weg zur
Aufsichtsratssitzung von Audi, die um elf Uhr beginnen sollte. Um
10.15 Uhr hatte mich ein Fahrer am Flughafen in Ingolstadt abgeholt. Auf der Fahrt, die etwa eine halbe Stunde dauerte, klingelte
das Telefon. Es war meine Sekretärin aus Wolfsburg, die mir sagte,
dass mich der Bundeskanzler sprechen wolle. Gerhard Schröder
war sofort zugeschaltet und sagte:»Hör mal, ich gehe um elf Uhr
zu einer Pressekonferenz und verkünde, dass wir jetzt am Arbeitsmarkt aktiv werden. Ich werde der Presse mitteilen, dass wir eine
Kommission für Dienstleistungen am Arbeitsmarkt einsetzen und
dich als Vorsitzenden ankündigen.« Mir hat es zunächst die Sprache verschlagen. Ich habe nur gefragt:»Was machst du jetzt? Du
gehst zur Pressekonferenz und verkündest das einfach?« – »Ja«,
sagte er. »Wir müssen das jetzt machen.« Ich habe ihn erst einmal
um Bedenkzeit gebeten und gesagt, ich müsse zunächst mit mei-

nem Vorstandsvorsitzenden und dem Aufsichtsratsvorsitzenden von Volkswagen reden. »Ja«, hat er dann nur noch gesagt, gelacht und noch hinzugesetzt: »Das ist jetzt dein Problem.« Schröder ging felsenfest davon aus, dass ich mich zu dieser Aufgabe bereit erklären und alles Notwendige bei Volkswagen regeln würde. Wir hatten die Aufsichtsratssitzung kaum begonnen, da wurden auch schon die ersten Meldungen hereingereicht, dass ich eine Kommission für den Arbeitsmarkt leiten würde.

Dazu muss man wissen: Bevor Schröder die Arbeitsmarktkommission unter Ihrer Führung eingesetzt hat, war es um die alte Bundesanstalt für Arbeit zu einem handfesten Skandal gekommen. Der Bundesrechnungshof hatte herausgefunden, dass die Bundesanstalt mit gefälschten Vermittlungsstatistiken arbeitete, sich also schönrechnete. Die Empörung war groß, der Ruf nach einer grundsätzlichen Reform der Anstalt wurde immer lauter. Der damalige Chef Bernhard Jagoda stürzte.

Zehn Minuten vor Beginn der Aufsichtsratssitzung kam ich bei Audi an und auch dann erst dazu, den damaligen Aufsichtsratsvorsitzenden Klaus Ließen sowie Piëch und Pischetsrieder über Schröders Pläne zu informieren. Piëch war damals schon designierter Aufsichtsratsvorsitzender und Pischetsrieder designierter Vorstandschef.

Sie hatten keine Chance, Schröder abzusagen?

Nein, überhaupt nicht. Wenige Minuten nach elf liefen schon die ersten Meldungen über die neue Kommission unter meinem Vorsitz.

Hätten Sie sich seinem Auftrag denn entziehen wollen, oder fühlten Sie sich geehrt?

Da die Verringerung der hohen Arbeitslosigkeit eines meiner Lebensthemen ist und ich in Wolfsburg auch regionale Erfolge vorweisen konnte, hat mich die Aufgabe natürlich gereizt. Heute allerdings weiß ich, dass es besser gewesen wäre, wenn ich dort mitgearbeitet, aber nicht den Vorsitz der Kommission übernommen hätte. Das hätte mir viel erspart.

Schröder hat womöglich gewusst, dass er, wenn er Ihnen zu viel Bedenkzeit gewährt hätte, nicht das bekommen hätte, was er wollte. Und er wollte Sie an der Spitze.

Das mag sein. Als ich mit unserem Aufsichtsratsvorsitzenden Dr. Klaus Ließen später ausführlicher über die Pläne Schröders sprach und mich für die späte Abstimmung mit ihm entschuldigte, bestärkte er mich noch einmal. Dr. Ließen ist von einem sehr positiven Staatsverständnis geprägt. Wenn der Staat um Hilfe bäte, müsse man seinem Land dienen, sagte er. Der Bitte Gerhard Schröders hätte ich mich seiner Meinung nach nicht entziehen können.

Und Piëch – wie hat er reagiert?

Ferdinand Piëch war skeptischer, sehr viel skeptischer. Er ahnte bereits, was auf mich zukäme. »Erzielt die Kommission Erfolge, sind es die von Schröder. Scheitern die Reformen, werden es die Misserfolge von Hartz sein«, sagte er mir damals. Zum Glück war er am 22. Februar dabei, sodass er genau mitbekommen hatte, wie sehr ich vom Bundeskanzler überrascht worden war, und dass mir gar nichts anderes übrig blieb als zuzusagen.

Wie hat Ihre Frau reagiert, als sie von Ihrer neuen Aufgabe erfuhr?

Meine Frau war völlig verblüfft. Sie saß gerade im Auto und fuhr zum Einkaufen, als sie die Meldung im Radio hörte. Vor Schreck wäre sie beinahe gegen den Bordstein gefahren. Sie wollte mir kaum glauben, dass ich von Schröders Plänen nichts gewusst hatte. Hätte ich es gewusst, hätte ich es mit ihr besprochen. Nachdem ich ihr dann erzählt hatte, wie es abgelaufen ist, sagte sie: »Typisch Gerhard.« Sie kannte ihn ja inzwischen recht gut. Während seiner Zeit als niedersächsischer Ministerpräsident hatte es immer wieder Anlässe gegeben, zu denen auch die Ehefrauen geladen waren.

Als Schröder Sie zu diesem großen Abenteuer in der Politik gebracht hat …

… hätte ich mir niemals vorstellen können, was für ein Abenteuer es würde.

Als Schröder Sie regelrecht verhaftete, ihm zu helfen – kannten Sie sich da schon lange?

Wir kannten uns seit Jahren. Er hatte meine Arbeit bei Volkswagen über lange Zeit begleitet. Ich war ihm aber schon viel früher begegnet. Als ich Arbeitsdirektor bei der Dillinger Hütte war, hatte sich im September 1987 der damalige Staatsratschef der DDR, Erich Honecker, mit einer großen Delegation zu seinem Besuch in der Bundesrepublik angesagt. Das Saarland war seine Heimat gewesen, die er auch besuchte. Nun gab es im Saarland kein offizielles Gästehaus der Landesregierung, weshalb er im repräsentativen Gästehaus der Dillinger Hütte untergebracht werden sollte. Gerhard Schröder war damals Oppositionspolitiker in Niedersachsen. Er wurde von Oskar Lafontaine zu dem offiziellen Abendessen des Saarlandes für Honecker eingeladen.

Sie selbst haben Honecker offiziell empfangen und sind dann auch Schröder begegnet. Haben Sie denn mehr als zwei Worte mit ihm gewechselt?

Nach dem offiziellen Bankett saßen wir noch eine Weile zusammen. Auf einen Absacker sozusagen. Da haben wir uns dann unterhalten.

Wie war Ihr erster Eindruck? Schröder – ein Mann mit ganz klaren Überzeugungen …

Viel mehr hat mich überrascht, wie viel stärker die Ausstrahlung und der Charme des damals noch wenig bekannten Landespolitikers Schröder in der persönlichen Begegnung wirkten als im Fernsehen.

Als was für einen Menschen haben Sie ihn dann über die Jahre erlebt?

September 1987: Besuch Erich Honeckers im Saarland – sein einziger Staatsbesuch: Peter Hartz, Erich Honecker und der saarländische Minis-terpräsident Oskar Lafontaine

Als einen, der blitzschnell lernen kann. Fasziniert haben ihn immer Leute, die überdurchschnittlich intelligent waren oder etwas zu sagen hatten. Von denen hat er gelernt.

> *Schröder hat einen ähnlichen biografischen Hintergrund wie Sie. Er kommt aus kleinen Verhältnissen, die Mutter spielte in der Familie die zentrale Rolle. Sind Sie Seelenverwandte?*

So weit würde ich nicht gehen. Näher kennengelernt habe ich ihn ja erst in meiner Zeit bei Volkswagen. Auch dort hat mich verblüfft, wie schnell er aus Situationen lernte. Er hatte sofort begriffen, dass er, wenn er Volkswagen im Landesinteresse instrumentalisierte, große Vorteile daraus ziehen konnte. Er rechtfertigte die Landesbe-teiligung an Volkswagen dahingehend, dass das Land davon profi-tieren konnte. Er hatte erkannt, wie viel wertvoller dieser Nutzen war als das, was das Land als Dividende einstrich, oder als die Möglichkeit, sich machtpolitisch in Szene zu setzen. Viel wichtiger war für ihn, was er mit der Struktur und Organisation dieses Weltkonzerns für Niedersachsen erreichen konnte, für die Zulieferindustrie, für Ansiedlungen von Unternehmen, für das Wissen in der Region.

Das zweite Mal haben Sie ihn, als Aufsichtsratsmitglied, erst wieder bei VW getroffen.

Als Ferdinand Piëch mich für VW gewinnen wollte, stellte er mich auch dem Vertreter des wichtigsten Anteilseigners, also dem niedersächsischen Ministerpräsidenten Gerhard Schröder, vor. Das war am Frankfurter Flughafen. Piëch hatte das Gespräch initiiert. Schröder kannte meinen Lebenslauf, er wusste, dass ich der Wunschkandidat der Arbeitnehmerseite war.

Seit wann sind Sie mit Schröder eigentlich per Du?

Seit dieser Begegnung am Frankfurter Flughafen. In dem persönlichen Teil des Gesprächs hat mich Schröder schon geduzt. Das allerdings hatte nicht viel zu sagen.

Es war keine spontane Sympathiebekundung?

In der SPD war es durchaus üblich, sich zu duzen, genauso wie unter Gewerkschaftsmitgliedern. Als SPD-Genosse können Sie jeden fragen, ob Sie ihn duzen dürfen, der Genosse wird grundsätzlich mit einem »Selbstverständlich« antworten.

Und Sie machen das auch so mit Ihren Parteigenossen?

Man gewöhnt sich daran.

Somit haben Sie Ihren Aufsichtsrat und Landesvater Gerhard Schröder auch in den Aufsichtsratssitzungen geduzt?

In den Sitzungen nicht, da geht es sehr viel offizieller zu. Auch wenn mehrere zusammensitzen, überlegt man, ob es der Situation angemessen ist, sich zu duzen. Wenn der Bundeskanzler einen duzt, kann das auch als Auszeichnung und besonderes Vertrauen gewertet werden. Schröder hat das Duzen übrigens sehr geschickt eingesetzt als ein Pfund, mit dem er wuchern konnte. Er hat bei VW auch die Betriebsräte geduzt. Die Leute waren in der Regel alle sehr stolz, wenn sie vom Ministerpräsidenten geduzt wurden.

Haben Sie Schröder häufig privat gesehen, bevor er Sie an die Spitze seiner Arbeitsmarktreform gestellt hat?

Es gab Unternehmens- und Landesanlässe, zu denen wir uns gesehen haben. Auch die Ehefrauen waren mitunter mit dabei. In den Jahren bei Volkswagen ist daraus ein Vertrauensverhältnis geworden. Gerhard Schröder hat mich unterstützt. Er hatte eben erkannt, welche innovativen Ansätze mit den Ressourcen und der Macht von VW getestet werden konnten. Er war ungemein neugierig und hat sich mir gegenüber nie als Bedenkenträger verhalten, sondern meine Ideen stets gefördert. »Macht das mal«, hat er gesagt und sich wahrscheinlich gedacht: Mal sehen, was dabei herauskommt.

Warum hat Schröder ausgerechnet Sie gewählt, um ihm aus dem Stimmungstief herauszuhelfen?

Das müssten Sie ihn selbst fragen. Er wusste, dass ich mich seit Jahren mit dem Thema Arbeitslosigkeit befasst hatte und mir die Senkung der Arbeitslosigkeit ein echtes Anliegen war. Er hat unmittelbar miterlebt, was ich bei Volkswagen für Wolfsburg und Niedersachsen getan habe. Er hat sehr genau verfolgt, wie es gelang, die Arbeitslosigkeit in Wolfsburg abzubauen. Hinzu kam, dass er die Kommission nicht nur mit Wissenschaftlern, sondern unbedingt auch mit Praktikern besetzen wollte, mit Managern aus der Wirtschaft. Vielleicht hat ihn das zu der Überzeugung gebracht, dass gerade ich der richtige Mann für so einen Auftrag sei.

Haben Sie oft mit ihm über die Arbeitslosigkeit in Deutschland gesprochen?

Natürlich war die Arbeitslosigkeit immer wieder ein Thema unserer Gespräche. Es ging vor allem um diesen hohen Sockel an Langzeitarbeitslosen. Als Gerhard Schröder 1998 Bundeskanzler wurde, lud er mich am dritten Tag seiner Amtszeit ins Kanzleramt ein. Ich erinnere mich sehr genau daran, dass seine neuen Arbeitsräume noch überhaupt nicht eingerichtet waren. Sein Vorgänger hatte ihm gerade einmal eine Flasche Riesling hinterlassen.

Das wissen Sie auch noch?

Wir hatten damals eine Flasche Wein gesucht, die wir trinken konnten. Zu meinem ersten Besuch bei ihm als Bundeskanzler wollte ich ihm etwas mitbringen. Ich hatte zwölf Vorschläge für die Bekämpfung der Arbeitslosigkeit ausgearbeitet, die ich ihm vorstellte. Er gab sie seinem Kanzleramtschef Bodo Hombach. Später habe ich dann einmal vorsichtig nachgefragt, was daraus geworden sei. Um mich nicht zu enttäuschen, sagte er, er habe sie in den »Bearbeitungsgang« gegeben …

Hübsche Formulierung – aber eigentlich ein Todesurteil. Waren diese Vorschläge schon eine Kurzversion des Reformkonzepts der späteren Arbeitsmarktkommission?

Einige Ideen davon waren darin schon enthalten. Später, bei einem Staatsbesuch in Brasilien, zu dem ihn eine große Wirtschaftsdelegation begleitete, sprachen wir wieder einmal über den Arbeitsmarkt. Schröder wollte unbedingt etwas tun, er suchte händeringend nach Lösungen, denn die Arbeitslosigkeit stieg und stieg. Ich hatte ihn dazu ermuntert, das Thema endlich in anderen Dimensionen als bisher aufzugreifen.

Damit haben Sie die Kommission initiiert.

Nein. Wir waren uns in dieser Unterhaltung lediglich einig, dass jetzt etwas geschehen müsse. Mehr war es nicht. Von einer Kommission war seinerzeit noch nicht die Rede.

Im Jahr 2002 wurde es dann für Schröder eng. Die SPD sank in der Gunst der Bevölkerung. Seine Wiederwahl stand ernsthaft infrage. Womöglich hat er sich daran erinnert, dass Sie ihm

schon einmal zur Wiederwahl verholfen hatten: als Minister-
präsident von Niedersachsen, der aus Ihrer Vier-Tage-Woche
bei VW Kapital schlug.

Sie sollten das voneinander trennen. Die Lösung der Personalanpassung bei Volkswagen im Jahr 1993 hat mit meinem späteren Engagement in der Arbeitsmarktkommission nichts zu tun. Vielmehr habe ich Gerhard Schröder gegenüber nie einen Zweifel an meiner Überzeugung gelassen, dass sich das Problem der Arbeitslosigkeit in Deutschland lösen ließe – mit den Ressourcen, die in Deutschland zur Verfügung standen, und mit dem politischen Willen, den ich bei Gerhard Schröder ausmachte. Er wollte die Arbeitslosigkeit unbedingt angehen. 1993/94 haben wir, der Vorstand und die IG Metall in Zusammenarbeit mit der Landespolitik, das VW-Problem gelöst. Danach nahmen wir uns – der Konzernvorstand, die Betriebsräte und die Stadt Wolfsburg – der Arbeitslosigkeit in Wolfsburg an. Daraus wurde die Wolfsburg AG, mit der es innerhalb einiger Jahre gelang, die Arbeitslosigkeit in Wolfsburg zu halbieren. Und dann habe ich mir gesagt, dass dieser Weg die Methoden und Instrumente vorgibt, um das Arbeitslosenproblem in Deutschland in den Griff zu bekommen.

Am Ende ist aus Ihnen doch ein Weltverbesserer geworden.

Meine Kritiker haben mich noch während der Kommissionsarbeit stark angegriffen, mit Häme überzogen und behauptet, ich hätte mich von der Realität entfernt, wäre also abgehoben. Aber da hatte ich längst bewiesen, dass man die Arbeitslosigkeit erfolgreich bekämpfen kann, wenn man nur will.

Als Schröder Sie zum Kopf dieser Kommission machte – war
Ihnen da klar, dass dies auch wahltaktische Gründe hatte?

Durch meine Nähe zur SPD war mir zunehmend bewusst, dass ich auch eingesetzt worden war, um ihm noch einmal zu einem Wahlsieg zu verhelfen. Nach seinem Sieg rief er mich am Montagmorgen aus dem SPD-Präsidium an, um sich zu bedanken. Er erreichte mich in einer Vorstandssitzung. Mit leicht verkaterter Stimme sagte er: »Ich sitze hier im Präsidium und rufe jetzt ein paar Leute an, die mir geholfen haben, die Wahl zu gewinnen. Da gehörst du dazu. Ich wollte mich bei dir für deinen Beitrag bedanken.«

Von Ihrer Wahlkampftauglichkeit wusste er schon aus seiner Zeit als Ministerpräsident von Niedersachsen. Aber die wahltaktische Bedeutung Ihres Einsatzes war Ihnen in der ganzen Brisanz nicht klar?

Politiker wie Guido Westerwelle oder Edmund Stoiber lobten die Ideen der Kommission zunächst. Als sie dann aber gewahr wurden, dass sich unsere Vorschläge zu einem echten Wahlkampfknüller entwickelten, ruderten sie zurück. Stoiber hat später alle Reformvorschläge mit einem Spott und Zynismus überzogen, der nicht mehr nachvollziehbar war.

Haben Sie jemals vorher ernsthaft mit dem Gedanken gespielt, auf die politische Seite zu wechseln? Gab es Angebote, die Sie gereizt hätten?

Nein, ich war eigentlich immer von meiner Industrielaufbahn geprägt, obwohl ich seit sehr vielen Jahren Mitglied der SPD bin. Trotzdem habe ich mich nie an der Parteipolitik orientiert.

Ahnten Sie eigentlich, dass die Kommission ziemlich schnell Ihren Namen tragen würde …

… wie später die Gesetze dann auch? Nein, darüber hatte ich mir keine Gedanken gemacht, denn den Namen für die Kommission hatte das Kanzleramt vorgegeben: »Moderne Dienstleistungen am Arbeitsmarkt«. Zwei Tage später sagte mir einer meiner Mitarbeiter, dass die Kommission wohl bald den Namen »Hartz« tragen würde. Er sollte recht behalten. Der Titel, den das Kanzleramt vorgesehen hatte, war viel zu lang. Zunächst hatte ich auf den Hinweis des Mitarbeiters noch den Kopf geschüttelt. Ich war mir sicher, dass es nicht so kommen würde. Aber ich wurde ziemlich bald eines Besseren belehrt.

Wer stand Ihrer Teilnahme an der Kommission denn kritisch gegenüber?

Das waren vor allem diejenigen, die den politischen Betrieb viel besser kannten als ich, allen voran mein Bruder Kurt. Auch ein Mitarbeiter, der hinreichend politische Erfahrung besaß, empfahl mir, mich zumindest bei der Umsetzung herauszuhalten.

Die Kommission war mit 15 Mitgliedern sehr hochrangig besetzt. Wer hat die Gruppe zusammengestellt?

Einige Mitglieder wurden vom Kanzleramt empfohlen, andere vom damaligen Arbeitsminister Walter Riester. Und auch ich habe Wert darauf gelegt, meine eigenen Vorschläge einzubringen, um nicht vor vollendete Tatsachen gestellt zu werden. Ich wollte gern Klaus Luft von Goldman Sachs und Peter Kraljic von McKinsey dabeihaben. Peter Kraljic hatte bereits Erfahrungen aus der Wolfsburg AG, er wusste, was ich wollte. Alles in allem kann ich sagen: Unter den Kandidaten des Kanzleramts war niemand, den ich abgelehnt hätte.

Die Arbeitgeberseite, die Ihre Arbeit am Ende stark kritisiert hat, war auch dabei.

Hanns-Eberhard Schleyer war für die Verbände dabei und hat das Konzept mit Zivilcourage mit vertreten. Genau wie Eggert Voscherau etwa von der BASF. Die Politik war ebenso vertreten wie die Gewerkschaftsseite. Mit insgesamt 15 Mitgliedern waren die wirtschaftlichen Akteure eigentlich alle versammelt bis hin zu den Kommunen, für die Wolfgang Tiefensee, damals noch Oberbürgermeister von Leipzig, in der Kommission saß. Ihn hatte Riester vorgeschlagen, zumal auch jemand aus Ostdeutschland dabei sein sollte. Harald Schartau, damals noch Arbeitsminister in Nordrhein-Westfalen, vertrat die Länder.

Der Vollständigkeit halber sollten alle Mitglieder der Kommission genannt werden. Dabei waren noch Norbert Bensel aus dem Vorstand der Deutschen Bahn, Jobst Fiedler von Roland Berger

Strategy Consultants, dann Heinz Fischer als Bereichsvorstand
Personal der Deutschen Bank. Von der Gewerkschaftsseite wa-
ren Isolde Kunkel-Weber aus dem Ver.di-Bundesvorstand und
der IG-Metall-Bezirksleiter aus Nordrhein-Westfalen, Peter
Gasse, dabei. Wilhelm Schickler saß als Präsident des Landes-
arbeitsamtes Hessen in der Kommission. Und auch die Wis-
senschaft war mit den Forschern Werner Jann von der Univer-
sität Potsdam und Günther Schmid vom Wissenschaftszentrum
für Sozialforschung vertreten. Keine der gesellschaftlich relevan-
ten Gruppen sollte hinterher sagen können, sie sei nicht gehört
worden.

Richtig. Die Zusammensetzung der Kommission hatte aber noch
einen großen Vorteil: Jedes Kommissionsmitglied verfügte über
seine berufliche Tätigkeit über ein großes Backoffice, das wir zur
Recherche oder zu Informationszwecken heranziehen konnten.
Das wiederum war bei einzelnen Fachfragen sehr hilfreich. Auch
das Ministerium stellte uns eine Gruppe von Mitarbeitern zur Verfügung, dazu ein Sekretariat.

Walter Riester, der sich eigentlich um die Reform der Dienst-
leistungen am Arbeitsmarkt hätte kümmern müssen, schien
durch die Aktion Schröders in der Öffentlichkeit plötzlich des-
avouiert.

Das sehen Sie, glaube ich, falsch. Die Kommission war eher als
konstruktive Unterstützung gedacht, es ging nicht darum, den Arbeitsminister zu umgehen. Riester kannte ich ja noch aus seiner
Gewerkschaftszeit. Er war Zweiter Vorsitzender der IG Metall, bevor er Arbeitsminister wurde. Walter Riester und sein Staatssekre-
tär Gerd Andres unterstützten uns, wo sie konnten.

Wie hat die Kommission gearbeitet?

Am 6. März 2002 hat sie sich zunächst einmal konstituiert. Den ein
oder anderen hatte ich schon vorher kontaktiert. Die Sitzungen
fanden im Arbeitsministerium in Berlin statt. Ich erinnere mich

noch genau, wie sehr ich von dem Medienaufgebot bei unserer konstituierenden Sitzung überrascht war. In dem Moment wurde mir bewusst, dass ich zum politischen Großwild geworden war.

Wirklich erst da?

Wirklich erst da. Der Eindruck verstärkte sich noch, weil dann jede Sitzung von einem großen Medienspektakel begleitet wurde. Hinzu kam, dass sich einzelne Kommissionsmitglieder immer wieder öffentlich äußerten. Der Einzige, der stets darauf bedacht war, den Journalisten durch einen Nebenausgang zu entwischen, war ich. Anfangs hatten sich die Kommissionsmitglieder auf eine Geschäftsordnung verständigt, in der festgelegt war, dass für die öffentlichen Aussagen der Kommission der Vorsitzende zuständig ist …

… woran sich nicht alle gehalten haben.

Die Begeisterung, das Temperament und die Dynamik sind wohl mit den Einzelnen durchgegangen. Für mich aber galt ganz schlicht: Man soll erst gackern, wenn die Eier gelegt sind.

Wie haben Ihre Vorstandskollegen darauf reagiert, dass Sie plötzlich so sehr in der Öffentlichkeit standen?

Als Arbeitsdirektor, der bei VW durchaus auch politisch relevante Entscheidungen zu vertreten hatte, befand ich mich so oder so schon mehr als manch anderer Kollege unter öffentlicher Beobachtung. Die Kollegen reagierten sehr souverän und kollegial. Ich habe allerdings auch sehr viel Wert darauf gelegt, dass ich nicht eine einzige Vorstandssitzung und nicht eine einzige Sitzung wichtiger Gremien von Volkswagen verpasste. Mein Ziel war, dass mein Vorstandsjob nicht zu leiden hatte. Mein Engagement in der Kommission ging zu Lasten meiner persönlichen Zeit. Das war für mich ein ganz wesentlicher Punkt, denn ich musste ja auch gegenüber den Aktionären und der Belegschaft Rechenschaft ablegen können.

Wie haben sich die Betriebsräte verhalten?

Die haben mein Engagement größtenteils begrüßt, weil sie überwiegend auch von Schröders Arbeit überzeugt waren.

Aber doch nicht mehr, als Sie später wegen der Hartz-Gesetze zum Buhmann wurden.

Das war erst zwei Jahre später. Unsere Vorschläge waren bereits stark verändert worden. Es stand zwar noch »Hartz« drauf, es war aber nicht mehr »Hartz« drin.

Wie hat sich denn die IG Metall positioniert?

Die IG Metall konnte die Ergebnisse der Kommission, die wir im Sommer 2002 präsentierten, wegen der darin enthaltenen Leistungskürzungen nicht gutheißen. Und das, obwohl auch die Gewerkschaften in der Kommission vertreten waren.

Selbst Ihr enger Freund Jürgen Peters nicht?

Er hat mit der geballten Kraft der Organisation die IG-Metall-Position vertreten, während ich die Kommissionsideen hochhielt.

Haben eigentlich nur die 15 Mitglieder getagt?

Es waren auch die Fachleute dabei, die Referenten, Sekretariate und natürlich die Ministerialen aus dem Hause des damaligen Arbeitsministers Walter Riester.

Die Arbeit der Kommission hat gerade einmal fünf Monate in Anspruch genommen. Haben Sie so aufs Tempo gedrückt?

Ich habe großen Wert darauf gelegt, die Arbeit noch vor der heißen Phase des Wahlkampfes abzuschließen. Mein Ziel war es, die Kommission aus dem Wahlkampf herauszuhalten.

Daran haben Sie nicht im Ernst geglaubt?

Doch, ich habe wirklich gedacht, dass das gelingen könnte. Tempo habe ich allerdings auch aus einem anderen Grund gemacht: Die Kommission sollte nicht über den Wahltag hinaus arbeiten, weil je nach Ausgang der Wahl in der Regierung womöglich die Ansprechpartner gewechselt hätten.

Ihnen war wichtig, dass Sie die Vorschläge noch Schröder würden übergeben können. Hätte die Union die Wahl gewonnen, wäre die Arbeit möglicherweise umsonst gewesen.

Meine Zusage, die Kommission zu leiten, habe ich Schröder nur gegen das Versprechen gegeben, dass er die Ergebnisse der Arbeit auch umsetzt. Ich verabscheue nichts mehr, als wenn man Vorschläge für die Schublade oder, wie es so schön heißt, für den »Bearbeitungsgang« ausarbeitet.

Und das hat er versprochen?

Schon damals hat er mir versprochen, dass er die Vorschläge der Kommission »eins zu eins« umsetzen würde.

Schriftlich?

Das haben wir anlässlich eines Treffens mit einem guten Glas Rotwein besiegelt.

60. Geburtstag im August 2002: Mit Gerhard Schröder, Frau Marlene und Sohn Michael

*So wie man sich das mit dem damaligen Kanzler eben vorzu-
stellen hatte. Und Sie haben an Schröders Zusage geglaubt?*

Natürlich habe ich ihm geglaubt. Er hat nach der gewonnenen Bundestagswahl auch viel für die Umsetzung der Vorschläge getan.
Nicht Gerhard Schröder hat mich enttäuscht, der Fehler lag vielmehr auf meiner Seite: Ich habe seine Macht, die Kommissionsvorschläge eins zu eins umzusetzen, schlicht überschätzt. Nicht nur
wegen der unterschiedlichen Mehrheitsverhältnisse in Bundestag
und Bundesrat, auch Schröders eigene Fraktion spielte nicht mit.
In der eigenen Fraktion hatte er viel weniger Macht, als ich mir das
je hatte vorstellen können. Der Bundeskanzler war mein Hauptver-
bündeter. Er stand zu seinem »eins zu eins«. Aber schon im Ministerium begannen so manche Aktive, der Eins-zu-eins-Umsetzung
Steine in den Weg zu legen. Der Einfluss der Ministerialen ist, wenn
es darum geht, Gesetzesvorschläge zu erarbeiten, gar nicht hoch genug einzuschätzen. Später kam der Koalitionspartner hinzu, dann
die Lobbyisten, die Opposition über den Bundesrat. Am Ende war
mir klar, wie wenig Macht der Bundeskanzler in dieser Frage hatte.

*Welche Stimmung herrschte in der Kommission? War es eher
eine Pflichtübung, bei der Bekämpfung der Arbeitslosigkeit zu
helfen, oder war Begeisterung zu spüren?*

Die Senkung der Arbeitslosigkeit wurde als mitreißendes Ziel formuliert. Und es herrschte Konsens darüber, Vorschläge zu bringen,
mit denen vor allem das Problem der Langzeitarbeitslosen in den
Griff zu bekommen wäre. Einige Kommissionsmitglieder aber waren schon während der Arbeit enorm skeptisch. Hinzu kam das
uns zur Verfügung stehende Sekretariat mit seinen Fachleuten aus
dem Ministerium, die aufgrund ihres Fachwissens dezidierte Vorstellungen davon hatten, was getan werden sollte.

Das heißt, diese Ministerialen waren mitunter lästig?

Die Referenten des Ministeriums wollten natürlich gehört werden. So musste ich sie einbeziehen und in Liebe erdrücken. In der

Kommission hat sich dann über die Zeit ein echter Teamgeist entwickelt …

… weil Sie wieder einmal auf Konsens gesetzt haben. War das klug?

Von der ersten Stunde an war mir klar, dass wir am Ende ein einstimmiges Votum für Arbeitsmarktreformen brauchten. Natürlich kam es in den Sitzungen zu kontroversen Diskussionen. Es gab Mitglieder, die inhaltlich immer sehr schnell Positionen einnahmen, die nicht mehrheitsfähig waren. So haben wir für die Einstimmigkeit manchen Preis gezahlt. Der ein oder andere Vorschlag wurde nicht aufgenommen oder verwässert.

Diese Verwässerung Ihrer Ideen begann also schon in der Kommission?

Allerdings war sie noch tragbar im Vergleich zu dem, was dann die Politik aus den Vorschlägen gemacht hat. Vor allem die Einwirkung des Bundesrates in den zustimmungspflichtigen Teilen der Gesetze, die im Volksmund meinen Namen tragen. Durch die Einwirkung der Länder wurden wichtige Punkte kardinal verändert. Denken Sie allein an die verunglückten Arbeitsgemeinschaften der Kommunen und der Bundesagentur für Arbeit, die sich der Langzeitarbeitslosen annehmen.

Wen hatten Sie in der Kommission auf Ihrer Seite?

Unterstützt haben mich vor allem einige sehr erfolgsorientierte Vertreter aus der Wirtschaft. Sie waren mit dem festen Vorsatz angetreten, die Arbeit der Kommission zu einem Erfolg zu machen. Auch die Wissenschaft hat mich unterstützt, sodass ich mich sehr viel stärker durchsetzen konnte.

Wobei die Vertreter von McKinsey und Roland Berger womöglich nicht ganz uneigennützig gehandelt haben, sondern auf Beratungsaufträge spekulierten …

… die sie dann auch für die Umsetzung von Teilen ihrer Vorschläge bekamen, denn beim Umbau der Bundesagentur entstand ja erheblicher Beratungsbedarf.

Haben Sie eigentlich auch Mitarbeiter von Volkswagen für die Kommissionsarbeit eingesetzt?

Natürlich habe ich auf deren Fachwissen zurückgegriffen. Das haben alle anderen Mitglieder der Kommission mit ihren Mitarbeitern auch gemacht.

Das heißt, den Konzern hat Ihre politische Beratung Geld gekostet, zumindest in Form von Arbeitsstunden wertvoller Mitarbeiter.

Teile der Ausgaben wurden Volkswagen über das Budget der Kommission erstattet, andere nicht. Die Kommission sollte ja auch unabhängig vom ministerialen Apparat arbeiten. Die Ministerialen hatten zwar eine ungeheure Sachkenntnis, aber auch viele der typischen Ideen, die in einem Beamtenapparat entstehen. Sie wollten im Grunde das Sozialgesetzbuch fortschreiben. Ich aber wollte unkonventionelle Lösungen diskutieren und schließlich verabschieden.

Am 16. August 2002 überreichten Sie Ihrem Freund Schröder im Französischen Dom am Berliner Gendarmenmarkt die Kommissionsvorschläge. Warum ausgerechnet dort?

Dem Bundeskanzler wurde der Kommissionsbericht am Vormittag im Kanzleramt auf einer CD überreicht. Alle Kommissionsmitglieder waren anwesend. Der Öffentlichkeit wurde er dann am Nachmittag im Französischen Dom vorgestellt. Es sollte ein neutraler, überparteilicher Ort sein, denn wir wollten alle einbeziehen und niemanden zwingen, ins Kanzleramt oder ins Arbeitsministerium zu pilgern.

Mit dem Hohn, der Ihnen immer wieder begegnet ist, können Sie bis heute nicht umgehen. Hat Ihnen die Verhöhnung damals schon zugesetzt?

16. August 2002: Übergabe des Berichts der Kommission im Bundeskanzleramt

Damals ging mir das nicht nahe, denn ich befand mich ja immer noch in dem Glauben, dass unser Konzept umgesetzt werden würde. Außerdem hatte ich auch noch das Engagement der Regierung im Rücken. Der neue Wirtschafts- und Arbeitsminister Wolfgang Clement wollte aus den Reformvorschlägen eine bundesweite Bewegung machen. Er hat den Geist der Vorschläge verstanden. Gerhard Schröder berief am Tag seiner Wiederwahl abends noch eine Kabinettssitzung ein. Danach gaben wir dann eine Erklärung zu den Arbeitsmarktreformen ab. Anschließend bin ich mit ihm und dem Kanzleramtschef Steinmeier zum Abendessen gegangen.

> *Der Französische Dom verlieh der ganzen Übergabe etwas Theatralisches, Pompöses. Doch aufgefallen ist etwas anderes: Die Präsidenten der großen Wirtschaftsverbände, also Dieter Hundt vom Bundesverband der Arbeitgeber und der damalige Präsident des mächtigen Bundesverbandes der deutschen Industrie, Michael Rogowski, waren nicht anwesend.*

Die Herren sind der Veranstaltung in der Tat ferngeblieben. Stattdessen haben sie ihre zweite Garnitur geschickt. Das galt aber auch für andere, die eingeladen waren. Parteien, Verbände, Medien – alle waren hinreichend vertreten. Die Wertschätzung oder Unterstützung unserer Arbeit konnte ich daran erkennen, wer geschickt worden war. Nicht dabei sein wollten die einzelnen gesellschaftlichen Gruppen auch wieder nicht. Schon gar nicht wollten sie das Risiko eingehen, des Desinteresses an den Problemen unseres Arbeitsmarktes bezichtigt zu werden. Alle Anwesenden waren sehr freundlich. Die protokollarische Botschaft war eindeutig.

Wer war denn von der IG Metall dabei?

Viele waren gekommen. Der DGB und die Bundesregierung waren sehr stark vertreten.

Im Grunde war verständlich, dass manch einer sich nicht blicken ließ. Die Parteien befanden sich im Wahlkampf. Die Übergabe des Kommissionsberichts an den Kanzler war dessen

großer Auftritt. Die Bilder sollten den Menschen im Gedächtnis bleiben. Es war eine große Inszenierung. Sie indes haben die Abwesenheit so manches Prominenten aus der ersten Reihe persönlich genommen.

Nicht persönlich, aber ich war immer auf die großen Protagonisten fixiert. Ich wollte sie zum Teil einer Bewegung machen, um die hohe Arbeitslosigkeit zu bekämpfen. Denn anders als viele bin ich der Meinung, dass die Regierung das nicht alleine schaffen kann.

Was ist Ihre persönliche Einschätzung – haben Sie Schröder zur Wiederwahl verholfen?

Ich glaube schon, dass die Vorschläge zur Reform des Arbeitsmarktes ihm geholfen oder zumindest einen Beitrag geleistet haben.

Hat Schröder Ihnen vor der Wahl angeboten, ins Kabinett zu wechseln, um womöglich den lädierten Arbeitsminister Riester abzulösen?

Nein, das war nie ein Thema, weil ich ja meinen industriellen Aufgaben ganz und gar verschrieben war.

Hätte Sie das denn gereizt?

Heute, im Nachhinein, halte ich es für richtig, nicht nur Vorschläge zu machen, sondern sie auch umsetzen zu können. Wie machtlos ich als Außenstehender war, ist mir erst später klar geworden. Als Außenstehender konnte ich ja weder die Regierungsmitglieder noch das Verhalten von deren Mitarbeitern in der Umsetzung beeinflussen. Auf die Umsetzung haben sehr viele Menschen Einfluss genommen: die Politiker verschiedenster Couleur und auch die Beamten in den Ministerien, die die Gesetzesentwürfe schreiben.

Haben Sie beim Kanzler eine nachlassende Begeisterung festgestellt?

Festgestellt habe ich bei ihm vor allem einen unglaublichen Realitätssinn.

Sie waren als Topmanager inzwischen zu einem politischen Star geworden. Wann haben Sie zum ersten Mal das Gefühl gehabt, dass sich die positive Resonanz ins Gegenteil verkehren könnte?'

Das Gefühl, dass die Stimmung kippt, hatte ich zum ersten Mal mit dem Scheitern der Bundestagsbeschlüsse im Bundesrat. Ich war eigentlich äußerst zuversichtlich, weil auch Clement sehr an der Umsetzung gearbeitet hat. In der parlamentarischen Beratung aber ging vieles verloren.

Immerhin sind Teile der Kommissionsarbeit sehr zügig in Gesetzesform gegossen worden. Und außerdem nennt man die Hartz-Reformen immer noch die größten Sozialreformen der Nachkriegsgeschichte. Wann hat sich Ihre Begeisterung in Enttäuschung verwandelt?

Das kann ich nicht genau sagen. Bei den Demonstrationen gegen Hartz IV im August 2004 wurde mir allerdings klar, dass ich zum Buhmann der Nation geworden war. Sie müssen sich in meine Lage versetzen: Ich saß in Berlin Mitte im Auto. Der Wagen stand in einem Verkehrsstau. Als ich den Fahrer fragte, warum es denn nicht weiterginge, sagte er, vor uns sei eine Demonstration. Als ich ihn fragte, gegen was die Menschen dort über die Straße zögen, sagte er nur: »Gegen Hartz IV.« Das war so ein Augenblick der Enttäuschung, obwohl mich der Protest im Grunde gar nicht erreichen konnte, weil ich mit den Kommissionsvorschlägen etwas ganz anderes gewollt hatte.

Das war im Spätsommer 2004, in dem die Gegner der Sozialreformen wochenlang Montagsdemonstrationen organisierten.

Ein anderer Moment der Enttäuschung war, als Lafontaine und andere Hartz IV zum Hauptanlass nahmen, eine neue Linkspartei zu gründen.

Während der Montagsdemonstrationen hatte er damit gedroht, eine andere Partei zu unterstützen, sollte Schröder seine Politik des Sozialabbaus weiter fortsetzen.

Mein Bruder Kurt meint ja, dass ich diese neue Linkspartei mit zu verantworten habe.

Was denken Sie? Sind Sie für Lafontaines Austritt aus der SPD und die neue Linkspartei verantwortlich?

Ach was! Damals ging es ja schon gar nicht mehr um die Vorschläge der Kommission, sondern darum, wie die Politik die Zusammenlegung von Arbeitslosen- und Sozialhilfe umgesetzt hat.

Sind Sie mal angegriffen oder bedroht worden?

Ja, es gab einen Anschlag auf mein Haus in Wolfsburg. Die Kriminalpolizei ermittelte. Es war eine Gruppe aus Magdeburg, die diesen Anschlag organisiert hatte. Meine Mitarbeiter bei Volkswagen enthielten mir die Kritik-, Schmäh- und Drohbriefe weitgehend vor. Sie wollten mir das alles ersparen.

Gab es Morddrohungen?

Es gab Drohungen, die von den Sicherheitskräften allerdings als nicht ernst zu nehmend eingestuft wurden.

Was hat eigentlich Ihre Frau dazu gesagt?

Die Reaktionen der Öffentlichkeit nahm sie sich nicht ganz so zu Herzen. Ihr war bekannt, dass die Kommission ganz andere Vorschläge gemacht hatte als die, die letztlich umgesetzt wurden. Ich hatte ihr ja immer erzählt, was wir eigentlich im Sinn hatten.

Wie haben Ihre Vorstandskollegen und die Belegschaft reagiert, als Ihr Stern verblasste, als Sie von der Lichtgestalt zum Buhmann wurden?

Zum Teil sehr teilnahmsvoll, teilweise gar nicht, teils schadenfroh. Dabei spielte auch eine Rolle, wer welcher Partei nahe stand. Schadenfreude kam natürlich vor allem bei denen auf, die sich eher der CDU verbunden fühlten. Aber ich wusste ja, dass das vor allem parteipolitische Gründe hatte.

Verbittert Sie eigentlich die Tatsache, dass Ihr Nachname durch Hartz IV für einen radikalen Sozialabbau steht?

Für einen Sozialabbau, den ich nicht vorgeschlagen habe. Es verbittert mich nicht, aber es lässt mich auch nicht mehr los. Ich dachte, es sei möglich, Gesetz und Person auseinanderzuhalten. Das war eine Fehleinschätzung. Verstärkt wurde das alles noch durch die Werbekampagne der Bundesregierung, mit der den Menschen erklärt werden sollte, warum die Sozialreform notwendig war: »Für Hartz IV gibt es 4 360 000 Gründe«, prangte in dicken Lettern auf großen Anzeigen oder etwas wie: »Warum wir Hartz IV brauchen«.

Dagegen hätten Sie sich wehren müssen. Oder aber Sie haben doch noch an einen Erfolg geglaubt und gehofft, Sie würden als großer Sozialreformer, der vier Gesetzen ihren Namen gab, in die Geschichte eingehen.

Ach, das hatte sich längst verselbständigt. Hartz I, Hartz II, Hartz III, Hartz IV – so ist es eben.

Heute weiß schon niemand mehr, welche Reformen hinter diesen Namen stehen …

Sie wollen nicht wirklich, dass ich das jetzt noch einmal erkläre – zumal vieles ja gar nicht auf die Arbeit der Kommission zurückgeht, sondern stark verwässert wurde.

Vielleicht können Sie trotzdem ganz kurz sagen, was sich hinter Hartz I, II, III und IV verbirgt.

Gut, aber wirklich nur in aller Kürze. Eines vorweg: Die Gesetze tragen natürlich nicht offiziell meinen Namen. Hinter »Hartz I« etwa verbirgt sich das »1. Gesetz für moderne Dienstleistung am Arbeitsmarkt«. Es steht im Kern für ein Gesetz, mit dem die Leih- oder Zeitarbeit neu geregelt werden sollte. In jeder Arbeitsagentur sollte eine Personal-Service-Agentur, also eine Zeitarbeitsfirma, gegründet werden. Außerdem wurden mit diesem Gesetz, das am

1. Januar 2003 in Kraft trat, die Zumutbarkeitsregeln für die Aufnahme einer neuen Arbeit verschärft. Dazu kamen verschiedene Regelungen, um die Vermittlung der Arbeitslosen zu beschleunigen. Mit »Hartz II« wurden die Minijobs, die Midijobs, der Job-Floater und die Ich-AG eingeführt …

… alles reichlich erklärungsbedürftige Begriffe.

Zu den Erklärungen komme ich noch. Hinter »Hartz III«, also dem »3. Gesetz für moderne Dienstleistung am Arbeitsmarkt«, verbirgt sich der grundlegende Umbau der alten Bundesanstalt für Arbeit in eine moderne Bundesagentur. Und »Hartz IV«, denke ich, brauche ich wohl nicht zu erklären.

Es handelt sich um die Zusammenlegung von Arbeitslosen-und Sozialhilfe.

Jeder, der arbeitslos wird, erhält ein Jahr lang das »Arbeitslosengeld I«, das sich an seinem früheren Einkommen orientiert, und danach das »Arbeitslosengeld II«, das unabhängig von seinem Einkommen in festen Sätzen gezahlt wird.

Gebetsmühlenartig hat der Bundeskanzler damals wiederholt, Hartz sei eins zu eins umzusetzen. Dazu aber ist es im politischen Prozess nie gekommen. Sie selbst haben sich von den Gesetzen mit den Worten distanziert: »Nicht überall, wo Hartz draufsteht, ist auch Hartz drin.« Was ist falsch gelaufen?

Der Kanzler hat sich so lange an sein »Eins-zu-eins-Umsetzen« gehalten, bis ihn Opposition und Regierungsfraktionen davon abbrachten. Die 13 Bausteine, die die Kommission vorgeschlagen hat, um die Arbeitslosigkeit in den Griff zu bekommen, sind nicht eins zu eins umgesetzt worden. Die Politik hat letztlich nicht begriffen, dass die Vorschläge ineinandergreifen. Verheerender aber war, dass der Geist, der in der Kommissionsarbeit und ihren Ergebnissen steckte, seinen Weg nicht in die Umsetzung gefunden hat.

»Geist« – das ist ein großes Wort mit reichlich Pathos.

Dann nehmen Sie das Wort »Haltung«. Die unseren Vorschlägen zugrunde liegende gesellschaftspolitische Haltung ist auf der Strecke geblieben. Der »Geist« hat sich in der heftigen politischen Auseinandersetzung um die einzelnen Vorschläge nicht halten können.

Was meinen Sie zum Beispiel?

Unsere Vorschläge waren an beide Seiten des Arbeitsmarktes gerichtet, die Arbeitnehmer und die Arbeitgeber. Das von uns so sehr betonte Aktivieren und Entwickeln der Beschäftigungsfähigkeit der Betroffenen galt für beide Marktseiten. Die Politik allerdings hat die Arbeitslosen zu den einzigen Adressaten der neuen Arbeitsmarktpolitik gemacht und die Arbeitgeber ausgeblendet. Unter der Überschrift »Kein Nachschub für Nürnberg« hatte die Kommission aber die Arbeitgeberseite direkt in die Pflicht genommen. Auch sie sollte dazu gebracht werden, sich für den Abbau der Arbeitslosigkeit etwas einfallen zu lassen. Die Spitzenverbände der Arbeitgeber konnten sich bis heute aus der Verantwortung ziehen.

Aber einiges hat doch seinen Weg in die Praxis gefunden. Insofern können Sie sich noch glücklich schätzen. Nicht jede Kommission findet ihre Vorschläge in Gesetzen wieder.

Das will ich überhaupt nicht kleinreden. Doch unsere Vorschläge hingen zusammen, sie bauten aufeinander auf. Dadurch, dass die Politik sich das ein oder andere herausgepickt und ganze Teile wiederum überhaupt nicht beachtet hat, konnten sie ihre Wirkung nicht voll entfalten.

Jetzt machen Sie es sich aber einfach. Ihre Arbeitsmarktreformen sind an dem Ziel gescheitert, die Arbeitslosigkeit bis 2006 um zwei Millionen zu senken. Und daran soll jetzt die Politik schuld sein?

Lassen Sie mich noch einmal die drei Leitgedanken erklären, die den Kommissionsvorschlägen zugrunde lagen. Den ersten Gedanken habe ich bereits erwähnt: Beide Marktseiten sollten mit den Vorschlägen angesprochen werden, weil die Arbeitslosigkeit alle etwas angeht. Die zweite Grundidee war die Hilfe zur Selbsthilfe. Arbeitslose sollten dabei unterstützt werden, wieder aktiv zu werden und sich selbst zu helfen. Sie sollten endlich wieder etwas Eigenes leisten, sich etwas zutrauen, an ihre Fähigkeiten glauben und in sie investieren – und zwar im Vertrauen auf ein Mindestmaß an Förderung und Sicherheit. Leider ist es auch damit nicht weit her. Herausgekommen ist ein System, mit dem die Arbeitslosen diszipliniert und bestraft werden. Der dritte Leitgedanke war der »soziale Auftrag« an die Bundesagentur für Arbeit. Die 90 000 Mitarbeiter sollten sich engagieren. Doch was ist passiert? Die große Behörde ist so organisiert worden, dass die Mitarbeiter vor allem nach betriebswirtschaftlichen Kriterien agieren. Der Arbeitslose spielt dabei kaum noch eine Rolle. Die Arbeitslosen werden in verschiedene Kategorien eingeteilt. Diejenigen, die es wirklich schwer haben, wieder in den Arbeitsmarkt zurückzufinden, fallen hinten herunter, denn für die Bundesagentur sind sie die unwirtschaftlichsten Kunden. Hinter diesen drei Ideen steht eine Haltung, aber genau die ist in dem Hickhack um die Umsetzung der Vorschläge untergegangen. Deswegen ist es auch nicht gelungen, die Arbeitslosigkeit wie geplant zu reduzieren.

Haben Sie im Ernst an die zwei Millionen geglaubt?

Ich gebe zu: Die Sprunglatte war sicherlich sehr hoch aufgelegt. Unsere Prognosen bezüglich der zu erwartenden Effekte hatten Appellcharakter, um die Gesellschaft mit ihren vielen Profis in Bewegung zu setzen. Die Zahlen waren psychologisch-politisch begründet, sicher nicht wissenschaftlich. Dazu haben wir einen wirtschaftlichen Aufschwung unterstellt, der sich 2006 mit einem sichtbaren Beitrag zur Verringerung der Arbeitslosigkeit auch endlich eingestellt hat. Aber Aufschwung und Wirtschaftswachstum allein reichen eben nicht.

2006 sollte das Kunststück doch schon vollbracht sein. Zwei Millionen Arbeitslose weniger hätte Nürnberg melden müssen. Stattdessen stieg die Arbeitslosigkeit Anfang des Jahres auf einen neuen Höchststand. Im Herbst allerdings gingen die Zah-

len deutlich zurück. Die Lage besserte sich. Zeigen die Refor-
men endlich eine zaghafte Wirkung?

Ja, ich denke, das sind auch die ersten zaghaften Erfolge unseres
von der Politik ziemlich gerupften Reformwerks. Nur ziehen diese
Erfolge an der eigentlichen, großen Problemgruppe der Langzeitarbeitslosen vorbei. Dabei wäre genau auf diesem Feld die Schwerst-
arbeit zu leisten. Solange die Zahl der Langzeitarbeitslosen nicht
deutlich sinkt, sondern als Millionensockel bestehen bleibt, kann
niemand zufrieden sein, und es kann auch nicht von einer Trend-
wende gesprochen werden. Wir in der Kommission hatten vor
allem die Langzeitarbeitslosen im Blick.

Nun haben Sie ja nicht nur die Leitgedanken formuliert, son-
dern dazu ganz konkrete Handlungsanweisungen gegeben, die
sich aus 13 Bausteinen zusammensetzen. Was ist aus denen
letztlich geworden?

Sie sind nur teilweise umgesetzt worden. Wie schon gesagt, der Zusammenhang ist dabei verloren gegangen. Das beginnt bei der
Dienstleistung der Bundesagentur Nürnberg und ihren Filialen vor
Ort. Sie hat einen doppelten Kundenauftrag – Arbeitnehmer und
Arbeitgeber sind ihre Kunden. Und sie sollte ihren Service deutlich
verbessern.
Der Service ist im Einzelnen tatsächlich erheblich verbessert worden. Fragen werden schneller beantwortet, Auskünfte zügiger er-
teilt, Termine zeitnäher vergeben. Was aber passiert in der Bundesagentur heute mit den Arbeitslosen? Wenn der Arbeitslose sich dort
meldet, wird er in einem ersten Gespräch beraten. So weit, so gut.
Sein Berater erstellt ein Profil – auch gut. Allerdings nicht so, wie es
sein sollte. Anstatt nach den Talenten und Fähigkeiten des Arbeitslosen zu suchen, befasst sich der BA-Mitarbeiter damit, was der
Wiedereinstellung seines Kunden im Wege stehen könnte. Daraus
wird dann der Handlungsbedarf ermittelt. Das ist vom Ansatz her
völlig falsch. Es geht noch weiter: Entsprechend seines Negativpro-
fils wird der Arbeitslose in eine von vier Schubladen geschoben …

… die da wären?

In die erste Schublade kommen die sogenannten Marktkunden. Sie haben alles, was man braucht, um schnell wieder einen Job zu finden – die besten Kunden der BA also, die schnellen Erfolg versprechen und die Agentur nicht mit einem notwendigen finanziellen Einsatz für weitere Beratung und Qualifizierung belasten. In der zweiten Schublade finden sich all jene wieder, die eine Qualifizierung brauchen, um innerhalb eines Jahres wieder eine Arbeit zu finden. In der dritten Schublade liegen die Problemkunden, die womöglich weder mobil noch flexibel oder hinreichend ausgebildet sind. Für sie wird es schwierig, binnen zwölf Monaten etwas zu finden. Für diese Kunden muss sich die BA richtig anstrengen. In der untersten Schublade sind all jene, von denen man annimmt, dass sie innerhalb eines Jahres nicht vermittelt werden können. Sie sind zu alt, nicht gesund genug oder zu schlecht ausgebildet …

… die Hartz-IV-Kandidaten, die Ausgemusterten sozusagen, die von vornherein als nicht vermittelbar eingestuft werden.

Wenn Sie so wollen, ja. Die schlecht ausgebildete, alleinerziehende Mutter im Alter von 45 Jahren, zum Beispiel, immobil, wenig flexibel, für jeden Arbeitgeber per se unattraktiv. Was sie aber für Talente hätte, was für womöglich einzigartige oder wertvolle Fähigkeiten, steht überhaupt nicht zur Diskussion. Das System der BA ist nicht darauf angelegt, der Mitarbeiter wird nicht dazu angehalten, das herauszufinden. Die Leistungspolitik der BA konzentriert sich nur auf die mittleren beiden Gruppen. Für die letzte Gruppe ist es aus Sicht der Bundesagentur wirtschaftlich nicht mehr vertretbar, sich um sie zu bemühen.

Diese vier Gruppen werden – anders als vorher – von der Bundesagentur für Arbeit mit unterschiedlicher Intensität betreut.

Was eine der Todsünden der Arbeitsmarktreformen ist. Diese Trennung hätte man nicht machen dürfen. Alle Arbeitslosen sollten von ein und demselben Job-Center betreut werden, dessen

Mitarbeiter wissen, welche Talente und Fähigkeiten sich in ihrem Pool finden. Das hatten wir vorgeschlagen. Die Möglichkeit, eine Gruppe – nämlich die der Langzeitarbeitslosen – einfach abzusondern, sollte es nicht geben. Aber genau das ist passiert. Das Kundencenter der Arbeitsagenturen ist ausschließlich für diejenigen zuständig, die Arbeitslosengeld I beziehen, also die, die gerade arbeitslos geworden sind. Wenn die BA-Mitarbeiter einen Arbeitslosen binnen eines Jahres nicht wieder am Arbeitsmarkt unterbringen, müssen sie ihn weiterschieben.

Wohin?

Er gehört dann zu der Gruppe jener, die länger als ein Jahr arbeitslos sind und um die sich die sogenannten Arbeitsgemeinschaften kümmern oder die Kommunen direkt. Die Arbeitsgemeinschaften – oder ARGEs – bestehen aus Mitarbeitern der Bundesagentur und der Kommunen. Vor den Arbeitsmarktreformen gab es sie nicht, denn da wurden alle Arbeitslosen von der Bundesanstalt für Arbeit betreut. Wir in der Kommission hatten so etwas Unsinniges auch nicht vorgesehen. Das von uns vorgesehene Job-Center, diese einheitliche Serviceeinrichtung für alle Arbeitslosen, wurde dem politisch unheilvollen Kompromiss der Arbeitsgemeinschaften geopfert.

Wieso ist dieser Kompromiss so unheilvoll?

Weil damit die Chance vertan wurde, eine einheitliche Arbeitsmarktpolitik zu gestalten. Diese Arbeitsgemeinschaften kümmern sich um die Langzeitarbeitslosen, während sich die ehemaligen Arbeitsämter, die jetzt Arbeitsagenturen heißen, nur um diejenigen zu sorgen haben, die gerade arbeitslos geworden sind. Diese Zweiteilung ist der falsche Weg. Sie ist der grandiosen Weitsicht der Ministerpräsidenten Koch, Stoiber und Wulff zu verdanken. Die Folge sind neue Verschiebebahnhöfe zwischen den Arbeitslosengeld-I- und Hartz-IV-Beziehern, die die Kommission eigentlich beseitigen sollte.

Zur Klärung: Das Arbeitslosengeld I wird aus den Beiträ-
gen zur Arbeitslosenversicherung finanziert. Das Arbeitslosen-
geld II, auch »Hartz IV« genannt, bezahlen die Steuerzahler
direkt; deswegen die Trennung der Arbeitslosen in jene, die we-
niger als zwölf Monate arbeitslos sind und ALG I beziehen, und
die anderen, die Hartz IV oder ALG II bekommen. Das Geld
sprudelt aus unterschiedlichen Quellen, aus zwei getrennten
Rechnungskreisen. Was ist denn an den Arbeitsgemeinschaf-
ten so schlecht?

Der Fehler liegt in der Konstruktion. Wenn der Mitarbeiter der
ARGE seine Arbeitslosen anbietet, dann weiß jeder Unternehmer
oder potenzielle Arbeitgeber, dass es sich in der Regel um Langzeit-
arbeitslose handelt, um Menschen, die nicht einfach zu vermitteln
sind. Die aus Arbeitgebersicht besseren Kandidaten hat der ARGE-
Vermittler eher nicht in seinem Pool. Damit haftet den Arbeitslosen,
die Arbeitslosengeld II beziehen, von vornherein ein Makel an. Sie
werden bereits als Sozialfälle angesehen und nicht mehr als normale Kunden der Arbeitsagentur. Das macht die Vermittlung noch
schwieriger – wenn auch die ARGE-Mitarbeiter hoch motiviert
sind. In der Priorität der Vermittlung werden sie immer von den
BA-Mitarbeitern verdrängt. Mit diesem Geburtsfehler kann man
das Problem der Langzeitarbeitslosen nicht in den Griff bekommen.

Die Kommission hatte ferner vorgesehen, dass die Vermitt-
lungsgeschwindigkeit erhöht wird und vor allem an Familien-
freundlichkeit gewinnt. Arbeitslose Mütter und Väter sollten
Vorfahrt haben.

Auch daraus ist nichts geworden. Zwar müssen sich die Arbeitslosen jetzt mit Erhalt der Kündigung melden – wenn sie dies nicht
tun, wird ihnen das Arbeitslosengeld gekürzt –, doch erweist sich
die Job-to-Job-Vermittlung weitgehend als Flop, denn die Arbeitslosen sind, abgesehen von einer frühzeitigen Meldung bei der Arbeitsagentur, nicht verpflichtet, darüber hinaus aktiv zu werden
und etwas für sich zu tun.

Sie arbeiten die verbleibende Zeit bei ihrem alten Arbeitgeber ab und warten geradezu paralysiert auf ihren letzten Arbeitstag.

In vielen Fällen ist das so. Verheerend wirkt sich deshalb auch aus, dass der Arbeitgeber seinerseits nichts tun muss. Er ist, anders als wir es vorgeschlagen hatten, nicht verpflichtet, den Arbeitnehmer, dem er bereits gekündigt hat, für seine Jobsuche oder für Qualifizierungsmaßnahmen freizustellen. Was aber noch viel unverzeihlicher ist, ist die Tatsache, dass unsere Vorschläge für eine bevorzugte Vermittlung Arbeitsloser mit größeren Familien nicht beachtet wurden. Das entspricht dem Trend in den Arbeitsagenturen, ihre Vermittlungsbemühungen ausschließlich an Wirtschaftlichkeitskriterien auszurichten. Dabei hätte gerade ein guter Agenturchef mit besten Verbindungen zu den Unternehmen vor Ort zeigen können, was in ihm steckt.

Was sollten die Berater konkret noch machen?

Der einzelne Berater vor Ort sollte nachfassen, den Gründen dafür nachgehen, warum denn der Vater oder die Mutter mehrerer Kinder noch nicht untergekommen ist. Das allerdings wurde als nicht praktikabel abgelehnt. Warum eigentlich? Außerdem hatten wir ein Bonussystem für die Mitarbeiter der Agentur vorgesehen für den schnellen Vermittlungserfolg. So etwas wirkt in der Regel Wunder. Aber dieses System lässt bis heute auf sich warten.

Viel stärker als vorher arbeitet die Bundesagentur nun mit Sanktionen. Den Arbeitslosen wird mehr zugemutet. Wenn sie eine zumutbare Arbeit ablehnen, werden sie bestraft. Das allerdings war doch in Ihrem Sinne?

Man kann Menschen sehr viel mehr zumuten, wenn es genügend Chancen gibt. Einem Arbeitslosen ohne Familie ist nach vier Monaten ein Umzug zumutbar. Dieser Vorschlag wurde umgesetzt. Auch umgesetzt wurden differenziertere und flexiblere Sperrzeiten. Wer sich nur unzureichend um Arbeit bemüht, bekommt weniger Arbeitslosengeld, ebenso derjenige, der sich zu spät anmeldet. Damit bin ich zufrieden.

Sie haben eine Reihe von Instrumenten entwickelt, die von der Politik so gut wie gar nicht beachtet wurden.

Das Ausbildungszeit-Wertpapier, das Bridge-System und den Job-Floater.

Das sind allesamt Wortschöpfungen, die kaum zu verstehen waren.

Das aber kann nicht der Grund gewesen sein, warum sich niemand dafür interessierte. Das Ausbildungszeit-Wertpapier fand vor allem deshalb ein negatives Echo, weil es mit den tradierten Vorstellungen unseres dualen Ausbildungssystems nicht zusammenpasste.

Was sollte das denn sein?

Ein Instrument zur Finanzierung zusätzlicher Ausbildungsstellen. Es war als personengebundenes Wertpapier gedacht, das dem Inhaber eine Ausbildung garantiert. Wenn zum Beispiel Großeltern für ihren Enkel etwas tun wollen, dann investieren sie einen bestimmten Betrag in so ein Papier. Der Betrag fließt an eine Stiftung, die daraufhin für den Enkel ein Ausbildungsrecht verbrieft. Was meinen Sie, wie viele Ausbildungsplätze damit hätten geschaffen werden können? Aber der Bundesvereinigung der Deutschen Arbeitgeberverbände, dem Arbeitgeberverband Gesamtmetall und dem Deutschen Gewerkschaftsbund hat dafür der Mut gefehlt. Unkonventionelle Lösungen sind deren Sache nicht.

Zu unkonventionell waren wohl auch die Ideen der Kommission für ältere Arbeitslose?

Mit der »Initiative 50plus« hat sich Franz Müntefering einen hübschen Namen einfallen lassen, um die Aktivitäten in diesem Sektor neu zu bündeln. In der Kommission hatten wir uns überlegt, den älteren Arbeitslosen auf eigenen Wunsch die Möglichkeit zu geben, aus der Arbeitsvermittlung auszuscheiden. Die verbleibende Zeit bis zum frühestmöglichen Rentenbeginn sollte durch Leistungen der Bundesagentur überbrückt werden. Der Vorschlag aber wurde abgelehnt, weil er den Bestrebungen zuwiderlief, die Vorruhestandsregelungen zu beseitigen.

Sehr verständlich, denn auch die Vorruhestandsregelung war für den Staat einfach viel zu teuer, als dass man sie hätte immer weiterfahren können. Erinnern Sie sich einfach an Ihre Zeit in der Stahlindustrie oder bei Volkswagen. Wie sehr haben Sie dieses Instrument genutzt, um Arbeitsplätze abzubauen. Die Rechnung haben die Steuerzahler beglichen.

Dennoch kann ich über die Ablehnung dieses Vorschlags nur den Kopf schütteln. Diese innovative Idee hätte – mit vertretbaren Mitteln aus der Arbeitslosenversicherung – sehr viel mehr Eigeninitiative und selbstverantwortliches Handeln bei den älteren Arbeitslosen ausgelöst. Der Freiheitsgrad in ihrer Lebensplanung hätte sich enorm erhöht. Was meinen Sie, was daraus für Initiativen entstehen. In der Arbeitslosigkeit sind sie viel passiver, ganz zu schweigen von den psychischen und sozialen Belastungen, denen sie ausgesetzt sind.

Und warum hat es den Job-Floater nie gegeben?

Es hat ihn gegeben, allerdings nicht so, wie ich ihn vorgeschlagen habe. Die Idee war folgende: Der Arbeitslose bietet dem Unternehmen seine Arbeitskraft zusammen mit einem Finanzierungspaket an. Stellt ein Unternehmen ihn ein, bekommt es einen günstigen Kredit. Dieses Instrument hätte zwei Fliegen mit einer Klappe geschlagen: Zum einen wäre es ein Anreiz gewesen, Arbeitslose zu beschäftigen, zum anderen hätte es die für mittelständische Unternehmen so typischen Schwierigkeiten in der Kapitalbeschaffung beseitigt. Je dauerhaft eingestellten Arbeitslosen sollte das Unternehmen bis zu 100 000 Euro Kredit erhalten. Damit hätte sich die wirtschaftliche Bedeutung eines Arbeitslosen, der seinem Chef im Rucksack ein günstiges Darlehen mitbringt, kolossal verändert. Umgesetzt wurde bei der Kreditanstalt für Wiederaufbau ein För derprogramm »Kapital für Arbeit« für mittelständische Unternehmen und Freiberufler. Sie sollten über die KfW vergünstigte Fördermittel bekommen.

Immerhin. Das jährliche Fördervolumen wurde mit zehn Milliarden Euro angesetzt.

Im März 2003 wurde der Job-Floater auf die Einrichtung von Ausbildungsplätzen ausgeweitet. Ein Jahr später wurde er mit einem Existenzgründerprogramm zusammengelegt. Bis dahin sind etwa 13 000 Vollzeitarbeitsplätze entstanden und ein paar 100 Millionen Euro in Anspruch genommen worden …

… was nicht gerade viel ist.

Die KfW selbst hat sich sehr um den Job-Floater bemüht. Der Vertriebsweg allerdings war das Problem. Das Programm war vor allem bei den Sparkassen, hier in Deutschland die Bankengruppe für den Mittelstand, nicht besonders beliebt. Die wollten wohl lieber ihre eigenen Finanzprodukte vermarkten. Dazu kam: Auch Gewerkschaften und Gesellschaftspolitiker konnten sich für den Job-Floater nicht erwärmen. Sie haben die doppelte Chance nicht erkannt, nämlich dass nicht nur der einzelne Arbeitslose attraktiv wird, sondern dass mit den günstigen Krediten auch noch konjunkturelle Impulse entstehen. Von gewerkschaftlicher und politischer Seite kam überhaupt keine Unterstützung. Sie haben eine der innovativsten Ideen nicht verstanden.

Das Kernstück des Reformwerks, wie es sich nun in Gesetzesform wiederfindet, ist die Zusammenlegung von Arbeitslosen- und Sozialhilfe. Sie kostet rund zwölf Milliarden mehr als geplant. Und sie stieß unter dem Begriff »Hartz IV« bei der Bevölkerung auf Ablehnung. Was hat die Kommission falsch gemacht?

Bevor Sie das fragen, sollten Sie erst einmal fragen, was man mit der Zusammenlegung von Arbeitslosen- und Sozialhilfe eigentlich bezweckte. Ich sage »man«, weil darüber ja schon vorher immer wieder diskutiert worden war. Die Zusammenlegung von Arbeits-losen- und Sozialhilfe war keine originäre Idee der Kommission.

Der Sinn des Unterfangens war und ist, die Verschiebebahn-höfe in der Sozialversicherung ein für alle Mal aus der Welt zu schaffen.

Richtig. Das Hin- und Herschieben von erwerbsfähigen Arbeits-losen von der Arbeitslosenversicherung in die Gruppe der Sozial-hilfeempfänger sollte ein Ende haben. Am 1. Januar 2005 wurden Arbeitslosenhilfe und Sozialhilfe, also jener Teil der Unterstützung, der sich aus Steuermitteln speist, zum Arbeitslosengeld II zusam-mengelegt. Das Hartz-IV-Gesetz trat in Kraft. So weit, so gut. Im Zuge dessen wurde allerdings auch das Arbeitslosengeld I neu ge-regelt. Das sind die Beträge, die der Arbeitslose durch sein jahre-langes Einzahlen in die Arbeitslosenversicherung selbst finanziert hat. Und hier liegt schon der erste Fehler: Anders als früher be-kommt ein Erwerbsfähiger, wenn er arbeitslos wird, nur noch zwölf Monate lang das am bisherigen Einkommen bemessene Ar-beitslosengeld. Ein älterer Arbeitsloser bezieht das ALG I noch et-was länger. Danach wird er, wie man heute so schön sagt, Hartz-IV-Empfänger.

Für mich ist das ein großer Fehler, ein Betrug, wenn Sie so wollen, an denen, die jahrelang in die Arbeitslosenversicherung eingezahlt haben. Es kann nicht sein, dass Arbeitnehmer im Vertrauen auf un-ser soziales Sicherungssystem über viele Jahre ihre Beiträge bezah-len und im Versicherungsfall diese Sicherheit am Ende nur noch sehr eingeschränkt eingelöst bekommen. Deshalb hatte die Kom-mission so etwas auch nicht vorgeschlagen. Wir hatten die Bezugs-dauer des Arbeitslosengeldes anders konzipiert und für das ALG II keine kollektiven Leistungskürzungen vorgeschlagen.

Der zweite Fehler ist dann wohl die Tatsache, dass, anders als von Ihnen vorgeschlagen, die Zuständigkeit für das Arbeits-losengeld II oder Hartz IV nicht mehr allein bei der Bundes-agentur liegt.

Ein fataler Fehler. Mit den Arbeitslosengeld-II-Empfängern wird jetzt experimentiert. Diese Arbeitslosen und Bedürftigen werden entweder von den Kommunen betreut oder aber von den Arbeitsgemeinschaften, die aus der Bundesagentur für Arbeit und den Kommunen bestehen. Dass in diesen Arbeitsgemeinschaften die vollkommen unterschiedlichen Kulturen der Mitarbeiter der Bundesagentur für Arbeit und der Kommunalbeamten aufeinandertreffen, sei nur nebenbei erwähnt. Viel verheerender ist, dass die Gruppe der Arbeitslosen gespalten wurde. Das Paradoxe dabei ist: Es handelt sich um ein und denselben Arbeitsmarkt, um ein und dieselbe Wirtschaft und schließlich um ein und denselben Arbeitslosen, der heute Arbeitslosengeld I in der Agentur für Arbeit und morgen Arbeitslosengeld II in der ARGE oder seiner Kommune empfängt. Die einheitliche Arbeitsmarktpolitik muss da auf der Strecke bleiben. Sie ist einfach nicht mehr möglich.

Wer ist denn auf der Vermittlerseite der Ansprechpartner für die Unternehmen?

Jeweils ein anderer. Es gibt zwar einen Stellenmarkt, aber faktisch zwei Bewerbermärkte. Einen einheitlichen Marktauftritt gegenüber den Unternehmen gibt es nicht. Es kann passieren, dass heute ein Vertreter einer Arbeitsagentur an die Tür der Personalabteilung eines mittelständischen Unternehmens klopft, um einen Arbeitslosen zu vermitteln; morgen schon kommt der Mitarbeiter der ARGE und unter Umständen übermorgen einer aus der benachbarten Optionskommune. Mit moderner Dienstleistung für Unternehmen hat das nichts zu tun.

Sie behaupten damit, dass die Hartz-IV-Empfänger nicht so gut betreut werden. Vorher war es also besser?

Vorher befand sich die Betreuung in einer Hand. Zumindest wurden die Arbeitslosen vorher von ein und derselben Person betreut, und zwar unabhängig davon, aus welchen Geldtöpfen sich die Unterstützungsleistung – Arbeitslosengeld oder Arbeitslosenhilfe – speiste. Effizienter war das System allerdings nur, wenn sich ein

Mitarbeiter wirklich bemüht hat. Die Effizienz wollten wir durch ein ganz neues Personalmanagement dieser Mammutbehörde erreichen. Es kommt aber noch härter: Wenn die Bundesagentur es nicht schafft, einen Arbeitslosen binnen eines Jahres zu vermitteln, muss sie eine Strafe in Höhe von 10 000 Euro an die Staatskasse zahlen. Mit wiederum verheerenden Folgen! Diese Strafe verschärft die Tendenz, Arbeitslose, die womöglich nicht so leicht zu integrieren sind, einfach abzuschreiben. Sie bekommen, von Ausnahmen abgesehen, keine Qualifizierung, keine Betreuung, werden ein Jahr lang einfach links liegen gelassen, bis sie ins Arbeitslosengeld II rutschen und damit aus der Verantwortung der Arbeitsagentur verschwinden. Das Ganze kostet die Agentur nur 10 000 Euro und überhaupt keine Anstrengung. Fragen Sie mal unter denen, die noch kein Jahr arbeitslos sind, wie oft sie von ihrem Betreuer gehört haben. Viele werden antworten: überhaupt nicht. Dieses Verschieben halte ich für nicht vertretbar.

Ihr Fazit?

Die Zusammenführung von Arbeitslosen- und Sozialhilfe ist vollzogen. Aber auf welche Weise! Die, die arbeitslos werden, sind die Verlierer. Das neue System mit seiner Zweiteilung ist der Tiefpunkt verwaltungsorganisatorischer Gestaltung. Die Schaffung der Arbeitsgemeinschaften war – bei allem Respekt vor deren Mitarbeitern und ihrem Einsatz – eine Todsünde. Unser Vorschlag eines Job-Centers, einer einheitlichen Betreuung von Arbeitslosen, ist nicht verwirklicht worden. Damit wurden große Chancen vertan.

Die Arbeitsgemeinschaften haben Sie den Ministerpräsidenten Wulff, Stoiber und Koch zu verdanken. Auch Ihre Kollegen Gewerkschafter haben sich nicht gerade für eine genaue Umsetzung der Kommissionsvorschläge eingesetzt und zumindest den nachhaltigen Vermittlungserfolg der Personal-Service-Agenturen verhindert.

Wulff, Koch und Stoiber sind meines Erachtens dafür verantwortlich, dass es seither zwei Klassen von Arbeitslosen gibt. Ein fataler Effekt.

Auch die Gewerkschaften können in Ihrem Sinne keine allzu positive Rolle gespielt haben.

Die Personal-Service-Agenturen waren als eines der Herzstücke beim Abbau der Arbeitslosigkeit gedacht. Wir haben bereits über die Erfolge einer solchen Agentur in Wolfsburg gesprochen …

2002 wollten Sie die ganze Bundesrepublik mit dem Modell der Wolfsburg AG beglücken.

Was hatten wir geplant? Jedem Job-Center sollte eine Zeitarbeitsfirma angegliedert werden, denn nichts anderes sind die Personal-Service-Agenturen. Die Zeitarbeitsfirmen sollten Arbeitskräfte an Unternehmen verleihen können. Für Unternehmen ist so etwas sehr attraktiv, denn es erhöht, wie wir bei Volkswagen gemerkt haben, enorm die personelle Flexibilität. Die Leiharbeiter der Zeitarbeitsfirmen hätten in den ersten sechs Monaten ihrer Probezeit eine Nettoentlohnung in Höhe des bisherigen Arbeitslosengeldes erhalten. Danach wären sie nach einem eigenen Tarif bezahlt worden …

… der allerdings deutlich niedriger sein sollte als die normalen Tarife.

Der niedrigere Tarif wäre eine der Grundvoraussetzungen für den Erfolg der Personal-Service-Agenturen gewesen. Damit hätte man darüber hinaus zweierlei erreicht: Erstens wäre endlich die immer wieder heiß diskutierte Frage des Mindestlohns in Deutschland gelöst worden, denn nichts anderes hätte der einheitliche Tarifvertrag für die Leiharbeiter festgelegt. Zum Zweiten hätte man das Problem des viel kritisierten Kündigungsschutzes behoben. Die Unternehmen hätten damit die Möglichkeit erhalten, sich kurzfristig mit Leiharbeitern zu behelfen, was ihnen die notwendige Dispositionsfreiheit gegeben hätte. Die Leiharbeiter wiederum hätten die notwendige Sicherheit und einen Arbeitsplatz gehabt. Die Gewerkschaften haben da allerdings nicht mitgezogen.

Sie konnten ja auch keinen Niedriglohnsektor zulassen.

So etwas sollte die Leiharbeit auch gar nicht sein. Alle Sachverständigen haben damals übrigens dafür plädiert, die Leiharbeiter zu niedrigeren Löhnen anzustellen, um sie attraktiv zu machen. Ende Mai 2003 kam es bereits zum Abschluss von Flächentarifverträgen, in denen – gegliedert nach der überwiegenden Tätigkeit – neun Entgeltgruppen definiert wurden. Mitte desselben Jahres dann waren die PSA flächendeckend eingeführt. Sehr erfolgreich agierten die Zeitarbeitsfirmen allerdings nicht – aus einer Vielzahl von Gründen. Eine wesentliche Rolle hat dabei die Tatsache gespielt, dass man dem Prinzip »Gleicher Lohn für gleiche Arbeit« gefolgt ist. Das war kontraproduktiv.

Wie sollten denn die Zeitarbeitsfirmen der Bundesagentur arbeiten?

Anders als heute jedenfalls. Sie sollten in den Grundsätzen zentral in Nürnberg geführt werden, vor Ort allerdings wie richtige Unternehmen agieren. Dann sollte der größte Teil der Arbeitslosen in diese Agenturen eingebracht werden. Sie hätten in den Agenturen ihre Heimat gehabt, ihren Arbeitsplatz, und wären an die oder jene Firma verliehen worden. Man wäre hier bis an die Grenzen der Mobilität gegangen und hätte den Leiharbeitern sicher viel zugemutet. Aber um der Chance willen, sie wieder in den Arbeitsmarkt zu integrieren, hätte man das rechtfertigen können. Der PSA-Mitarbeiter hätte auch die Möglichkeit gehabt, schwer vermittelbare Arbeitslose zunächst für sehr geringe Stundenlöhne auszuleihen. Wenn sie sich bewährt hätten, der Arbeitgeber also zufrieden gewesen wäre, hätte der PSA-Mitarbeiter den Stundenlohn sukzessive heraufsetzen können. Der Leiharbeiter selbst hätte davon nichts gespürt, denn er hätte mit der Zeitarbeitsfirma und nicht mit den Unternehmen einen Vertrag gehabt. Jedes Kombilohn-Modell wäre dadurch darstellbar gewesen. Wenn ein Unternehmen, das sich Leiharbeiter besorgt hätte, mit den geliehenen Mitarbeitern aus irgendwelchen Gründen unzufrieden gewesen wäre, hätte es diese Leiharbeiter über Nacht in den Heimatpool zurückgeben können. Der momentan nicht gebrauchte Leiharbeiter hätte dort seine Mindestversorgung und vielleicht eine erforderliche Qualifizierung erhalten. Ich glaube, diesen Vorschlag hat niemand begriffen, oder aber es fehlte die Leidenschaft, das mal auszuprobieren.

Können Sie sich vorstellen, warum?

Abgewürgt wurde diese faszinierende Idee durch die Gewerkschaften und die damalige Opposition mit der Begründung, man würde auf diese Art und Weise eine riesige Beschäftigungsgesellschaft schaffen. Tatsächlich aber hätte das Heer der Arbeitslosen weniger gekostet, als wenn es immer nur Hartz IV bezieht und dafür gar nichts tut.

Auch die Sorge, die Unternehmen würden immer mehr eigene Arbeitsplätze mit billigen Leiharbeitern besetzen, mag eine Rolle gespielt haben.

Jedes Jahr fließen fast 50 Milliarden Euro der Bundesagentur für Arbeit und fast 40 Milliarden Euro aus Steuermitteln an die Arbeitslosen. Die Kommissionsmitglieder und ich haben uns immer wieder mit der Frage beschäftigt, wie diese Milliarden Euro jährlich sinnvoller ausgegeben werden können, als dass man sie Menschen gibt, ohne dass sie etwas dafür tun.

Herr Hartz, kommen wir zu den Vorschlägen, die Furore gemacht haben und über deren Umsetzung Sie eigentlich nicht klagen können: die Ich-AG und die Minijobs.

»Wir legalisieren die Schwarzarbeit« – das war meine Grundidee, der die Kommission gefolgt ist. In Deutschland gibt es genug Arbeit. Fast 400 Milliarden Euro werden jedes Jahr mit Schwarzarbeit umgesetzt. Die Minijobs zielten darauf, dass legale Beschäftigungsverhältnisse auf dem großen Feld der haushaltsnahen Dienstleistungen entstehen, wo sehr viel schwarzgearbeitet wird. Putzfrauen sollten legal sauber machen, Kinderfrauen die Kinder legal betreuen, Altenpfleger nicht mehr gezwungen sein, Teile ihrer Arbeit ohne Sozialversicherungsschutz abzuleisten. Mit der Ich-AG wiederum wollten wir eine riesige Bewegung zu mehr Eigeninitiative und Selbständigkeit schaffen. Beide Instrumente wurden umgesetzt und erwiesen sich bald als Renner.

Wie viele Arbeitslose haben sich denn mit der Ich-AG selbständig gemacht?

Insgesamt waren es 390 000. Die Ich-AG hat viele Änderungen erfahren, immer wieder gab es neue Gesetze. Im August 2006 wurde sie dann abgeschafft. Sie ging mit dem Überbrückungsgeld in das neue Förderinstrument Gründungszuschuss über. Das war ein Fehler. Wenn von 390 000 Ich-AGs nur 20 oder 30 Prozent überleben, vielleicht sogar wachsen und zu kleinen Unternehmen werden, was meinen Sie, welche Wirkung diese Erfolgsbeispiele auf einen Mentalitätswandel in Deutschland hätten! Das kann überhaupt nicht hoch genug eingeschätzt werden. Für die Ich-AG hat die Kommission bei allem Spott über den Namen auch viel Lob geerntet. Der eine oder andere hatte doch begriffen, dass die Ich-AG auch eine Aufforderung war, in sich selbst zu investieren.

Noch kritischer als die Ich-AG wurden allerdings die Minijobs gesehen. Befürchtet wurde, dass sie tausendfach reguläre Arbeitsplätze verdrängen.

Die Minijobs gibt es jedenfalls noch. Und ich bin nach wie vor der Meinung, dass es keine Schande ist, wenn jemand seinen Lebensunterhalt mit mehreren Minijobs bestreitet. Dafür muss die Politik die Voraussetzungen schaffen, weil sich die Erwerbsbiografien vollkommen verändern werden. Im Juni 2006 waren 6,8 Millionen Arbeitnehmer geringfügig beschäftigt. Das waren 1,5 Millionen mehr als vor der Reform. Ich gebe meinen Kritikern insofern recht, als dass man der Frage nachgehen muss, inwiefern Unternehmen vollwertige Beschäftigungsverhältnisse in Minijobs umwandeln. Dass sich mit den Minijobs unser Arbeitsmarkt amerikanisiert, halte ich für reichlich übertrieben.

Die Ineffizienz der ehemaligen Bundesanstalt für Arbeit war der Hauptgrund dafür, eine Kommission zu berufen ...

... die vor allem umfassende Vorschläge für eine grundlegende Reform der Bundesanstalt in Nürnberg machen sollte. Nach dem Skandal um die gefälschten Vermittlungsstatistiken war klar, dass sich in der Bundesanstalt für Arbeit vieles ändern musste. Die Behörde sollte ihren Behördencharakter verlieren und völlig neu aufgestellt werden.

Nun heißt die Bundesanstalt nicht mehr Bundesanstalt, sondern eben Bundesagentur. Auch in der Organisation hat sich vieles geändert.

Aber nicht alles so, wie wir es vorgesehen hatten. Die meines Erachtens entscheidenden Veränderungen haben gerade nicht stattgefunden.

Was also hatten Sie vor, und was ist daraus geworden?

Unsere Vorschläge basierten auf ganz wenigen Grundpfeilern, die ein Höchstmaß an Veränderung gebracht hätten: Die alte BA sollte von ihrer Hauptstelle in Nürnberg zentral geführt werden. Die Landesarbeitsämter, also die mittlere Hierarchieebene, wollten wir abschaffen. Für die einzelnen Agenturen vor Ort sollte die Zentrale Ergebnisziele vereinbaren. Sie sollte den Erfolg und die Effizienz jeder einzelnen »Filiale« unmittelbar kontrollieren. Das Beamtentum sollte abgeschafft werden. Wir wollten für jeden Mitarbeiter eine leistungsorientierte Vergütung – also ein Gehalt aus einem festen und einem flexiblen Bestandteil – einführen. Außerdem sollte die Bundesagentur eine neue Führungsstruktur bekommen. Die Selbstverwaltung sollte nach dem Muster eines Aufsichtsrates umgebaut werden, in den auch Vertreter der Mitarbeiter einziehen sollten. Der Aufsichtsrat sollte den Vorstand bestellen. Der Vorstand seinerseits sollte sein gesamtes Personalmanagement modernisieren, denn auch in einer 90 000 Mann starken Behörde muss man Personalentwicklung betreiben und die Mitarbeiter an ihren Leistungen messen können. Sehr viel mehr hätte man dann nicht mehr machen müssen.

Für einen unflexiblen Tanker mit 90 000 Mitarbeitern ist das allerdings schon eine ganze Menge.

Im Grunde sollte die alte BA zu einem modernen Dienstleistungsunternehmen werden, das sich auch als solches versteht. Um die Effizienz zu erhöhen, hatten wir für die einzelnen Mitarbeiter nicht nur Leistungsanreize wie Boni vorgesehen, sondern auch ein funktionierendes Controlling. Kennzahlen über Vermittlungserfolge, Kennzahlen über das Einhalten von Budgets, Kennzahlen über die Verwendung der Mittel, Kennzahlen über die Leistungen jedes einzelnen Mitarbeiters. Sie müssen sich das dann wie in einem ganz normalen Konzern vorstellen. Der Chef einer Agentur findet jeden Montagmorgen auf seinem Schreibtisch ein Ranking vor. Er weiß genau, an welcher Stelle er mit seiner Mannschaft steht, ob er viele oder nur wenige Menschen vermittelt, ob er effizient wirtschaftet oder ineffizient. Außerdem ist er darüber informiert, wer von seinen Mitarbeitern der tüchtigste ist, der umtriebigste. Was meinen Sie, was das für einen Effekt gehabt hätte!

Und auf die Landesarbeitsämter hätte man ganz verzichten können?

Aber ja. Wofür sollten sie im Vermittlungsprozess gut sein? Die Kommission hatte etwas anderes mit ihnen vor. Wir wollten die Landesarbeitsämter zu Kompetenzzentren entwickeln …

Herr Hartz, diese Wortschöpfungen versteht eigentlich niemand.

Die Landesarbeitsämter sollten zu Entwicklungsagenturen werden, die lokale und regionale Konzepte zur Wirtschaftsentwicklung erarbeiten. Dort, in den ehemaligen Landesarbeitsämtern, sollte darüber nachgedacht werden, wie eine Region voranzubringen ist, was dort für Netzwerke geschaffen werden müssen und wie Arbeitsplätze entstehen können. Die Landesarbeitsämter sollten also auf der Nachfrageseite des Arbeitsmarktes ansetzen und nicht, wie die einzelnen lokalen Filialen oder Agenturen, auf der Angebotsseite. Denn eines ist doch klar: Wer mehr Arbeitslose vermitteln will, muss sich auch darum kümmern, wo die Arbeitsplätze herkommen. Ich sage es noch einmal: Arbeit gibt es genug in Deutschland.

Nun haben die Länder da nicht mitgemacht. Sie wollten ihre Landesarbeitsämter unbedingt erhalten …

… was einer großen Kurzsichtigkeit geschuldet ist. Die Landesarbeitsämter wurden in Regionaldirektionen umfirmiert und spielen heute eine maßgebliche Rolle in der eng geführten Kontrolle und Steuerung der örtlichen Arbeitsagenturen. Denen allerdings hätte mehr Selbstverantwortung sehr gutgetan.

Auch die gesamte Bundesagentur ist nicht gerade in Ihrem Sinne neu aufgestellt worden.

In der Bundesagentur hat sich sehr viel verändert. Dabei ist die BA aber nicht unbedingt unseren Vorschlägen gefolgt, sondern eigene Wege gegangen. Das Controlling ist besser geworden, ebenso das Personalmanagement, auch wenn das Beamtentum nicht abgeschafft wurde, sondern nur niemand mehr verbeamtet wird. Das ist schon etwas. Einen Aufsichtsrat aber gibt es nicht, die sich tendenziell blockierende Selbstverwaltung wurde stattdessen gestärkt. In dem Gremium sitzen weiterhin die Vertreter der Beitragszahler, also Arbeitgeber und Gewerkschaften, sowie Bund, Länder und Gemeinden. Die Spitze der Bundesagentur wird weiterhin von der Politik bestimmt und nicht von einem unabhängigen Aufsichtsrat. Das eigentliche Problem aber ist noch ein ganz anderes: Der Verwaltungsrat ist nur noch für das Feld der Versicherungskunden der BA zuständig, also für die Betreuung und Vermittlung der Arbeitslosen, die Arbeitslosengeld I beziehen. Auf den größeren Teil der Arbeitslosengeldbezieher hat er überhaupt keinen Einfluss mehr.

Besonders viel Entrüstung und Häme haben Sie mit Ihrem Appell an die »Profis der Nation« geerntet. Haben Sie das verstanden?

Nein, habe ich nicht. Aber ich bin auch jemand, der sich seit Jahren für den Abbau der Arbeitslosigkeit engagiert. Ich bin überzeugt, dass die Bekämpfung der Arbeitslosigkeit nicht nur eine Angelegenheit der Politik, sondern eine gesellschaftliche Herausforderung ist. Der 13. Baustein zur Bekämpfung der Arbeitslosigkeit ist das unerlässliche Begleitprogramm zur Gesetzgebung und der Reform der Bundesagentur für Arbeit. Wenn die Arbeitsmarktreformen richtig einschlagen sollten, so dachte ich, wäre eine Allianz vieler gesellschaftlicher Gruppen vonnöten.

Aber wer sind denn nun die »Profis der Nation«?

Das sind alle die, die Arbeit und Gestaltungsmacht haben. Parlamentarier, Unternehmer, Manager, Verbands- und Gewerkschaftsfunktionäre, Künstler, Wissenschaftler, Lehrer, Geistliche und noch viele mehr. Sie alle sollten in den Kampf gegen die Arbeitslosigkeit ziehen. Was ich Gerhard Schröder und seinem damaligen Wirtschaftsminister Wolfgang Clement hoch anrechne, ist die Tatsache, dass die beiden wenigstens versucht haben, eine Bewegung gegen die Arbeitslosigkeit zu starten.

Aber die große Welle, die nationale Bewegung, wie sie Ihnen vorschwebte, ist daraus nicht entstanden.

Nein, leider nicht. Ich bedaure das sehr. Im Grunde denken alle wie immer: Die Arbeitslosigkeit ist ein Problem der Arbeitslosen selbst und der Politik, ansonsten geht sie niemanden etwas an. Das Problem der Unternehmer ist sie schon gar nicht. Genau das ist falsch. Unternehmer und Manager sind diejenigen, die Arbeitsplätze schaffen. Sie sind die Ansprechpartner für die Bekämpfung der Arbeitslosigkeit. Aber wie wenig dieser Gedanke verstanden wurde, zeigt sich schon daran, dass keiner meiner Vorschläge umgesetzt wurde, der sich an die Unternehmer richtete. Ich habe vorgeschlagen, die Unternehmen zu Beschäftigungsbilanzen zu verpflichten. Ich habe ein Bonusprogramm für die Unternehmen vorgeschlagen, für den Fall, dass sich ihre Beschäftigung positiv entwickelt. All das hat den Weg in die Praxis nicht gefunden. Das ist bezeichnend.

Sie haben überaus viel Kritik für Ihre Vorschläge einstecken müssen, lange noch, bevor Sie zum Buhmann der Nation wurden, zum Inbegriff des sozialen Kahlschlags. Hat Sie das sehr getroffen?

Ernst gemeinte Kritik, die sich wenigstens sachlich mit unseren Vorschlägen auseinandergesetzt hat, konnte ich gut ertragen. Zum Teil unerträglich waren allerdings die Häme und der Spott, den die Kommissionsvorschläge geerntet haben. Als ob daran nicht erfolgreiche und intelligente Leute gearbeitet hätten. Ich erinnere mich noch zu gut an eine Rede des bayerischen Ministerpräsidenten, als er unbedingt Bundeskanzler werden wollte. Er hat sich über die Vorschläge in der für ihn so typischen Manier regelrecht ereifert. Refrainartig hat er immer wieder »Gelesen, gelacht, gelocht« in seine Rede eingebracht. Der damalige BDI-Präsident sprach von »Volksverdummung«. Vor allem die Präsidenten der Verbände haben einfach nicht begriffen, welche einmalige Chance sich damals auftat, dem zentralen Problem Arbeitslosigkeit, ohne parteilich werden zu müssen, zu Leibe zu rücken.

Warum haben Sie nicht entsprechend geantwortet?

Weil das letztlich nicht zu mir passt. Ich würde mit Vorschlägen anderer selbst nicht so umgehen.

Eine bessere Verwaltung der Arbeitslosigkeit schafft keine Arbeitsplätze. Die von Ihnen angekündigte drastische Verringerung der Arbeitslosigkeit wurde von Anfang an als Fantasie abgetan …

Nun hatten wir ja nicht den Auftrag, Vorschläge zur Schaffung von Arbeitsplätzen zu erarbeiten, sondern die Dienstleistungen am Arbeitsmarkt zu modernisieren.

Aber durch das Versprechen, die Arbeitslosenzahl um zwei Millionen auf zwei Millionen zu senken, haben Sie sich der Kritik erst richtig ausgesetzt.

Weil wir wussten, dass man Arbeitslosigkeit nicht reduzieren kann, ohne Beschäftigung zu schaffen, haben wir viele Beschäftigungsperspektiven aufgezeigt. Rund 50 Seiten unseres Reformwerks widmen sich allein diesem Thema. Dabei handelte es sich vor allem um Perspektiven, die als Wege noch nie gedacht waren. Genau das verüble ich meinen Kritikern noch heute. Anstatt unsere Innovationen zu diskutieren, zu verbessern und auszubauen, wurden sie in Bausch und Bogen desavouiert. Sie haben die Ideen eigentlich schon im Ansatz verworfen, immer nur gesagt, warum es nicht geht.

Ich bleibe dabei, Sie haben sich nicht zuletzt an Ihrem Versprechen verhoben, die Arbeitslosigkeit um zwei Millionen zu senken.

Das war eigentlich der Versuch, alle gesellschaftlichen Gruppen in die Pflicht zu nehmen mit einem Masterplan. Wir haben für diese sechs Millionen Profis der Nation einzelne Masterpläne erarbeitet mit genauen Vorgaben. Das hätte jeder zumindest nachlesen können. Aber auch das ist untergegangen. Einige Gruppen haben sich der Sache angenommen, in Wolfsburg, im Saarland. Dort habe ich auf lokaler Ebene auch Ergebnisse gesehen. Wenn das überall in der Republik geschehen wäre, dann wäre viel mehr daraus geworden.

Wie sah denn so ein Masterplan aus?

Das fängt im Kleinen an. Lassen Sie mich Ihnen ein Beispiel geben. Es gibt in Deutschland 545 000 Vereine. Wenn nun jeder Verein die Patenschaft für die Vermittlung nur eines Arbeitslosen übernähme, wäre schon viel gewonnen. Dann gibt es in Deutschland die von mir immer wieder zitierten Unternehmer und Unternehmerinnen, Manager und Managerinnen. Wenn diese auf ganz andere Weise mit den nun nicht eingeführten Job-Centern zusammengearbeitet hätten, wenn sie etwa Praktikumsplätze zur Verfügung gestellt hätten, dann hätten mehr Menschen mehr Chancen gehabt. Masterpläne haben wir auch für die Arbeitgeberverbände, für Künstler, für Wissenschaftler und viele weitere Personengruppen entwickelt.

Ein ganz zentraler Kritikpunkt vor allem der Wissenschaftler war, dass Sie mit den Reformvorschlägen ohne eine gründliche Untersuchung und Diagnose sofort zur Therapie übergegangen sind.

Die Diagnose war doch vorgegeben mit vier Millionen Arbeitslosen.

Das sind die Symptome der Krankheit, aber doch nicht der Grund dafür.

Der Grund ist die Gleichgültigkeit der Arbeitsplatzbesitzer. Die, die handeln könnten, verweigern sich dem Prozess. Hinzu kommen in Deutschland natürlich die sehr hohen Standortkosten. Aber das Problem dieses komparativen Nachteils Deutschlands sollte die Kommission nicht lösen. Wir hatten einen Auftrag, die Dienstleistungen am Arbeitsmarkt zu modernisieren.

Hartz IV macht arm. Das war die große Sorge der Menschen vor der Verabschiedung des Gesetzes. Diese Behauptung steht auch heute noch im Raum, obwohl dem Staat ausgerechnet durch Hartz IV Mehrbelastungen in Höhe von zwölf Milliarden Euro entstanden sind, die die Hartz-IV-Empfänger beanspruchen. Macht Hartz IV wirklich arm?

Hartz IV macht nur dann arm, wenn man die Menschen mit Hartz IV allein lässt; wenn sie keine Chance mehr bekommen und sich die Gesellschaft nicht mehr bemüht, sie aus dieser Grundversorgung herauszuholen. Dann kann es für eine Familie mit Kindern durchaus prekär werden. Die Zusammenführung von Arbeitslosengeld, Arbeitslosenhilfe und Sozialhilfe hatte das Ziel, aus diesen

Leistungen ein durchgängiges und vor allem transparentes System zu machen. Dadurch sollte deutlich werden, wer noch erwerbsfähig ist. Es war nie davon die Rede, die Menschen damit dann in ihrem Ghetto zu lassen. Die Gesellschaft sollte sich ihrer annehmen. Mit der Zusammenlegung von Arbeitslosen- und Sozialhilfe allein kann man die Menschen weder besserstellen noch ihnen Arbeit verschaffen. Dennoch halte ich Hartz IV für ein vertretbares soziales Netz. Wenn Menschen allerdings nur begrenzt einsetzbar sind, sollte es im Rahmen von gesellschaftlichem Engagement Arbeitsplätze im zweiten, staatlich subventionierten Arbeitsmarkt geben, auf denen diese Menschen weiter trainiert und gefördert werden.

Wer hat sich durch Hartz IV besser- und wer hat sich schlechtergestellt?

Das Institut für Arbeitsmarkt- und Berufsforschung hat sich dieser Frage einmal angenommen. Für alle, die noch Anspruch auf das Arbeitslosengeld II haben, sieht es unterschiedlich aus. Gut die Hälfte hat weniger als vorher, die andere Hälfte wiederum bekommt mehr. Zu den Verlierern zählen zum Beispiel Paarhaushalte, in denen ein Partner arbeitet, oder aber ältere Menschen, die vorher recht hohe Ansprüche auf Arbeitslosenhilfe hatten. Für die ehemaligen Sozialhilfeempfänger sind die finanziellen Auswirkungen der Reform eher gering.

Angesichts vieler Hartz-IV-Empfänger, die in prekären Lebenslagen leben, stellt sich die Frage, wo diese zwölf Milliarden Euro Mehrkosten geblieben sind.

Mit dem neuen System hat sich herausgestellt, dass die Datenlage nicht zutreffend war. Was nach der Einführung von Hartz IV noch weiter ausgemerzt werden muss, ist der Missbrauch: Konstellationen wie etwa die, dass Kinder von zu Hause ausziehen, die weder ausziehen wollen noch müssen, die dann aber eigene Haushalte aufbauen, um zu vollberechtigten Empfängern von Hartz IV zu werden. Die Missstände müssen beseitigt werden. Die Große Koalition arbeitet daran.

Aufgrund der Tatsache, dass sich viele offenbar mit Hartz IV eingerichtet haben und sich dazu mit illegalen Gelegenheitsjobs, sprich Schwarzarbeit, gut über Wasser halten, stellt sich die Frage, ob die Sätze für das Arbeitslosengeld II und die Sozialhilfe nicht weiter gesenkt werden müssen.

Das denke ich nicht. Für mich sind die Regelsätze temporär vertretbar, wenn sie nicht dazu führen, dass man darauf ein Leben lang angewiesen ist, vor allem nicht dann, wenn man arbeitsfähig ist. Arbeit gibt es in Deutschland genug. Das sehen Sie an den Milliarden, die illegal umgesetzt werden. Die Schwarzarbeit sollte mit den von uns vorgeschlagenen Minijobs zurückgedrängt werden, die, sofern sie im weitesten Umfeld mit Haushalt und Pflege zu tun haben, steuerlich absetzbar sein sollten. Doch auch hier hat sich der Gesetzgeber nur zu einer Minimallösung durchringen können. Das muss ausgebaut werden. Ferner ist es überhaupt nicht ehrenrührig, wenn jemand mit zwei oder drei Minijobs sein Einkommen bestreitet. Hier verstehe ich den Aufschrei nicht. Allerdings dürfen Arbeitgeber nicht Vollzeit- durch Minijobs ersetzen.

Sie haben viel über die Zumutbarkeit gesprochen und dabei immer nur die Erwerbslosen im Blick gehabt. Was aber ist der Solidargemeinschaft zuzumuten? Wie viel muss sie für die Erwerbslosen zahlen? Muss sie diese Menschen auf lange Sicht so unterstützen, dass sie tatsächlich ohne Arbeit über die Runden kommt?

Damit berühren Sie eine Grundsatzfrage unserer heutigen Gesellschaft. Nur noch 42 Prozent der Bevölkerung ernähren sich durch Erwerbsarbeit, der Rest erhält Sozialtransfers oder lebt von seinem Ersparten. Wenn man in die Zukunft blickt und sieht, wie sich diese Situation weiter zu Lasten der Erwerbstätigen verschlechtern wird, dann stellt sich wirklich die Frage, von welchem Einkommen der Einzelne künftig leben soll.

Sie meinen vor allem die, die nicht arbeiten und von der schrumpfenden Zahl der Beitragszahler unserer Solidargemeinschaft ernährt werden müssen?

Richtig, denn auf Dauer werden die Erwerbstätigen die Transferempfänger nicht mehr bezahlen können. Deshalb müssen wir die Gesellschaft dazu bringen, ihre Gleichgültigkeit gegenüber denen, die keinen Arbeitsplatz haben, aufzugeben. Es kann nicht sein, dass denen, die einen Arbeitsplatz haben, all jene vollkommen egal sind, die auf der Straße stehen.

Genau das aber ist Ihnen ja nicht gelungen. Von einem gesellschaftlichen Engagement gegen die Arbeitslosigkeit kann in Deutschland überhaupt nicht die Rede sein.

Aus meiner Sicht ist das nicht nachvollziehbar. Wenn die Arbeitsplatzbesitzer ihre Gleichgültigkeit gegenüber den Arbeitslosen aufgäben, geschähe das doch auch in ihrem eigenen Interesse. Das nämlich würde die Sozialsysteme und ihre Beitragzahler entlasten. Die Arbeitslosen in Deutschland sind *unsere* Arbeitslosen, und wir alle, die wir Geld verdienen, bezahlen für sie. Mit vier, fünf oder sechs Millionen Arbeitslosen zu leben ist für eine Gesellschaft doch keine Perspektive.

Aber Herr Hartz, es besteht doch eine große Lücke zwischen Angebot und Nachfrage. Es gibt viel mehr Menschen, die ihre Arbeitsbereitschaft zu Markte tragen, als Unternehmen, die sie nachfragen. Und diese Lücke wird nicht durch das bloße Engagement bestimmter gesellschaftlicher Gruppen geschlossen.

Sie bezweifeln damit, dass die Frage der hohen Arbeitslosigkeit hierzulande gelöst werden kann. Ich aber werde diese Frage immer noch mit einem ganz klaren Ja beantworten. Man kann Märkte schaffen, Regionen entwickeln, es gibt genügend Wachstumsregionen in der Welt, die ihre Dynamik selbst initiiert haben, die sich selbst entwickeln und nicht von Subventionen leben und auch nicht von einer zufällig attraktiven Regionallage. Jede Region kann sich nach einer Analyse ihrer Schwächen und Stärken eine Entwicklungsperspektive schaffen, die auch neue Arbeitsplätze mit sich bringt. Ich verweise noch einmal auf Wolfsburg und das erfolgreiche Modell der Wob AG. Aber auch bei der Wolfsburg AG haben alle gesellschaftlichen Gruppen mitgedacht und sich einbinden lassen, angefangen vom Bürgermeister bis hin zu Volkswagen. Ich sage noch einmal: Wir haben in Deutschland die Ressourcen, wir müssen unser Gesellschaftssystem dafür nicht verändern, wir müssen unsere Staatsform dafür nicht verändern, um auf wettbewerbsfähiger Basis Arbeitsplätze zu schaffen. Nicht dass Sie mich missverstehen: Ich rede nicht den Subventionen das Wort. Davon halte ich gar nichts, sie lassen die Menschen einschlafen und bringen sie nicht dazu, sich auf Dauer selbst zu helfen. Ich bleibe dabei: Die Lösung des Arbeitslosenproblems ist eine Machtfrage.

Eine Machtfrage für wen?

Eine Machtfrage des politischen Systems auf demokratischer Basis. Die Große Koalition ist eigentlich der ideale Machtrahmen, um dieses Problem jetzt anzugehen. Schröder hatte nicht die Macht dazu. Unsere Volkswirtschaft ist stark genug dafür, der Dienstleistungssektor ist dynamisch genug, die gesellschaftlichen Aufgaben sind erkannt, die demografische Entwicklung ist bekannt, sodass es möglich ist, die Menschen in Beschäftigung zu bringen.

Aber nur, wenn man ein Niedriglohnsegment zulässt.

Die Leute können gegen ein vernünftiges, also existenzsicherndes Entgelt in Beschäftigung gebracht werden. Dafür muss man ein kombiniertes Einkommen schaffen. Das ist alles möglich. Man muss es nur machen, denn natürlich gibt es Branchen, in denen Beschäftigung nicht mehr zu existenzsichernden Löhnen möglich ist. Die Wirtschaft funktioniert nur über Wettbewerb. Ein Produkt oder eine Dienstleistung trägt so viele Personalkosten, wie es der Wettbewerb zulässt. Daran kann man nicht rütteln. Deshalb ist auch das A und O, dass Bedürfnisse und Märkte geschaffen werden. Wenn Sie die schaffen, schaffen Sie Nachfrage. Und dann muss die Nachfrage wettbewerbsmäßig bedient werden. Was meinen Sie, warum in anderen Volkswirtschaften immer neue Arbeitsplätze entstehen?

Sie nehmen die Politik nicht wirklich in die Pflicht. Dabei glauben alle, die Politiker seien schuld, dass in Deutschland keine Arbeitsplätze entstehen, weil sie die Bedingungen dafür nicht schaffen.

Die Politik wird zumindest für die Lösung des Problems der hohen Erwerbslosigkeit gebraucht, da gebe ich allen recht, die hier mehr Einsatz fordern. Die Bekämpfung der Arbeitslosigkeit dürfte nicht eines von zehn oder 15 wichtigen Anliegen der Politik sein, sondern müsste das zentrale Thema werden. Die Große Koalition müsste sich eigentlich sagen: Wir haben neben der Friedenssicherung und der Aufrechterhaltung der Grundrechte vor allem die Aufgabe, die hohe Arbeitslosigkeit zu beseitigen. Wenn man dem nicht hohe Priorität einräumt, wenn man diesem Thema nicht eine Strahlkraft gibt, wenn es nicht gelingt, die Menschen zu emotionalisieren ...

Mit der Emotionalisierung lösen Sie das Problem nicht. Arbeitslosigkeit ist kein Thema, das Menschen mitreißt.

Arbeitslosigkeit bedeutet für jeden Einzelnen eine persönliche Katastrophe. Warum sollte das den Mitbürgern egal sein? Die Deutschen sind ungemein hilfsbereit. Wenn sich irgendwo auf der Welt eine Katastrophe ereignet, wie etwa der Tsunami oder in Deutschland die Oderflut, dann ist die Hilfsbereitschaft hierzulande ungeheuer groß. Die Menschen wollen helfen, weil sie das Schicksal des einzelnen Betroffenen bewegt. Das Thema Arbeitslosigkeit lässt sie hingegen kalt. So werden die 1,7 Millionen Manager und Managerinnen in Deutschland nie dazu animiert, mal 20 Minuten am Tag darüber nachzudenken, wie sie arbeitsmarktwirksame Entlassungen und Personalabbau in ihren Unternehmen verhindern können. Alle Großkonzerne könnten sicherstellen, dass nicht ein einziger aus den unumgänglichen Anpassungsmaßnahmen in Nürnberg ankommt. Diese Konzerne allerdings verstehen die Arbeitsteilung der Gesellschaft anders als ich. Entlassene Mitarbeiter, die zu Arbeitslosen werden, sind auch deren Arbeitslose. Dabei können sich die Unternehmen ab einer Größe von 500 Mitarbeitern gegen die Arbeitslosigkeit durchaus etwas einfallen lassen. Und davon wiederum gibt es mehr als 5000 in Deutschland. Das wäre übrigens auch für die Verbandsfunktionäre von BDI und BDA eine ganz andere Herausforderung. Gegen die Arbeitslosigkeit brauchen wir eine Projektkoalition, Bürgerinitiativen, nennen Sie es, wie Sie wollen. Wir brauchen mehr Leute, die etwas tun.

Die Großkonzerne mit ihren Ankündigungen von einem massenhaften Arbeitsplatzabbau sind also die Bösen, VW ist das gute Unternehmen ...

Zumindest sind in den zwölf Jahren, die ich dem Vorstand angehörte, soviel ich weiß keine VW-Mitarbeiter betriebsbedingt in der Bundesagentur gelandet, sodass sie von den Mitarbeitern der Bundesagentur hätten vermittelt werden müssen. Natürlich hat VW auch die bestehenden gesetzlichen Möglichkeiten genutzt, also etwa die Finanzierung von Altersteilzeit und anderes. Der große Unterschied zu anderen aber besteht darin, dass wir das Problem der hohen Arbeitslosigkeit nicht angefüttert haben. Nachschub für Nürnberg hat es von Volkswagen in meiner Zeit nicht gegeben.

Selbst wenn das stimmt, hat sich VW Teile seiner Arbeitskräfte auch auf Kosten der Gesellschaft entledigt, wie etwa über Altersteilzeit.

Natürlich haben wir die Möglichkeiten ausgeschöpft. Und trotzdem: Die Vorschläge der Kommission waren so angelegt, dass die Unternehmen zunächst einmal mit ihrem Engagement und ihrer Kreativität dafür gesorgt hätten, dass kein Nachschub mehr für die Bundesagentur entsteht. Ich bin nach wie vor der Meinung, dass es das Beste war, was es je an Vorschlägen zur Bekämpfung der Arbeitslosigkeit gab. Da werden jetzt wieder einige den Kopf schütteln …

… über Ihre fehlende Einsicht, dass es vielleicht doch nicht das Beste gewesen sein könnte. Die Verbände jedenfalls fordern seit Jahren ganz andere Standortbedingungen von Deutschland, damit Unternehmen hierzulande expandieren können, die Wirtschaft wächst und damit Arbeitsplätze entstehen.

Ich habe die Richtigkeit dieser Forderungen überhaupt nie in Abrede gestellt. Ich habe mir nie erlaubt, die Erkenntnisse darüber, wie Wirtschaftswachstum und Arbeitsplätze entstehen, zu negieren. Meine Kommissionskollegen und ich haben zusätzliche Möglichkeiten aufgezeigt, wie vor allem den Langzeitarbeitslosen, Deutschlands eigentlichem Problem, geholfen werden kann. Allerdings ist das mühsam und verlangt auch den einzelnen gesellschaftlichen Gruppen etwas ab. Der Klage über schlechte Standortbedingungen ist eine große Scheinheiligkeit eigen.

Wieso Scheinheiligkeit?

Weil die Realitäten akzeptiert werden, ohne ernsthaftes Engagement, daran etwas zu ändern. Wissen Sie, Fordern ist immer einfach, selbst etwas zu tun ist viel schwieriger. Im Grunde haben sich alle gesellschaftlichen Gruppen mit den vier, fünf oder sechs Millionen Arbeitslosen abgefunden. Sie denken sich, dass es eben so sein wird. Das aber bedeutet nichts anderes als Resignation und ist damit der total falsche Ansatz. Sie können doch jetzt beobachten, wie sich die Große Koalition nicht mehr dem eigentlichen Problem Arbeitslosigkeit annimmt, sondern sich daranmacht, die Sozialsysteme auf die hohe Erwerbslosigkeit hin zu konditionieren. Bestes Beispiel dafür war die Debatte um die Gesundheitsreform. Gäbe es weniger Arbeitslose und damit mehr Beitragszahler, hätte das System weniger Nöte. Aber das ist nicht mehr das Thema.

Sie haben in Ihren Reformen eine Neuorganisation der alten, skandalgebeutelten Bundesanstalt für Arbeit vorgeschlagen.

Teile davon wurden umgesetzt, doch noch immer ist die Ver-
mittlungsleistung der 90 000 Mitarbeiter dort gering. Kann
man ein Behördenmonster, wie es die Bundesanstalt war und
die Bundesagentur heute noch ist, überhaupt zu einem moder-
nen Dienstleistungsunternehmen machen?

Auch davon bin ich heute noch überzeugt. Wenn man 90 000 Mitarbeiter richtig organisiert, dann steckt in ihnen ein enormes Potenzial. Wenn man sie auch noch vor Ort richtig verankert, sodass
die ganzen lokalen Ressourcen einer Kommune mobilisiert werden, kann so eine Behörde mit entsprechender dezentraler Verantwortung durchaus Schlagkraft entwickeln. Die Regionaldirektionen sollten, so hatten wir es vorgesehen, zu Kompetenzzentren
werden, mit denen auch Arbeitsplätze geschaffen werden. Sie
sollten sich um die Gründung von Start-ups kümmern, Ausgründungen betreuen, Industrieansiedlungen fördern …

Wieder eine Ihrer Fehleinschätzungen. Aus der Regionaldirek-
tion einer Bundesbehörde machen Sie nicht einfach eine Wolfs-
burg AG, an der sich zudem zur Hälfte ein milliardenschwerer
Industriekonzern beteiligt hat.

Es wurde ja noch nicht einmal versucht. Vor Ort sollte man ihnen
sagen: Ihr habt so oder so viel Arbeitslose und bekommt für jeden, den ihr vermittelt, einen Bonus. So sollte ein Vermittler sein
Einkommen verbessern können. Mit seiner Vernetzung in seiner
Heimat und seiner Wirtschaftskenntnis hätte er zu den Unternehmen gehen sollen, um die Arbeitskräfte dort anzubieten und zu
fragen, welche Qualifikation gebraucht wird. Die Mitarbeiter der
Bundesagentur sollten in ihrer Vermittlungtätigkeit unternehmerisch handeln. Allerdings müssen sie dahingehend auch motiviert
werden.

Um die örtlichen Unternehmen in die Pflicht zu nehmen?

Ich verlange ja nicht, dass diese Unternehmen jemanden einstellen,
den sie nicht brauchen. Aber sie könnten mal darüber nachdenken,

wie sie einen oder zwei weitere Mitarbeiter wertschöpfend beschäftigen könnten. Warum soll man Unternehmen, die keinen Nachschub nach Nürnberg schicken, nicht einen Steuerbonus gewähren?

Damit würden wiederum die Steuerzahler zur Kasse gebeten, die Beschäftigung mitfinanzieren.

Die Steuerzahler zahlen doch längst für all die Langzeitarbeitslosen, die Arbeitslosengeld II oder Sozialhilfe erhalten. Was also ist Ihrer Meinung nach besser?

Als Florian Gerster, der Nachfolger von Bernhard Jagoda an der Spitze der Bundesagentur für Arbeit, im Januar 2004 über den zu hohen Abschluss eines Beratervertrages stürzte, waren Sie plötzlich als sein Nachfolger im Gespräch. Warum haben Sie nicht zugegriffen?

Vielleicht hätte ich mich als Vorstandsvorsitzender der Bundesagentur wenigstens für einen weiteren Teil der Umsetzung unserer Reformvorschläge einsetzen sollen. Ich hätte dann auch noch viel stärker versuchen können, die Menschen und auch die Mitarbeiter zu emotionalisieren. Heute bin ich jedenfalls der Meinung, ich hätte die Umsetzung der Kommissionsvorschläge – an welcher verantwortlichen Stelle auch immer – begleiten sollen.

Warum haben Sie es nicht getan?

Wolfgang Clement hätte es wohl gern gesehen, wenn ich die Nachfolge von Gerster angetreten hätte. Ich wäre auch mehrheitsfähig gewesen. Allerdings habe ich mich immer in der Industrie gesehen. Außerdem befand ich mich ja bereits auf der Zielgeraden zum Abschluss meiner beruflichen Tätigkeit. Ich wollte Ende 2005 in Pension gehen und mich dann vor allem meiner Stiftung widmen. Deswegen habe ich die Idee gar nicht ernsthaft geprüft. Im Rückblick war das wohl ein Fehler. Ich habe dem Kanzler und dem damaligen Wirtschaftsminister Clement noch ein Umsetzungskonzept erarbeitet und mit auf den Weg gegeben. Dort hatte ich die wichtigsten Schritte zur Umsetzung aufgelistet …

… und die haben das dann wahrscheinlich wieder in den »Bearbeitungsgang« gegeben …

… die haben es in den Bearbeitungsgang gegeben. Und da ich weder Mitglied der Bundesregierung war noch in Nürnberg Verantwortung trug, habe ich ziemlich schnell begriffen, dass mein Auftrag beendet war. Das war der Beginn meines Schweigens.

Wieder haben Sie ein flammendes Plädoyer für mehr Engagement gegen die Arbeitslosigkeit gehalten. Warum geben Sie nicht einfach auf, es hat Ihnen doch niemand wirklich zugehört?

Ich weiß es nicht. Die Arbeitslosigkeit lässt mich nicht los. Wir haben alle notwendigen Ressourcen, um die Menschen von der Straße zu holen, und mit der Großen Koalition jetzt sogar auch die Macht. Aber was macht die Koalition stattdessen?

Sie schließt politische Kompromisse.

Wobei die Politiker selbst zugeben, dass es sich um Kompromisse handelt. Sie sind damit sogar zufrieden. Wissen Sie, was ein politischer Kompromiss wirklich ist?

Ja, aber Sie wissen es wahrscheinlich besser.

Es ist die Faulheit, ein Problem zu lösen. Mir ist es nicht gelungen, die Menschen zu überzeugen und mitzureißen. Ich habe eine Zeit lang gedacht, ich könnte durch meine Position bei Volkswagen eine Initialzündung geben und die Leute anstecken. Mir ist es immer nur gelungen, Einzelne anzustecken. Aber der Funke ist einfach nicht übergesprungen. Wie viele positive Reaktionen habe ich bekommen, als ich bei VW noch in Amt und Würden war! Ich habe unzählige Gespräche mit den einflussreichsten Journalisten Deutschlands geführt, ich habe versucht, die großen Verlegerfamilien für das Thema Arbeitslosigkeit zu interessieren. Und immer habe ich gedacht, ich müsse sie überzeugen, sich endlich diesem Thema zuzuwenden und mitzudenken. Viele von ihnen habe ich einzeln getroffen, beim Weltwirtschaftsforum in Davos etwa, wo auch Medienunternehmer Hof hielten. Immer habe ich gedacht, sie müssten doch mit ihrer Macht und mit ihrem Geld zu einem Engagement zu bewegen sein. Wenn man sich überlegt, wie viele einflussreiche Leute sich in Davos versammeln, wie viel Reichtum und Macht. Wenn man diese Menschen nur anstecken könnte … Es ist mir nicht gelungen.

Was hätten denn Verleger tun sollen?

Nehmen wir mal Deutschlands größtes Zeitungshaus. Axel Springer hat in einer Präambel vier Ziele des Verlages festgelegt. Ein weiteres ist später dazugekommen. Er hat für die Wiedervereinigung gekämpft. Das hat sich erfüllt. Er hat sich für die Aussöhnung mit den Juden eingesetzt. Jetzt könnte sich der Verlag für die Lösung des größten Problems Deutschlands, der Arbeitslosigkeit, einsetzen. Stellen Sie sich mal vor, dieser mächtige Verlag würde sich in der Fortsetzung seiner politischen Ziele mit der ganzen Macht seiner Blätter der Bekämpfung der Arbeitslosigkeit verschreiben. Das wäre sicher auch in Springers Sinne. Die Medienmacht Springers, die Menschen zu Stars machen oder auch vernichten kann, muss doch in der Lage sein, Menschen in Deutschland zu mobilisieren, sich gegen die Arbeitslosigkeit zu engagieren. Ich habe versucht, Friede Springer für diese Idee zu gewinnen. Ihr Haus hat dann allerdings abgesagt. Ich erzähle das beispielhaft für viele freundlich-aufmunternde Absagen, die ich erhalten habe.

Vielleicht waren Sie kein guter Botschafter für mehr Engagement …

… weil ich ja immer in dem Ruf stand, besonders gewerkschafts- und vor allem regierungsnah zu sein. Zudem wurde ich immer parteipolitisch zugeordnet. Das mag auch den ein oder anderen davon abgehalten haben, sich der Bekämpfung der Arbeitslosigkeit zu verschreiben. Vielleicht wäre es viel wirksamer, der Bundespräsident selbst würde die Arbeitslosigkeit zu einem Thema machen und versuchen, mehr von den Mächtigen der Republik darauf einzuschwören. Aber die Arbeitslosigkeit ist auch sein Thema nicht. Was könnte der Bundespräsident gegen die Arbeitslosigkeit erreichen!

Sie träumen immer noch von der großen Bewegung, die über das Land rollt und die Arbeitslosigkeit hinwegfegt.

Wir hielten im Jahr 2000 bei Volkswagen einmal eine Zukunftskonferenz in Berlin ab. Auch eingeladen hatten wir einen Vertreter jener Bank aus Bangladesch, die den armen Teilen der Bevölkerung mit Minikrediten zur Selbsthilfe verhilft. Der Einfall hatte mich damals tief beeindruckt, vor allem aber das Engagement und der Traum, den Menschen zu helfen, sich Arbeit zu besorgen. Im vergangenen Jahr erhielt der Gründer der Bank, Mohammed Junus aus Bangladesch, den Friedensnobelpreis. Aus seiner Idee ist auch die Ich-AG entstanden. Ich habe nämlich damals darüber gegrübelt, wie man das Modell auf unser entwickeltes Gesellschaftssystem übertragen kann.

Sie haben Politik als großes Abenteuer mit ungutem Ausgang erlebt. Nach Ihrem Ausflug sind Sie wieder auf Distanz zur Politik gegangen. Haben Sie gespürt, dass die Politik ihrerseits auf Distanz zu Ihnen gegangen ist?

Das war zwangsläufig der Fall, denn mit der Umsetzung der Reformvorschläge, in die ich nicht mehr eingebunden war, verliert man sich notwendigerweise wieder etwas aus den Augen. Zudem habe ich mich nicht weiter bemüht, mit den Politikern im Gespräch zu bleiben. Viele Einladungen zu Diskussionen und Gesprächskreisen, Parteiveranstaltungen und Kongressen habe ich abgesagt. Ich war Personalvorstand bei VW. Es war mir so oder so nicht allzu angenehm, über diese staatsbürgerliche Aufgabe derart im Gespräch zu sein.

Fühlen Sie sich von der Politik missbraucht?

Missbraucht nicht, aber nicht ernst genug genommen.

Passen Manager und Politiker zusammen?

Früher hätte ich gesagt, sie bilden eine sehr gute Symbiose. Manager sollten in die Politik gehen und umgekehrt. Heute sehe ich das anders. Tatsächlich ist es so, dass die Politik ein eigenes, knallhartes Geschäft ist, mit Regeln, Erfahrungen und daraus abgeleiteten Verhaltensweisen, mit einem Machiavellismus – auch in einer Demokratie. Heute weiß ich, dass man das politische Geschäft erfahren und gelernt haben muss, um dort zu bestehen und dabei seinen Charakter nicht zu verlieren. Ich weiß heute, dass Politiker eine eigene Spezies sind mit einer ganz eigenen Ausbildung für die Spitzenpositionen …

… die zu den Managern eigentlich nicht passt?

Zumindest stehen sie auf der anderen Seite. Die Manager sind auf Wertschöpfung und messbare Erfolge gedrillt. Sie denken über Kosten, Kunden und Märkte nach. Von ihnen werden mehr Präzision und viel schnellere Entscheidungen gefordert. Im Rahmen ihrer Zuständigkeiten müssen sie viel weniger Rücksicht nehmen. Sie werden nach dem Markterfolg beurteilt, nicht nach Wahlstimmungen und tatsächlichem Wählerverhalten. Deshalb meine ich heute, dass beide Tätigkeiten nicht zusammengehören und aktive Manager in der Politikberatung nichts verloren haben. Der Wechsel von der Politik in die Wirtschaft und umgekehrt ist nur möglich, wenn man mit dem einen Leben abschließt und ein neues beginnt.

Ist Politik ein schmutziges Geschäft?

Schmutzig nicht, aber sehr, sehr hart, mit ganz anderen Kampfmethoden als in der Wirtschaft. In der Wirtschaft gibt es den Wettbewerb um Kunden und Märkte. Auch der ist sehr hart und brutal und verlangt nach eigenen Überlebensstrategien. Die Ziele und die Methoden, diese Ziele zu erreichen, sind in Politik und Wirtschaft unterschiedlich. Aber um die Verteilung des Kuchens wird mit gleicher Konsequenz und Härte gekämpft. Jedes Geschäft, die Politik genauso wie die Wirtschaft, hat seine eigenen Regeln. In den Regeln der Politik kannte ich mich zu wenig aus.

Das ist schwer nachzuvollziehen. Ganz so naiv, wie Sie sich dar-stellen, können Sie unmöglich gewesen sein. Sie sind Partei-mitglied, Gewerkschaftsmitglied, haben einen politisch äußerst versierten Bruder und hatten schon vor Ihrem Abenteuer in der Bundespolitik sehr viel mit Politikern zu tun. Das politische Geschäft müssten Sie eigentlich sehr gut kennen.

Das mag vor allem für die Landespolitik gelten und für politische Prozesse überhaupt. Aber die Raffinesse und die vielen Fallstricke in der Bundespolitik habe ich sicher nicht so gesehen. Oder aber ich habe sie verdrängt, weil ich mit dem Auftrag, die Leitung der Kom-mission für den Arbeitsmarkt zu übernehmen, die faszinierende Chance sah, endlich etwas gegen das große Übel der massenhaften Langzeitarbeitslosigkeit zu tun. Im Übrigen war ich ja nicht allein. Die Kommission bestand aus 15 renommierten Mitgliedern, die allesamt an den Reformvorschlägen gearbeitet und sie am Ende auch vertreten haben. Und sicher haben auch sie geglaubt, dass das Gros unserer Vorschläge umgesetzt würde, um dann im Zu-sammenhang ihre Wirkung zu entfalten.

Sehr viele Leute – nicht nur Politiker – teilen Ihre Ansichten zur Reform des Arbeitsmarktes nicht. Haben Sie nie an der Richtig-keit Ihrer Ideen gezweifelt?

Wenn es mir nicht gelingt, die Menschen zu überzeugen, dann hat das doch nichts damit zu tun, ob eine Idee richtig oder falsch ist. Ich glaube immer noch, dass wir in Deutschland das Problem der Arbeitslosigkeit lösen können.

Der Sturz

Der Sturz von Peter Hartz im Sommer 2005 wird zu einem dramatischen Spektakel. In der Politik ist sein Stern bereits gesunken. Die nach ihm benannten Sozialreformen haben die Menschen im Land polarisiert. »Hartz IV« ist zum Inbegriff eines harten Sozialabbaus geworden, gegen den Hunderttausende auf die Straßen ziehen. Hartz selbst wird zum Buhmann, die Reform gerinnt zum Fiasko für die rot-grüne Bundesregierung. Im Frühjahr 2005 wirft Kanzler Schröder das Handtuch. Neuwahlen werden für den Herbst angesetzt.

Wenige Monate vor der Bundestagswahl gerät Peter Hartz als Personalvorstand bei Volkswagen unter Druck. Zwei seiner Mitarbeiter haben ein Geflecht aus Tarnfirmen errichtet, um sich an Investitionsprojekten des Konzerns im Ausland zu bereichern. Die Mitarbeiter werden fristlos entlassen. Die Rache folgt auf dem Fuß. Einer der Mitarbeiter berichtet in der Presse und in Vernehmungen der Staatsanwaltschaft, die ihre Ermittlungen längst aufgenommen hat, von exzessiven »Lustreisen« des VW-Betriebsrats auf Konzernkosten und belastet Hartz schwer. Auch er soll sich auf Kosten von Volkswagen amüsiert haben.

Im Juli 2005 bietet Peter Hartz seinen Rücktritt an. Im August verlässt er den Konzern. Die Staatsanwaltschaft in Braunschweig stellt ihn unter Tatverdacht – und ermittelt. So ist im Oktober 2005, kurz vor der Wahl, aus Schröders Lichtgestalt eine Skandalfigur geworden. Die Medien zeichnen das Bild eines Managers, der keine Hemmungen hatte, Betriebsräte zu begünstigen. Im Januar 2007 muss sich Peter Hartz als Erster der in den VW-Skandal Involvierten in einem Strafprozess vor dem Landgericht Braunschweig verantworten. Über die strafrechtliche Verantwortung der anderen Beteiligten ist zu der Zeit noch nicht entschieden. Hartz wird zu zwei Jahren Freiheitsentzug auf Bewährung und einer Geldstrafe von 576 000 Euro verurteilt.

Anlage- und Managementvertrag

zwischen

Herrn Klaus Gebauer

Stellvertretend für sich selbst und Herrn Dr. Helmuth Schuster
nachfolgend KG genannt

und

Herrn ███████████

Stellvertretend für die ███████████████ (Dubai) ████████████████ und
Herrn ████
nachfolgend ███ genannt

KG hat verschiedene Investitions- und Handelsprojekte an ███ vermittelt, insbesondere:

1. AnCar (Angola)
2. Volkswagen India
3. Skoda Prag
4. Volkswagen Pension Trust

Alle Projekte werden über Firmen der ██████████████, ████████████████ und die ██
███████████ realisiert und abgewickelt. Herr ███████████, Commerzbank AG unterstützt alle Projekte
logistisch und fungiert zusätzlich als Schnittstelle zwischen KG und ███, so wie als Kontrollstelle.

███ bestätigt, dass mit Ausnahme von Projekt 4 (Volkswagen Pension Trust) alle operativen Gewinne
und Verluste, sowie alle Erlöse aus Veräusserungen von Projektanteilen/Firmenanteilen wie folg█
zwischen den beiden Parteien aufgeteilt werden:

- KG erhält 2/3 der Ergebnisse
- ███ erhält 1/3 der Ergebnisse

Beide Parteien regeln jeweils intern die Verteilung der Anteile mit ihren jeweiligen Partnern.

███ organisiert in einem steuerbegünstigten Drittland zwei Gesellschaften für die Partner der Partei K█
und lässt alle Nettoerlöse nach Vorgaben von KG dorthin transferieren.

Die schweizerische Firma █████████████, 100%ige Tochter der ██████████, steht für KG bere█
und fungiert für alle zukünftigen Aktivitäten, für die eine schweizerische Firma benötigt wird, zunächs█
primär für das Projekt AnCar Angola.

Über ████████████ wird ██ versuchen, den beiden Herren von KG jeweils eine schweizerisch█
Aufenthaltsgenehmigung zu verschaffen.

███████████████ geniesst ein behördlich verhandeltes und garantiertes zeitlich unbefristete█
Steuerprivileg (maximaler Steuersatz 0-9,8%). KG übernimmt die Gesellschaft, die frei von alle█
Engagements und Verbindlichkeiten ist, zu einem Preis von € 33'000, der als Einmalzahlung mit erste█
Bezügen bei ████████████ fällig wird. Die monatlichen Verwaltungsgebühren belaufen sich auf
800,--

Anlage- und Managementvertrag

zwischen

Herrn Klaus Gebauer
Stellvertretend für sich selbst und Herrn Dr. Helmuth Schuster
nachfolgend KG gennant

und

Herrn
Stellvertretend für die ███████████████████ (Dubai) ████████████████████ und
Herrn ████████
nachfolgend ███ gennant

Seite 2

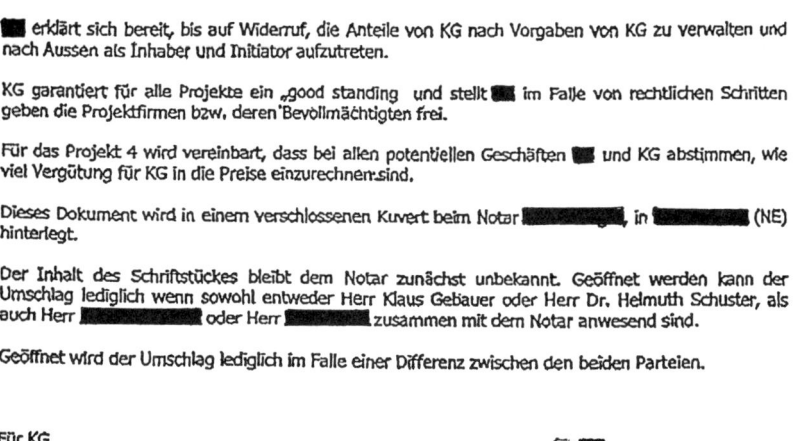

███ erklärt sich bereit, bis auf Widerruf, die Anteile von KG nach Vorgaben von KG zu verwalten und nach Aussen als Inhaber und Initiator aufzutreten.

KG garantiert für alle Projekte ein „good standing" und stellt ███ im Falle von rechtlichen Schritten geben die Projektfirmen bzw. deren Bevollmächtigten frei.

Für das Projekt 4 wird vereinbart, dass bei allen potentiellen Geschäften ███ und KG abstimmen, wie viel Vergütung für KG in die Preise einzurechnen.sind.

Dieses Dokument wird in einem verschlossenen Kuvert beim Notar █████████████, in ███████████ (NE) hinterlegt.

Der Inhalt des Schriftstückes bleibt dem Notar zunächst unbekannt. Geöffnet werden kann der Umschlag lediglich wenn sowohl entweder Herr Klaus Gebauer oder Herr Dr. Helmuth Schuster, als auch Herr █████████████ oder Herr ████████████ zusammen mit dem Notar anwesend sind.

Geöffnet wird der Umschlag lediglich im Falle einer Differenz zwischen den beiden Parteien.

Für KG   für ███

Klaus Gebauer   ████████████████

Neuchâtel, den 11.10.2004

»›Im Namen des Volkes‹ – diese Worte haben mich ins Mark getroffen«

Herr Hartz, an welchem Tag begann für Sie die Welt einzustürzen?

Das war der 15. Juni 2005. Nachmittags – gegen halb vier muss es gewesen sein – bekam ich einen Anruf von Bernd Pischetsrieder, dem damaligen Vorstandsvorsitzenden von Volkswagen. Ob ich mal reinschauen könne, fragte er mich. Es war die Bitte, mich in sein Büro zu begeben, das sich auf der anderen Seite des Flurs befand. Arglos ging ich hinüber. Dass er anrief, war schließlich nicht ungewöhnlich. Ich setzte mich, er zündete sich eine Zigarre an und gab mir zwei DIN-A4-Seiten zu lesen.

Und was war das?

Es handelte sich um einen Anlage- und Managementvertrag. Die Revision der Commerzbank hatte das Papier im Juni offenbar bei einem ihrer Mitarbeiter entdeckt und Volkswagen davon in Kenntnis gesetzt; denn bei einer der Vertragsparteien handelte es sich um zwei Mitarbeiter von Volkswagen: Helmuth Schuster und Klaus-Joachim Gebauer. Beide gehörten zu meinem Konzernressort. Ich las die beiden Seiten. Äußerlich bin ich dabei wohl recht ruhig geblieben, doch ist mir während der Lektüre dieses Vertragswerks das Blut in den Adern gestockt. Die beiden hatten mit zwei mir unbekannten Herren – einer davon war jener Commerzbankmitarbeiter, den ich anfangs erwähnte – einen Vertrag über Projekte des VW-Konzerns geschlossen. Aus der Konstruktion des Vertrags ging deutlich hervor, dass sich meine beiden Mitarbeiter an den im Planungsstadium befindlichen Handels- und Investitionsvorhaben über ein Geflecht zwischengeschalteter Firmen bereichern wollten. In dem Vertrag waren die Projekte explizit genannt: ein Handelsprojekt, um den angolanischen Markt zu erschließen, dann das Investitionsprojekt Volkswagen India. In Indien sollte irgendwann einmal ein Werk gebaut werden. Hinzu kam noch ein Vorhaben von Škoda in Prag, wobei es um den Bau eines Automobilforums ging.

Diese Projekte sollten über eine oder mehrere Firmen vermittelt werden, an denen Schuster und Gebauer indirekt beteiligt waren und deren Gewinne zu zwei Dritteln in ihre Taschen fließen sollten. Das letzte Drittel bekamen die Miteigentümer der Firmen, über die die VW-Projekte laufen sollten. Die Nettoerlöse sollten an Gesellschaften in einem steuerbegünstigten Drittland fließen. Außerdem wollten sich Schuster und Gebauer Schweizer Aufenthaltsgenehmigungen besorgen – ich denke einmal, für den Fall, dass sie sich absetzen wollten. Das vierte Ziel war der Volkswagen Pension Trust, die Pensionskasse der Belegschaft mit insgesamt 1,6 Milliarden Euro angelegter Mittel. Bei allen potenziellen Geschäften mit der Kasse wollten sich Schuster und Gebauer mit ihren zwielichtigen Vertragspartnern jeweils im Einzelnen abstimmen, wie viel Vergütung in ihre Tasche fließen sollte. Hier ging es also um eine Straftat im Zusammenhang mit den Pensionsanlagen. Das Dokument sollte schließlich in einem verschlossenen Umschlag bei einem Schweizer Notar hinterlegt werden, der den Inhalt nicht kennen sollte.

Hatten Ihre beiden Mitarbeiter bereits großen Schaden angerichtet?

Das konnte ich im Moment der Lektüre dieser beiden Seiten noch überhaupt nicht abschätzen. Jedes der aufgeführten Projekte löste bei mir eine Assoziation aus. Das Projekt in Indien befand sich noch im Planungsstadium. Die Erschließung des Marktes in Angola war hingegen schon weiter gediehen. Die Sprache aber hat mir eigentlich verschlagen, dass auch unsere Pensionskasse Ziel der Machenschaften von Schuster und Gebauer war. Die Ermittlungen der Staatsanwaltschaft zu all den im Vertrag genannten Firmen und Personen haben Akten über Akten gefüllt. Es war bereits ein schier undurchsichtiges Geflecht an Tarnfirmen entstanden. Der dadurch entstandene Schaden war allerdings am Ende sehr gering. Offenbar sind die Herren noch nicht wirklich zum Zuge gekommen – von dem Projekt in Indien einmal abgesehen.

Was hatten die beiden Herren denn mit der Pensionskasse zu tun?

Schuster war Mitglied des Vorstands der Pensionskasse. Wir hatten einige Jahre zuvor die betriebliche Altersversorgung unserer Mitarbeiter ausgelagert. Normalerweise werden die Pensionsverpflichtungen in der Bilanz als Rückstellungen geführt. Wir hatten die Pensionszusagen vom Konzern wirtschaftlich getrennt. Deshalb die Auslagerung in eine Kasse. Bei den Ermittlungen hat sich später herausgestellt, dass Schuster allein mit der Pensionskasse überhaupt nichts hätte anfangen können. Deswegen ist der Kasse auch kein Schaden entstanden. Aber das konnte ich in dem Moment, als ich den Managementvertrag las, noch nicht wissen.

Hat sich der gesamte Vorstand mit diesem Vertrag befasst?

Nein. Es ging alles ganz schnell. Der Vertrag fiel in meine Zuständigkeit, weil es sich um Mitarbeiter des Personalbereichs handelte. Helmuth Schuster hat es bis in den Vorstand von Škoda gebracht. Er genoss mein besonderes Vertrauen. Gebauer, ein Personalmanager, fungierte zunächst als Bindeglied zwischen dem Personalwesen und dem Betriebsrat. Er organisierte die Sitzungen der Unternehmensgremien, soweit Betriebsräte daran teilnahmen, und irgendwann dann auch die Reisen des Betriebsrats. Am Ende war er vor allem für und mit Klaus Volkert unterwegs und hat sich um ihn gekümmert. Somit fühlte ich mich für die Aufklärung zuständig. Als mich Bernd Pischetsrieder an jenem Nachmittag des 15. Juni fragte, was wir zu tun gedächten, sagte ich, es gebe nur einen Weg, darauf zu reagieren: die fristlose Entlassung.

Haben Sie die beiden denn persönlich zur Rede gestellt?

Ich wollte. Doch dazu kam es gar nicht mehr. Das erledigten die zuständigen Personalchefs für Führungskräfte und der Chef der Revision. Ich glaube, sie wollten mir die Gespräche ersparen. Aus deren Sicht mag das nicht die Sache eines Konzernvorstands gewesen sein. Sie machten Nägel mit Köpfen: Schuster wurde sofort fristlos gekündigt. Gebauer, der sich damals in Lissabon aufhielt, wurde von den Herren zurück nach Wolfsburg zitiert und am darauffolgenden Tag entlassen.

Hatten Sie in dem Moment, da Sie mit Pischetsrieder über die Entlassung der Manager entschieden, schon darüber nachgedacht, dass sich Ihre Mitarbeiter rächen und der ganzen Angelegenheit eine völlig neue Wendung geben könnten?

Ich wusste, dass Gebauer durch seine Funktion viele persönliche Dinge von vielen wusste. Doch stand er kurz vor seiner Pensionierung. Er hatte bereits seit einiger Zeit einen Vorruhestandsvertrag auf dem Tisch liegen, zierte sich aber noch. Er war 32 Jahre im Hause gewesen und wollte nicht gehen. Gebauers Vorgesetzter hatte sich wohl noch bemüht, ihn vor der fristlosen Kündigung dazu zu bringen, seinen Vorruhestandsvertrag zu unterschreiben. Dann wäre diese Seite geregelt gewesen. Doch dazu kam es nicht: Gebauer nahm sich sofort einen Anwalt. Dabei handelte es sich um den FDP-Politiker und Rechtsanwalt Wolfgang Kubicki. Und der sollte dann wenig später in der Eskalation der Vorgänge eine wichtige Rolle spielen.

Warum sollte Gebauer vorzeitig in den Ruhestand versetzt werden?

Das Fass zum Überlaufen brachte ein Vorfall in einem Berliner Hotel. Auch sein Umgang mit den eigenen Spesen hatte schon seit geraumer Zeit in seinem Umfeld Zweifel erregt. Pischetsrieder war darüber informiert worden und hatte daraufhin die Kündigung von Gebauer empfohlen.

Bei diesem Vorfall handelte es sich um einen Auftritt in der Lobby eines bekannten Hotels, in der er angetrunken und spärlich bekleidet erschienen war. Warum haben Sie ihm nicht umgehend gekündigt?

Weil es sehr schwierig ist, jemanden, der arbeitsrechtlich nicht verwarnt ist, nach 32 Jahren der Betriebszugehörigkeit fristlos zu kündigen. Dieser Prozess ist vor einem Arbeitsgericht kaum zu gewinnen. Außerdem stand er, wie gesagt, kurz vor seiner Pensionierung. Ich habe damals entschieden, dass er vorzeitig pensioniert werden sollte, und ihn erst einmal zur Kur geschickt. Allerdings habe ich nicht gewusst, dass er eine Pensionierung partout nicht akzeptieren wollte. Dabei hatte ich noch gedacht, er wäre froh, glimpflich davonzukommen. Wir waren uns einig, dass im Fall Gebauer gehandelt werden musste. Es sollte alles behutsam abgewickelt werden, denn natürlich war mir klar, dass man Gebauer aufgrund seiner Kenntnisse vieler privater Einzelheiten nicht reizen sollte.

> *Wie sich bald herausstellen sollte, verfügte der Personalmanager aus Ihrem Ressort tatsächlich über brisantes Wissen. Er wusste aufgrund seiner Tätigkeit als Organisator weltweiter Reisen von Mitgliedern des Betriebsrats, wie diese Reisen abgelaufen waren, sei es in Indien, Kuba, China, Prag oder sonst wo. Er hatte dafür gesorgt, dass sich die Mitreisenden neben ihrer Arbeit auch gut amüsierten. Er hat auf Bestellung Prostituierte besorgt und Bordellbesuche organisiert. So wusste er oder gab vor zu wissen, wer der Mitreisenden seine Vermittlungsdienste in Anspruch genommen hat.*

Was er wusste, brauche ich Ihnen wohl kaum zu erklären. Das hat er in einer sogenannten »Lebensbeichte« en détail niedergeschrieben.

> *Diese »Lebensbeichte« glich einer Bombe. – Sie haben gesagt, dass Wolfgang Kubicki, der FDP-Politiker und Anwalt Gebauers, eine wichtige Rolle in der VW-Affäre spielen sollte. Können Sie das erklären?*

Es ist meine Interpretation der Dinge. Kubicki hat seinem Mandanten offenbar empfohlen, statt eines Protokolls der ihn betreffenden Ereignisse eine umfassende »Lebensbeichte« zu verfassen. Kubicki hat sodann den darin liegenden Sprengstoff erkannt: In der »Lebensbeichte« ging es auch um private Vergnügungen auf den von Gebauer organisierten Dienstreisen einzelner Betriebsräte.

> *Schnell wurde auch klar, dass all die Vergnügungen auf Kosten von Volkswagen abgerechnet worden waren. Gebauer behauptete darüber hinaus, auf Anweisung von Ihnen gehandelt zu haben und auch für Sie tätig geworden zu sein.*

Gebauer war es über die Jahre wohl auch darum gegangen, immer mehr Mitarbeiter in sein System hineinzuziehen. Die Einzelheiten hat er in seiner »Lebensbeichte« niedergelegt. Auch hat er hinreichend Interviews über den pikanten Teil gegeben und nicht nur der Staatsanwaltschaft Rede und Antwort gestanden. Damals, in den ersten Tagen nach dem Auftauchen dieses Managementvertrags von Schuster und Gebauer, war ich noch keine Hauptfigur. Ich empfand mich als derjenige, der von seinen Mitarbeitern hintergangen worden war. Die sogenannte »Lebensbeichte« gelangte auf den Kommunikationsmarkt. Raffiniert wurde der brisante Stoff portioniert weitergegeben, und damit geriet der Ausgangspunkt dieser ganzen Affäre in den Hintergrund.

> *Mit anderen Worten: In der Presse ging es daraufhin bald nur noch um die Lustreisen bei VW. Hat Volkswagen von der Verbreitung der pikanten Einzelheiten aus der »Lebensbeichte« Gebauers erst etwas mitbekommen, als Ende Juni 2005 die ersten Berichte über Vergnügungsreisen von Mitgliedern des Gesamtbetriebsratsausschusses erschienen?*

Natürlich hat Volkswagen mitbekommen, welche Nachrichten auf dem Markt waren. Unser Kommunikationschef kam ziemlich schnell aufgeregt zu mir und berichtete, welche Gerüchte kursierten. Ich selbst kenne die Netzwerke ja nicht, über die so etwas dann verbreitet wird. Das alles muss in den ersten 72 Stunden nach der Kündigung Gebauers stattgefunden haben. Die boulevardhungrigen Reporter sind ausgeschwärmt und haben recherchiert. Und dann tauchten auch schon die ersten Geschichten auf.

Noch einmal zu Gebauer: War Ihnen an jenem 15. Juni nicht klar, dass er sich für seine Kündigung rächen und auspacken würde?

Das war mir überhaupt nicht klar. Auf diese Idee bin ich nicht gekommen.

In der Presse war Anfang Juli zu lesen, auch Sie hätten sich auf den Reisen des Betriebsrats an den Vergnügungen, die von Gebauer über Volkswagen abgerechnet wurden, beteiligt. War das so?

Diese Frage berührt mein Privatleben, das niemanden etwas angeht. Sie hat jedenfalls mit VW nichts zu tun. Lassen Sie mich an dieser Stelle ganz klar sagen: Ich habe mich nie auf Kosten von Volkswagen amüsiert.

Gebauer allerdings behauptet in seiner Vernehmung durch die Staatsanwaltschaft immer wieder das Gegenteil. Wer hat recht?

Die Medien haben die »Lebensbeichte« Gebauers dankbar aufgenommen und mich daraufhin sehr schnell zum Kopf eines Vergnügungstrios gemacht, der ich nie gewesen bin. Sie haben mich aufgrund der Aussage einiger Personen ziemlich schnell verurteilt. Dieses Bild von mir ist in der Welt.

Sie also weisen die Behauptungen Gebauers von sich. Aber Sie wussten, dass sich verschiedene Herren des Gesamtbetriebsrats auf ihren Reisen durch die Welt auch gut amüsierten?

In der Geschäftswelt ist das alles wirklich nichts Besonderes. Amüsement am Rande von Dienstreisen findet vielerorts statt. Für mich war das insofern nicht zu beanstanden, als dass ich selbstverständlich davon ausgegangen bin, dass die Betroffenen auf den Reisen ihre Arbeit tun und ihr privates Vergnügen im Anschluss daran privat bezahlen. Wenn Sie für Ihr Unternehmen auf Reisen gehen, hart arbeiten und anschließend abends die Gelegenheit nutzen, um sich, sagen wir mal in der Metropolitan Opera in New York, eine

Vorstellung anzusehen oder sich anderweitig zu amüsieren, dann ist dagegen so lange nichts zu sagen, wie Sie sich die Kosten des Vergnügens nicht vom Unternehmen erstatten lassen.

Nun waren die Herren aber nicht in der Oper, sondern eben andernorts?

Wollen Sie da grundsätzlich einen Unterschied machen? Einige der Teilnehmer haben sich – wie auch immer – auf Unternehmenskosten vergnügt, und genau da haben sie die Grenze überschritten.

Wie hat sich der VW-Konzern öffentlich zu den Vorwürfen gestellt?

Gar nicht oder eben ohne Konzept. Ich hätte die Kommunikation für mich persönlich selbst in die Hand nehmen sollen. Im Nachhinein erwies sich meine eigene Zurückhaltung als Fehler.

Sie tun gerade so, als wäre Ihr Sturz vor allem auf die Kommunikationsfehler von VW zurückzuführen. Heute aber sind Sie wegen eigener Fehler verurteilt?

Natürlich habe ich Fehler gemacht. Sie haben aber zunächst nach der Kommunikation gefragt. Am 28. Juni hat Volkswagen bei der Staatsanwaltschaft in Braunschweig aufgrund des Managementvertrags Anzeige gegen Schuster und Gebauer erstattet. Keiner hatte sich Ende Juni vorstellen können, was für eine mediale Eskalation in ganz anderer Richtung noch bevorsteht.

Sie meinen, dass es in der Presse alsbald nur noch um die Vergnügungstouren des Betriebsrats gehen würde und nicht mehr um den Versuch von Schuster und Gebauer, VW einen Schaden in Millionenhöhe zuzufügen. Woher rührte diese Fehleinschätzung?

In einem so großen Konzern wie Volkswagen ist immer etwas los. Alle paar Monate gibt es irgendetwas, über das dann auch berichtet wird. Das vollzieht sich in Wellen. Erinnern Sie sich an die Vorwürfe der Industriespionage gegen Ignacio López oder an die Abgeordnetenaffäre. Wenn man immer wieder mit so etwas konfrontiert ist, sagt man sich aus Erfahrung, dass das in ein paar Wochen vorüber ist. Bernd Pischetsrieder ließ die Sache laufen. Und ich auch, denn ich war unmittelbar nach dem 15. Juni ganz und gar damit beschäftigt, das Ausmaß des Schadens, der durch diesen Managementvertrag hätte entstanden sein können, zu überblicken. Keiner von uns wusste, wie weit die darin verabredeten Machenschaften schon gediehen waren. Ich kämpfte also an einer Front, die schon in den nächsten Stunden gar nicht mehr die für mich persönlich entscheidende war. Ich habe in diesen Tagen überhaupt nicht wahrgenommen, was sich auf der anderen Seite gegen mich zusammenbraute …

… als Gebauer und Kubicki die Affäre zu ihrem eigenen Vorteil zu steuern begannen.

Kubicki hat sicher begriffen, dass er als Erstes mal die Glaubwürdigkeit von Gebauer herstellen musste. Außerdem wusste er, dass er sich die Medien zu Verbündeten machen musste. Diesen Schachzug, mit ganz anderen Themen als dem Managementvertrag auf den Informationsmarkt zu gehen und die Mechanismen der Skandalierung auszulösen, habe ich in seiner Wirkung nicht richtig eingeschätzt. Befördert wurde dies alles durch die Konkurrenz der Medien. Wer hat die besten, die wildesten Storys? Gerüchte über Unsummen für die Geschichten aus der »Lebensbeichte« Gebauers kursierten. Heute denke ich, dass sich in den ersten 72 Stunden nach dem Auftauchen des Managementvertrags und der Kündigung Schusters und Gebauers der weitere Verlauf der Vorgänge entschieden hat. Die vielen medialen Attacken auf meine Person haben in diesen ersten Tagen angefangen. Ich habe zunächst überhaupt nicht darüber nachgedacht, dass auch ich einen persönlichen Anwalt brauchen würde. Ich ging davon aus, dass Volkswagen die Dinge in die Hand nehmen und eine aktive Kommunikationspolitik betreiben würde. Innerhalb von drei, vier Tagen hätte ich zu einer Pressekonferenz einladen, meine Sicht der Dinge erklären und in die Offensive gehen müssen. Danach hätte ich rechtlich gegen falsche Behauptungen vorgehen sollen, denn vieles war falsch. Ich habe mich viel zu spät gegen die hanebüchenen Berichte gewehrt. Allein an welchen Orten auf dieser Welt ich überall mit von der Partie gewesen sein soll! Scherben hätte es im Übrigen noch genug gegeben, die Fehler, die ich gemacht habe, wären dadurch auch nicht aus der Welt geschaffen worden. Aber die Vorgänge hätten nicht diese derart prekäre Richtung bekommen, in der ich zum Kopf eines Amüsierbetriebs bei Volkswagen geschrieben worden bin.

Der Einzige, der strategisch geschickt reagiert hat, war also Gebauer?

Für den Rachefeldzug, den er angetreten hat, hat er sich wohl den richtigen Anwalt genommen. So jedenfalls sehe ich es. Ich versuchte immer noch, den Schaden aus den geplanten Scheingeschäften und Tarnfirmen für VW zu begrenzen und bekam überhaupt nicht mit, dass ich im Grunde längst erledigt war.

Wobei es Sie nicht als Unschuldigen getroffen hat.

Sie wollten zunächst von mir wissen, wie ich in diesem Sommer 2005 den Einsturz meiner eigenen Welt erlebt habe. Zu meinen Fehlern und meiner Schuld kommen wir noch.

In seiner Vernehmung durch die Staatsanwaltschaft Braunschweig hat der damalige Vorstandsvorsitzende Pischetsrieder später gesagt, er nehme an, dass all die Dinge, die ans Licht kommen würden und die Gebauer dann durch seine »Lebensbeichte« auch ans Licht gebracht hat, Ihnen vorher bekannt waren. Ihm, Pischetsrieder, hingegen sei davon nichts bekannt gewesen.

Ich habe sicher einiges gewusst. Aber das Ausmaß wurde mir erst hinterher klar. Ich hatte mir vor allem gar nicht vorstellen können, was alles auf Kosten von Volkswagen geschehen war.

Noch einmal zu Ihnen: Gebauer wusste persönliche Dinge auch von Ihnen. Haben Sie sich damit nicht ein Stück weit in seine Hand begeben?

Die Frage berührt meine Privatsphäre; ich bitte Sie, dies zu respektieren. Sie müssen einfach verstehen, dass ich dazu keine weiteren Fragen beantworten werde.

Wie liefen denn diese Reisen nach vermeintlich getaner Arbeit ab, an denen Sie ja auch häufig teilgenommen haben?

Das weiß ich nicht. Ich war schließlich nicht ständig mit den Herren unterwegs. Ich bin meistens einen Tag dazugestoßen oder auch mal anderthalb Tage. Dann aber flog ich mit meiner Entourage, die ich als Konzernvorstand nun mal immer dabeihatte, weiter, denn ich hatte einen sehr dicht gedrängten Terminkalender. Immerhin produziert Volkswagen Autos in mehr als 40 Ländern. Von gemütlichen Feierabendstunden konnte also nur selten die Rede sein.

Sprechen wir über Ihren langjährigen Mitarbeiter Helmuth Schuster, seinerzeit Personalvorstand von Škoda, der sich offenbar an den Geschäften von Volkswagen persönlich bereichern wollte. Er war einer Ihrer engsten Mitarbeiter gewesen ...

... über den ich eigentlich nicht mehr sprechen möchte.

Was ist er für ein Mensch?

Er ist hochintelligent. Er war derjenige, der viele meiner oft halbgaren Ideen geprüft und ausgearbeitet hat. Schuster war ungeheuer ehrgeizig und effizient. Von seiner Zielstrebigkeit und Intelligenz habe ich mich sicher faszinieren lassen.

Allerdings hatte Schuster wohl innerhalb des Konzerns längst keinen ganz untadeligen Ruf mehr. Frauengeschichten wurden kolportiert. Außerdem ahnte so manch einer der Mitarbeiter, dass er mit Geschäftspartnern von zweifelhafter Reputation verkehrte. Ihnen gegenüber aber hat er wohl ein anderes Bild von sich gezeichnet, das nicht ganz der Realität entsprach.

Der Ruf, den Sie ansprechen, war mir nicht bekannt. Und daran sehen Sie, wie wenig man manchmal als Vorstandsmitglied mitbekommt. Keiner hat sich bei mir über Schuster beschwert, weil alle wussten, dass ich ihn förderte. Schuster wusste, wie viel Wert ich auf Geradlinigkeit lege. Er wusste, was ich erwartete. Er hat aus meiner Sicht alles dafür getan, dass sein Bild bei mir diesen Erwartungen entsprach …

> *… weil er auch wusste, dass Sie die Macht hatten, seine Karriere zu befördern. Durch Sie ist er schließlich Personalvorstand bei Škoda geworden. Sind Sie nie misstrauisch geworden?*

Doch. Es gab einen Moment, da ich mir seiner Aufrichtigkeit nicht mehr ganz sicher war. Es ging um unsere Pensionskasse. Eines Tages machte mich die Revision aufgrund eines Hinweises darauf aufmerksam, dass Schuster, der Vorstandsmitglied der Kasse war, Geld in einer Form anlegen wollte, die nicht vorgesehen war. Das war etwa ein Jahr vor dem Auftauchen des Managementvertrags. Die Unterlagen dazu lagen auf meinem Schreibtisch. Ich habe mich gewundert und beschlossen, Schuster eine Weile lang zu beobachten und dann darauf anzusprechen. Langfristig, so hatte mir die Revision anheimgestellt, sollte der Pensionsfonds seiner Verantwortung entzogen und in andere Hände gelegt werden. Ich hatte das auch vor.

> *Aber gehandelt haben Sie erst mal nicht?*

Nein, aber ich hatte es vor. Nur hatte ich nicht geglaubt, so schnell reagieren zu müssen.

> *Hat Schuster Sie instrumentalisiert? Mitarbeiter behaupten, er habe sie in dem Glauben gelassen, alles, was er veranlasste, sei mit Ihnen abgesprochen.*

Er kannte mich sehr gut und wusste deshalb, in welchen Dingen ich ähnlich dachte. Das mag dazu geführt haben, dass er mit meiner Autorität das eine oder andere durchzusetzen versuchte, über das wir nicht gesprochen hatten. Das allerdings ist in großen Konzernen nicht unüblich, sondern ein sehr menschliches Verhalten. Es muss auch nicht immer in böser Absicht geschehen.

Haben Sie das nie gemerkt?

Das merkt man schon. Aber das gehört zum Geschäft. Und nicht nur in großen Konzernen. Was meinen Sie, wer im Namen des Bundeskanzlers oder der Bundeskanzlerin das eine oder andere erklärt? Ich kenne genügend Führungspersönlichkeiten aus Politik und Wirtschaft, die sich immer wieder über so ein Verhalten beklagen.

Kehren wir zurück zum Hergang der Ereignisse. Am 30. Juni 2005 trat der Betriebsratsvorsitzende Klaus Volkert recht unvermittelt zurück. Dass er in die Affäre verwickelt war, ließ sich erahnen. Mit dem Managementvertrag von Schuster und Gebauer hatte Volkert nichts zu tun. Trotzdem hat er mit Schuster und Gebauer Geschäfte gemacht.

Volkert hielt Anteile an einer Firma, die sich um das Projekt eines Automobilforums in Prag kümmern sollte. Sie hieß F-Bel. Als Volkert am 30. Juni aus Altersgründen als Gesamtbetriebsratsvorsitzender zurücktrat, wusste ich das bereits. Er hatte es mir ein paar Tage zuvor gebeichtet. Ich war bestürzt.

Nach dem 15. Juni, also jenem Tag, an dem der Vertrag auftauchte, hat er Ihnen gegenüber noch etliche Tage so getan, als sei alles in Ordnung?

Volkert hat mich über seine Anteile an F-Bel am Sonntag, dem 26. Juni, informiert. An diesem Sonntag sprachen wir über seinen Rücktritt. Einige Betriebsräte hatten darauf bestanden, dass er seine Ämter niederlegt.

Aber warum?

Weil in dieser Woche bereits die Gerüchte über die Reisen der Betriebsräte und der Spesenbetrug hochgekocht waren.

Volkert war, so heißt es immer wieder, der mächtigste Betriebs-
ratschef in Deutschland. Ebenso wie Sie sollte er in den folgen-
den Monaten ins Zentrum der VW-Affäre rücken. Was hatte er
für eine Stellung?

Volkert hatte schon aufgrund seiner vielen Funktionen eine Sonderstellung. Er war Betriebsratschef des Werks Wolfsburg, Chef
des Betriebsrats in ganz Deutschland, Chef des Eurobetriebsrats
und des Weltkonzernbetriebsrats. Er war Mitglied des Aufsichtsrats und saß im Präsidium dieses Gremiums. Er entschied mit über
Investitionen in Milliardenhöhe – im In- und Ausland. Wir haben
ihn wie einen Topmanager behandelt. Er hatte einen Mitarbeiter-
stab, konnte den Flugservice des Konzerns in Anspruch nehmen,
durfte erster Klasse fliegen, hatte einen besonderen Parkplatz auf
dem Fluggelände unweit der Vorstände. Außerdem bekam er Vertrauensspesen. Und er nahm wie andere Führungskräfte am Bonusprogramm teil.

Und Sie haben ihm persönlich darüber hinaus noch – inoffiziell
oder geheim – hohe Extrazahlungen zukommen lassen.

Richtig. Ich zahlte ihm über elf Jahre einen Sonderbonus …

… und eine Geliebte, die Brasilianerin Adriana Barros, eine
TV-Moderatorin, die dann häufig auf Kosten von VW dem
Betriebsratschef an seine entsprechenden Tagungsorte hinter-
herflog.

Der Betriebsrat verfügte während meiner Zeit weltweit über mehr
als 850 Mitglieder und deren Mitarbeiter. Volkert kam eines Tages
auf mich zu und sagte, ich solle Frau Barros einstellen, er brauche
sie als Mitarbeiterin. Ich habe ihre Festanstellung aus Kostengrün-
den abgelehnt und ihm nach einigem Hin und Her geraten, sie als
Beraterin zu engagieren, über eine Art Agenturvertrag. Für mich
war sie eine Mitarbeiterin, die für den Betriebsrat arbeitete. Eine
Stelle mehr fiel quantitativ kaum ins Gewicht.

Wussten Sie zu dem Zeitpunkt, als Volkert sie ins Spiel brachte, dass sie seine Geliebte war?

Das ist eine Frage, an der man auch die unzulässige Vorteilsgewährung festmacht. Ich weiß nicht mehr genau, ab wann ich es wusste, aber mir wurden ziemlich bald Gerüchte zugetragen, dass es so sei. Und das wahrscheinlich schon, bevor ich die erste Vierteljahresrechnung abzeichnete.

Wie sich später herausstellen sollte, hat sie für die in Rechnung gestellten Honorare kaum oder gar keine konkreten Leistungen für VW erbracht. Es hat über die Jahre aber auch niemand nachgefragt?

Volkert wollte sie unbedingt. Er hat mich bedrängt. Er sagte immer wieder, er brauche sie.

Und Sie haben diesem Drängen nachgegeben, wahrscheinlich, um sich mit dem Betriebsratschef keinen Ärger einzuhandeln. Sie sagten vorhin, Volkert habe auch das Privileg der Vertrauensspesen genossen. Was genau sind Vertrauensspesen?

Das sind Spesen, über die keine Rechenschaft abgelegt werden muss. Man braucht keine Belege dafür, weil das Unternehmen darauf vertraut, dass die Ausgaben im Interesse des Unternehmens entstanden sind. Es können Eigen- oder Ersatzbelege dafür geschrieben werden. Etwa zwei Dutzend Personen bei Volkswagen wurde das Privileg der Vertrauensspesen zugesprochen, dazu gehörten die Vorstandsmitglieder, also meine Kollegen und ich. Und dazu gehörte auch Volkert.

Sie haben Gebauer die Tür des Spesenmissbrauchs vermutlich 1997 geöffnet: Sie sagten ihm, er solle dafür sorgen, dass Volkert besonders »wertschätzend« und nicht »kleinlich« behandelt wird.

Ja.

Gebauer nahm und nimmt dies zum Anlass zu behaupten, er habe in der ganzen Affäre um die Vergnügungen auf Ihr Geheiß gehandelt. Wie konkret war denn Ihre Anweisung?

Mehr als diese Worte habe ich ihm gegenüber nie gesagt. Heute ist mir klar, wie missbrauchsanfällig sie sind.

Sie haben Volkerts Ausgaben, als ihm 1994 Vertrauensspesen zugestanden wurden, nicht mehr kontrollieren lassen. Die zweite Unterschrift unter die Spesen hatten Sie abgeschafft. Warum?

Das geschah in dem Moment, da auch Volkert das Privileg erhielt, über Vertrauensspesen verfügen zu können. Noch mal: Vertrauensspesen werden, wie der Name schon sagt, eben nicht kontrolliert. Es wird vielmehr darauf vertraut, dass derjenige, dem sie zustehen, im Sinne des Konzerns vertrauens- und verantwortungsvoll damit umgeht. Als Schuster, ehemals Chef von Gebauer, Personalvorstand von Škoda wurde, habe ich seinem Nachfolger gesagt, er brauche sich um die Spesen von Volkert nicht zu kümmern, die von Gebauer abgerechnet wurden. Mit Gebauer habe ich den Bock zum Gärtner gemacht.

2004 haben Sie sich die Spesen erstmals angesehen. Das geschah in zeitlichem Zusammenhang mit dem Auftritt Gebauers in dem Berliner Hotel. Der Spesenmissbrauch hatte zu der Zeit unerkannt bereits einen Umfang von fast einer Million Euro erreicht. Warum haben Sie dem ganzen Treiben erst 2004 ein Ende bereitet?

Insbesondere dieser Vorfall hatte mich wachgerüttelt – im Zusammenhang mit dem zweifelhaften Spesenverhalten. Ich habe den zuständigen Mitarbeiter gebeten, mir die Entwicklung der Spesen vorzulegen. Dabei fiel auf, dass die Spesen in den letzten Jahren sehr stark gestiegen waren. Nun haben die Aktivitäten des Betriebsrats durch die Gründung des Euro- und Weltkonzernbetriebsrats auch sehr stark zugenommen. Es wurde zum Beispiel mehr gereist. Dennoch wurde mir klar, dass mehr gespart werden musste. Es wurden viele Ausgaben abgerechnet, die nicht im Interesse des Unternehmens entstanden und auch nicht allein auf Volkert zurückzuführen waren. Als ich mir des drastischen Anstiegs der Spesen im Jahr 2004 bewusst wurde, habe ich die zusätzliche Kontrolle wieder eingeführt. Gleich im ersten Jahr sind die Spesen um über 80 Prozent gesunken. Das Abrechnungssystem Gebauers ist – wie es die Vorsitzende Richterin in meinem Prozess formuliert hat – buchstäblich zusammengebrochen.

Volkert tritt am 30. Juni 2005 zurück. Die Staatsanwaltschaft bestätigt Ermittlungen gegen Schuster und Gebauer. Pischetsrieder kündigt eine lückenlose Aufklärung der Vorfälle an. Und zum ersten Mal wird in der Presse darüber spekuliert, dass auch Sie kurz vor dem Rücktritt stünden.

Ich habe in diesen Tagen natürlich jede Menge Artikel darüber zu Gesicht bekommen, in denen über meinen Rücktritt spekuliert wurde.

Und wann haben Sie selbst zum ersten Mal darüber nachgedacht?

Eigentlich ziemlich schnell. Die Gedanken kommen einem zwangsläufig, wenn es sich um Mitarbeiter aus dem eigenen Ressort handelt.

Was heißt ziemlich schnell? Schon am 15. Juni, als Pischetsrieder Ihnen den Managementvertrag zeigte?

Nein, damals noch nicht. Die darauffolgenden zwei Wochen war ich noch relativ gelassen. Ich war überzeugt davon, dass ich mir nichts hatte zuschulden kommen lassen. Als allerdings die Untersuchungsergebnisse der Revision konkreter wurden, habe ich begonnen, mich mit dem Gedanken an einen Rücktritt zu befassen. Ab einem gewissen Punkt fragt man automatisch, wer für all das verantwortlich ist. Das muss in den Tagen vom 30. Juni bis zum 8. Juli gewesen sein. Der 8. Juli 2005 war dann der Tag, an dem ich meinen Rücktritt angeboten habe. Im Nachhinein habe ich aber, was diese für mich so dramatischen Tage angeht, kein richtiges Zeitgefühl mehr.

Mit wem haben Sie über Ihre Rücktrittsgedanken gesprochen?

Sicher mit Jürgen Peters in einem unserer Gespräche. Ich wurde von meinen Kollegen und den Aufsichtsratsmitgliedern nicht bestürmt, zurückzutreten. Aber ich habe eine Grundhaltung in meinem Leben: Man muss zu den Dingen stehen, die man angerichtet hat; ob man an dieser Haltung zugrunde geht oder nicht. Und diese Grundhaltung habe ich versucht, immer aufrechtzuerhalten.

Anfang Juli 2005 ist der Aufsichtsratsvorsitzende Ferdinand Piëch öffentlich für Sie eingetreten und hat einen Auflösungsvertrag ausgeschlossen.

Ja, so ist es gewesen. – Die Dramatik dieser Tage war enorm. Alle Topmanager von Volkswagen weltweit befanden sich in Wolfsburg – zur Jahrestagung. Ich musste die Konferenz mit steuern. An diesem Tag habe ich eine Erklärung zu den Vorgängen abgegeben und eine rückhaltlose Aufklärung und Konsequenzen angekündigt.

Wenig später hat sich der niedersächsische Ministerpräsident Christian Wulff eingemischt und auf Piëch reagiert. In den Abendnachrichten sagte er: Auch für Peter Hartz dürfe es keinen »Persilschein« geben. Das war als Rücktrittsaufforderung zu verstehen. Hat Sie das zu Ihrem Rücktritt bewogen?

Nicht unmittelbar. Aber mir wurde damit deutlich, dass ein Mitglied des Aufsichtsrats und des Präsidiums des Aufsichtsrats nicht mehr hinter mir stand. Verwundert aber hat mich diese Aktion von Wulff nicht. Mir war längst klar, dass er mich loswerden wollte.

Haben Sie mit Ihrer Familie über einen Rücktritt gesprochen?

Ich habe versucht, meine Familie damit nicht allzu sehr zu belasten. Meine Pensionierung stand eh an. Meiner Frau war jeder Tag, den ich bei Volkswagen früher ausschied, lieber. Das lag einfach daran, dass sie sehr viel allein war.

Am 8. Juli haben Sie dann Ihren Rücktritt angeboten.

Zu einem Rücktritt hatte mich niemand gedrängt, abgesehen vom niedersächsischen Ministerpräsidenten durch seine öffentlichen Äußerungen. An jenem 8. Juli übernahm ich in einer persönlichen Erklärung die Verantwortung für die Vorgänge und bot damit meinen Rücktritt an. Es war eine Reaktion auf die inzwischen verheerende Berichterstattung über Volkswagen in der Presse. Fünf Tage später, also am 13. Juli, saß das Präsidium des Aufsichtsrats zusammen. Damals fiel dort, im Machtzentrum des Aufsichtsrats, der Beschluss, dem gesamten Aufsichtsrat zu empfehlen, mein Rücktrittsangebot anzunehmen.

War Ihr Rücktritt ein Fehler?

Dass mein Rücktritt zu diesem Zeitpunkt ein Fehler war, erkannte ich erst Monate später. Während ich versucht hatte, damit Schaden von Volkswagen abzuwenden und den Ball möglichst flach zu halten, ist genau das Gegenteil eingetreten: Die Wellen schlugen erst richtig hoch.

Wie haben Sie die Zeit nach Ihrer Rücktrittserklärung erlebt?

Bis zu den Werksferien hatte ich einen Arbeitsplan. Und den wollte ich unbedingt abarbeiten. Damals schon ging es um eine Senkung der Personalkosten um 30 Prozent in mehreren Stufen, die ich gestalten wollte. Ideen dafür hatte ich bereits entwickelt. Es blieben mir dafür ja nur noch ein paar Wochen. Im Übrigen zählte ich damals noch nicht zu denen, gegen die die Staatsanwaltschaft ermittelte. Ich war immer noch Zeuge.

Wie sah Ihr letzter Arbeitstag aus?

Mein letzter Arbeitstag war der letzte Tag vor den Werksferien, also der Wochen im Sommer, in denen keine Vorstandssitzungen stattfinden und damit auch der Vorstand Gelegenheit bekommt, Urlaub zu machen. An diesem letzten Freitag hatte ich eine Personalleiterkonferenz einberufen. Ich lud dazu ein paar mehr Mitarbeiter ein aus Sorge, der eine oder andere könnte sich beklagen, dass er sich nicht habe verabschieden können. Auf dieser Konferenz habe ich den Personalleitern noch das Arbeitsprogramm für das zweite Halbjahr gegeben und die Konzepte dafür, wie man den anstehenden Personalabbau bewerkstelligen sollte. Jegliche Abschiedsstimmung habe ich mir verboten.

Noch mal: Wäre es besser gewesen, Sie wären nicht so schnell zurückgetreten?

Darüber habe ich sehr oft nachgedacht. In dem Fall hätte ich in der Phase, die folgte, den Konzern hinter mir gehabt. So aber stand ich nach meinem Rücktritt allein da ...

... und wie es schien, auch allein verantwortlich für die Vorgänge. Aus dem Problem des Konzerns war ziemlich schnell der Fall Peter Hartz geworden.

Ein anderes Handicap war mein Alter. Wäre ich 45 Jahre alt gewesen, hätte man im Unternehmen gewusst, dass mit mir noch zu rechnen ist, und wäre womöglich ganz anders mit mir verfahren. Aber ausschlaggebend war das Ausscheiden, durch das ich einen Verlust jeglichen Einflusses in Kauf genommen habe.

Aber hätten Sie sich sehr viel länger halten können angesichts der Medienberichte, die dann im Spätsommer und Herbst folgten?

Der Prüfungsausschuss des Aufsichtsrats hatte ein Gutachten in Auftrag gegeben, um sich Klarheit darüber zu verschaffen, wie mit mir zu verfahren sei. Das Gutachten hat – wenig verwunderlich – nahegelegt, den Vertrag mit mir aufzulösen.

Wie hat der Aufsichtsrat auf Ihr Rücktrittsangebot im Einzelnen reagiert?

Wulff – das ist meine Überzeugung – wollte mich am liebsten sofort loswerden. Doch ist er in dem Gremium nicht Alleinherrscher …

… obwohl es in der Öffentlichkeit so aussehen musste. Weder von Piëch noch von Pischetsrieder war Anfang Juli noch viel zu hören oder zu lesen. Wulff indes schickte sich betont öffentlichkeitswirksam an, bei Volkswagen endlich aufzuräumen. Die Presse hat ihn dann – mit einem ironischen Unterton – als »Saubermann aus Hannover« bezeichnet.

Um meinen Rücktritt zu beschließen, musste der ganze Aufsichtsrat zustimmen, und zwar im Umlaufverfahren. Ich hatte in diesen Tagen noch ein Anliegen: Ich wollte erst nach dem 1. August ausscheiden, weil ich mit diesem Tag 50 Jahre im Arbeitsleben stand. Einige haben verstanden, dass mir das symbolisch wichtig war. Das Verfahren lief dann so, dass erst am 4. August alle Stimmen zusammen waren.

Hatten Sie wirklich erwartet, dass mit Ihrem Rücktritt bald Ruhe einkehren würde?

Mit ein oder zwei Wellen habe ich noch gerechnet. Während ich zu Hause war, kam es aber immer schlimmer, ich wurde vom Zeugen zum Beschuldigten und musste auch beginnen, meine Verteidigung zu organisieren. Dann musste ich mich in Hinsicht auf den Prozess mit der ganzen Affäre auseinandersetzen. Ich musste ein ganz neues Kapitel lernen …

… und im Zweifel Ihr persönliches Rechtsverständnis korrigieren.

Ich musste lernen, dass man nach geltendem Recht vieles falsch machen kann. Sicher haben auch Sie aus dem Mund des einen oder anderen Managers schon mal die Klage gehört, man stehe an so exponierter Stelle permanent mit einem Bein im Gefängnis.

Ihr Haus in Wolfsburg war bereits leer geräumt?

Meine Frau war schon ins Saarland umgezogen. Der Haushalt in Wolfsburg war aufgelöst. Meine letzte Woche bei VW, die Woche vor den Werksferien, habe ich im Hotel gewohnt.

Sie haben gesagt, Volkswagen habe Sie sehr schnell alleingelassen. Wann ist Ihnen das klar geworden?

So etwas vollzieht sich schleichend. Man spürt es. Menschen wenden sich von einem ab.

Sehen Sie einen Zusammenhang zwischen dem Hochkochen der VW-Affäre und der bevorstehenden Bundestagswahl? Immerhin waren Sie im Wahlkampf 2002 noch Schröders Joker gewesen. Sie waren einer derjenigen, die ihm zum Wahlsieg verholfen hatten.

Ich glaube schon, dass da ein Zusammenhang bestand. Ich hatte bei seriösen Leuten durchaus das Image eines Reformers – egal wie die Reformen gewertet wurden. Wahrscheinlich war es Zufall, dass der Managementvertrag von Schuster und Gebauer just zu der Zeit gefunden wurde. Die Rache Gebauers für seine Kündigung hatte womöglich auch noch nichts mit dem bevorstehenden Wahltermin zu tun. Dann allerdings mag so manchem daran gelegen gewesen sein, politisches Kapital aus meinem Niedergang zu schlagen.

Gerhard Schröders großer Reformer erscheint plötzlich in einem zweifelhaften Licht. Für Schröders Gegner war das wohl eine Steilvorlage.

Für mich entstand in diesen Monaten ein Strudel, der sich immer schneller drehte. Atemberaubend. Machtlos schwamm ich im Kreis und wurde immer weiter hinuntergezogen. Sie können sich nicht vorstellen, wie oft ich in den vergangenen eineinhalb Jahren über die Zeit nach dem 15. Juni 2005 nachgedacht habe. Ich musste sie analysieren, um zu begreifen, was geschah, und um es irgendwann auch verarbeiten zu können.

Haben Sie die Antwort auf die Frage, warum Sie derart drama-
tisch abgestürzt sind, gefunden?

Ich bilde mir nicht ein, die ganze Wahrheit zu kennen. Aber in Teilen sehe ich jetzt sicher klarer als 2005. Mein Sturz und die Vernichtung meiner Person durch die Medien haben verschiedene Dimensionen, die die Eskalation um meine Person stark beförderten.

Welche sind das?

Eine strafrechtliche Dimension, dann eine, die unmittelbar mit
den schwelenden Machtkämpfen bei Volkswagen zu tun hatte. Als
dritte Dimension spielte die Sorge um das Image von VW eine
große Rolle. Und darüber hinaus hatten die Vorgänge auch noch
eine politische Dimension.

Sprechen wir zunächst über die strafrechtliche Seite.

Sie hat drei Facetten: Da waren zunächst Machenschaften zweier
meiner Mitarbeiter, die sich an Geschäften von VW schlicht bereichern wollten. Hinzu kam der umfangreiche Spesenmissbrauch.
Und schließlich mein eigener großer Fehler, als Vorstand den
Rechtsverhältnissen zu den Betriebsräten nicht gerecht geworden
zu sein. Ich habe gegen geltendes Recht verstoßen.

Und was hat Ihr Sturz mit den Machtkämpfen bei Volkswagen
zu tun?

Damit wären wir bei der zweiten Dimension, wobei es sich um
den Konflikt des Managements über den Stellenwert der Mitbestimmung handelt. Über mein Mitbestimmungskonzept haben wir
hinreichend gesprochen. Es war angreifbar. Es war umstritten. Vor
allem aber: Es war im Topmanagement von Volkswagen nicht verankert. Vielen war die von mir bei VW praktizierte Mitbestimmung über Jahre ein Dorn im Auge. Manch einem ist ja die Mitbestimmung per se schon zu viel. Die Idee, dass der Betriebsrat dem
Vorstand auf Augenhöhe begegnen können soll, war für viele nicht
tragbar. So manch einer hat den Skandal als Chance gesehen, mich

zu kippen und mit mir zusammen auch gleich die von mir gelebte Mitbestimmung loszuwerden oder zumindest in Misskredit zu bringen. Ich bin mir sicher, dass einige Topmanager auf diese Gelegenheit gewartet haben.

Wer ist es denn gewesen?

Sie erwarten nicht im Ernst von mir, dass ich jetzt die Namen nenne. Es gab diese Manager. Ich kenne viele ihrer Aussagen über mich.

Rächte sich damit nicht Ihr Versäumnis, Ihren Vorstandskollegen und den Topmanagern in all den Jahren Ihre Mitbestimmungsphilosophie niemals als Ganzes erläutert zu haben?

Vielleicht haben Sie recht, und ich hätte mich mit ihnen einmal darüber auseinandersetzen sollen. Andererseits war es ausgesprochen angenehm, dass unter Peter Hartz die Zusammenarbeit mit dem Betriebsrat über Jahre so hervorragend funktionierte. Es kommt zu dieser machtpolitischen Dimension aber noch ein anderer Aspekt hinzu: Volkswagen stand vor einem neuen dramatischen Kostensenkungsprogramm. Und das sollte auch vor der Belegschaft nicht haltmachen. Ich bin mir sicher, man war meiner innovativen Personalmodelle, mit denen ich möglichst vielen Mitarbeitern ihren Arbeitsplatz erhalten wollte, überdrüssig. Und noch ein machtpolitischer Aspekt: Ich geriet zwischen die Fronten eines sich bereits anbahnenden Machtkampfes zwischen den beiden Großaktionären, dem Land Niedersachsen und der Porsche-Gruppe.

Die beiden Protagonisten dieses Machtkampfes waren Piëch und Wulff. Dass Wulff daran gelegen war, Piëch zu schwächen, ist in der Presse hinreichend beschrieben worden. Sie waren eindeutig Piëchs Mann. Was also sollte Wulff lieber sehen als die Beschädigung oder sogar den Niedergang eines der engsten Mitarbeiter seines Erzfeindes? Wer am Ende als Sieger aus dieser Fehde hervorging, ist inzwischen entschieden. Piëch hat gewonnen, Wulff muss sich mit ihm arrangieren. Aber weiter:

Was hatte das Tempo Ihres Sturzes mit dem Image von Volkswagen zu tun?

Das Image von Volkswagen in der Öffentlichkeit hat sehr viel damit zu tun. Es ist die nächste Dimension. VW ist anders als andere Großkonzerne. VW ist ein Stück deutsche Geschichte; VW ist ein Unternehmen, das seinen Ursprung in der Vision nimmt, Autos für alle herzustellen. Insofern hatten die Vorfälle eine Dimension, die die Corporate Identity betrifft. Der Imageschaden sollte unbedingt so gering wie möglich gehalten werden. Das hat wiederum mein Verhalten stark beeinflusst. Ich bin, um Schaden von VW abzuhalten, schneller zurückgetreten, als ich hätte zurücktreten sollen, und habe mich damit jeder Chance beraubt, noch im Schutz des Konzerns für mich zu kämpfen. Allerdings hat die Sorge um das Bild des Konzerns in der Öffentlichkeit auch das Verhalten der anderen nicht unberührt gelassen. Sie mussten zwischen sich und mir eine Schneise schlagen, damit – bildlich gesprochen – das Feuer nicht übergreifen konnte. Alle haben versucht, den Schaden zu begrenzen. Nur jeder eben auf seine Weise.

Dann sprechen wir über den politischen Aspekt.

Auch der hatte mehrere Facetten. Da wäre zum einen der Interessenkonflikt zwischen der CDU-Landesregierung und der IG Metall, die bei VW so stark ist. Über 90 Prozent der Belegschaft sind gewerkschaftlich organisiert. Viele stehen der SPD nahe. Wenn das SPD- und Gewerkschaftsmitglied Peter Hartz nun in den Sumpf eines Skandals gezogen wird, kann das aus Sicht der niedersächsischen Landesregierung nur von Vorteil sein. Die SPD und die IG Metall werden beschädigt. Die Landesregierung ihrerseits hat ihren Teil dazu beigetragen, die Vorgänge zu steuern.

Wie denn?

Zunächst einmal durch das Auftreten von Wulff persönlich, der sich kurz vor den vorgezogenen Bundestagswahlen als Aufräumer von Wolfsburg zu profilieren suchte. Darüber haben wir bereits gesprochen. Hinzu kam, dass fast wöchentlich über Einzelheiten der staatsanwaltschaftlichen Ermittlungsfortschritte in der Presse zu lesen war, die die Diskussion um meine Person permanent befeuerten.

Können Sie sich erklären, wieso es immer wieder dazu kam?

Wie das geschehen konnte, weiß ich nicht. Es wäre gewiss spannend, den Berichtsweg von der weisungsgebundenen Staatsanwaltschaft über die Ministerien bis zur Staatskanzlei zu recherchieren. Und noch etwas spielte in dieser Gemengelage eine Rolle: die bundespolitischen Großströmungen, die die Eskalation weiter verschärften. Die umstrittene Arbeitsmarktreform, »Hartz IV« – das alles hatte mich bereits zu einer bundesweiten Reizfigur werden lassen. Aufgrund der bevorstehenden Wahl, deren Ausgang niemand vorhersehen konnte, war dies ein willkommenes Thema der Opposition. Was konnte Besseres passieren, als wenn derjenige, der der Arbeitsmarktreform nolens volens seinen Namen gegeben hatte, möglichst schnell zur Unperson wurde? Die gesamte Konstellation sprach eigentlich dafür, dass es so kommen musste.

Ist nicht auch Ihre Doppelrolle ein Grund für die so breite Ablehnung Ihrer Person? Sie waren Arbeitgeber und Gewerkschafter und wollten beweisen, dass es möglich ist, es stets beiden Seiten recht zu machen.

Wahrscheinlich haben Sie recht. Ich saß eigentlich immer zwischen den Stühlen. Den Arbeitgebern war ich nicht hart, den Gewerkschaften nicht ideologisch genug. Keinem habe ich es wirklich recht gemacht. Doch solange die Welt in Ordnung war, war von beiden Seiten nichts zu befürchten. Solange ich an den Hebeln der Macht schalten und walten konnte, hatte ich lauter Freunde. Im Sommer 2005 wendete sich das Blatt. Ich hatte sowohl aus Sicht vieler Gewerkschafter als auch der Arbeitgeber vieles falsch gemacht.

Anfang Oktober 2005 wurden Sie vom Zeugen zum Beschuldigten.

Damals war Gebauer ein weiteres Mal von der Staatsanwaltschaft vernommen worden. Er hat mich schwer belastet. Dazu kamen seine Sekretärinnen, die ebenfalls gegen mich aussagten, obwohl ich nie etwas mit ihnen zu tun hatte und sie nur die Version Gebauers kannten. Dadurch entstand gegen mich der Anfangsverdacht der Untreue. Die Staatsanwältin informierte meinen Verteidiger darüber.

Hat die Staatsanwaltschaft Ihnen denn die Möglichkeit gegeben, sich dazu zunächst einmal zu äußern?

Als Zeuge nicht mehr, denn ich war inzwischen unter Tatverdacht gestellt worden. Die Ermittlungen begannen, mein Büro wurde durchsucht.

Der Verdacht der Untreue entstand, weil Sie zugelassen haben, dass private Kosten des Betriebsrats über Eigenbelege bei VW abgerechnet wurden. Darunter fiel auch eine für den Betriebsrat angemietete und renovierte Wohnung in Braunschweig, in der angeblich Gäste des Betriebsrats untergebracht werden sollten. Die Wohnung aber wurde lediglich privat genutzt, angeblich auch von Ihnen …

… bevor Sie jetzt mit Ihren Detailfragen in diese Richtung fortfahren, stelle ich klar: Diese Themen waren nicht Gegenstand meiner Zeugen- und Beschuldigtenvernehmung und sind von der Staatsanwaltschaft fallengelassen worden. Ich habe mich zu Einzelheiten nie geäußert, und ich werde es auch hier nicht tun.

Wie haben Sie denn mitbekommen, dass Sie fortan unter Tatverdacht standen?

Mein Verteidiger Egon Müller hatte aufgrund der Aktenlage bereits damit gerechnet, dass das passieren würde. Es stand also im Raum. Insofern war ich nicht ganz überrascht. Ich selbst war kurz vorher, am 27. September, von der Staatsanwaltschaft als Zeuge vernommen worden. Schon das hatte mich ahnen lassen, in was für eine ganz neue Welt ich da hineingeriet. In die Welt der Strafjustiz, die ich bis zu meinem 65. Lebensjahr nicht kannte.

Schwante Ihnen in Ihrem ersten Gespräch mit der Staatsan-
wältin schon, dass sich das Verfahren auch gegen Sie richten
könnte?

In dem Moment meiner Zeugenvernehmung sicher noch nicht. Sie müssen bedenken, dass ich gemeinsam mit Bernd Pischetsrieder entschieden hatte, auch wegen der Begünstigung der Betriebsräte Anzeige gegen Unbekannt zu erstatten. Erst diese Anzeige versetzt die Staatsanwaltschaft in die Lage, mit Ermittlungen zu beginnen. Ich war, als wir die Anzeige erstatteten, nur auf Aufklärung konzentriert. Im Nachhinein hat sich herausgestellt, dass ich mit der über Jahre fehlenden Kontrolle der Spesenabrechnungen der Schuldige war. Die Anzeige, die Pischetsrieder vorgeschlagen und der ich dann auch zugestimmt hatte, traf mich letztlich selbst. Ich glaube, Pischetsrieder hatte gehofft, damit den Vorstand zu schützen.

Vielleicht hat er ja auch nur sich selbst geschützt, denn er
wusste, dass der Missbrauch in Ihrem Ressort stattgefunden
hatte. Man könnte zu der Vermutung kommen, er habe mit der
Anzeige in Kauf genommen, dass sich die Ermittlungen alsbald
gegen Sie richteten und der Rest des Vorstands unbeschädigt
bliebe. Und Sie haben im Vertrauen darauf, dass das schon alles
seine Richtigkeit hat, zugestimmt.

Das sind Ihre eigenen Spekulationen. Bernd Pischetsrieder hat sich korrekt verhalten.

Ihr Verteidiger Egon Müller, der fortan Ihre Geschicke im Ver-
fahren lenken sollte, hat einen exzellenten Ruf. Er gilt als einer
der großen Strafverteidiger Deutschlands. Kannten Sie ihn schon
vorher?

Ich kenne Professor Müller seit 20 Jahren, die Auswahl war für mich völlig klar. Am Anfang war ich der festen Überzeugung, eine Freispruchsverteidigung anzustreben, die ich mit der Wahl eines so großen Verteidigers verbunden habe. Er sollte meinen Freispruch bringen. Nachdem Egon Müller Einsicht in die Akten erhalten und die Verdachts- und Beweisführung über Monate genauestens analysiert hatte, vertrat er die Meinung, dass dieses Ziel nicht erreicht werden könnte. Ein Verteidiger muss immer auch ein guter Prognostiker sein. Und der Mandant muss so viel Vertrauen zu ihm haben, dass er seinen Prognosen folgt.

Warum erschien ein Freispruch nicht erreichbar?

Es war für meinen Verteidiger vorstellbar, dass allein die eigenmächtige Zahlung der Sonderboni an Volkert von der Staatsanwaltschaft und der Strafkammer als Untreue gewertet werden würden. Am Ende meiner Überlegungen war es für mich eine sehr schwierige Entscheidung, von einer Freispruchsverteidigung abzusehen, denn ich musste dafür meine Schuld ja einsehen; ich musste erst einmal begreifen, was ich falsch gemacht hatte. Mein Verteidiger war mir dabei eine große Hilfe. Manches Gespräch kam einem zähen Ringen um den richtigen Weg gleich. Wenn ich nach jeder neuen Vorverurteilung am Boden zerstört war, richtete er mich mit seinem grundsätzlichen Vertrauen in die Rationalität der Strafjustiz wieder auf. Er machte mir Mut und wiederholte viele Male, ich könne Recht erwarten. Das war ein Trost, wenn der Boulevard wieder die Guillotine fallen ließ. Und dazu kam es über die vielen Monate hinweg fast wöchentlich, weil die Presse immer wieder mit neuen Details aus den Ermittlungsunterlagen aufwartete. Die Entscheidung darüber, von einer Verteidigung mit dem Ziel des Freispruchs abzusehen und eine Verständigung anzustreben, ist dann im Herbst 2006 von mir getroffen worden.

Fassen wir noch einmal zusammen: Seit Oktober 2005 waren Sie Beschuldigter. Sie hatten zugelassen, dass privat veranlasste Kosten über Volkswagen abgerechnet wurden. Die Ermittlungen der Staatsanwaltschaft liefen. Etwa ein Jahr später wurden Sie als Beschuldigter vernommen. Wie aber kamen die Sonderboni an den Betriebsratschef Klaus Volkert ins Spiel?

Kubicki muss sie wohl als Thema in einem Schriftsatz erwähnt und die Staatsanwaltschaft auf die hohe Bezahlung von Volkert hingewiesen haben. Danach wurden die Sonderboni ein öffentliches Thema. Und nach Rücksprache mit der Oberstaatsanwältin kam mein Strafverteidiger auf mich zu und meinte, nun würde auch der Bonus von Volkert für mich relevant. Das wiederum brachte eine neue strafrechtliche Dimension hinein.

Eine ganz neue, denn am Ende sollten diese Sonderzahlungen an Volkert Hauptpunkt der Anklage sein. Wie kamen Sie dazu, Volkert Sonderboni zu zahlen?

Vor Mitte 1994 – ich war gerade ein halbes Jahr bei Volkswagen und hatte mit Volkert in einem wahren Kraftakt die Vier-Tage-Woche durchgesetzt – äußerte er mir gegenüber seine Unzufriedenheit über die hohe Bezahlung der Mitarbeiter von López. Der hatte einige Manager mitgebracht, die der Konzern im Paket von General Motors übernommen hatte. Sie verdienten sehr viel Geld. Volkert war darüber erzürnt. Er wollte eine Gleichstellung, auch für die anderen altgedienten Führungskräfte. Er schlug vor, ich solle das Thema mit meinen dafür zuständigen Kollegen Ferdinand Piëch und Jens Neumann, damals Vorstandsmitglied für Recht und Organisation, in dem entsprechenden Gremium besprechen, dem ich vorsaß. Ziel sollte eine Bereinigung der Unterschiede sein. Ich habe dann aber keine Sitzung einberufen, sondern das Thema am Rande einer der Sitzungen informell angesprochen. Ziemlich schnell waren wir uns einig, dass Volkert wie ein Topmanager behandelt werden sollte. Das war auch im Sinne von Ferdinand Piëch und Jens Neumann. Volkert bekam daher – wie ich schon einmal erwähnte – die Erlaubnis, erster Klasse zu fliegen. Er konnte den Flugservice von Volkswagen benutzen. Er bekam einen besonderen Parkplatz, er bekam Vertrauensspesen.
Dazu sollte sein Bonussystem anders gestaltet werden. Wie es aussehen sollte, war mir überlassen. Für mich war es wichtig, dass meine Vorstandskollegen im Ausschuss zugestimmt hatten, dass Volkert wie ein Topmanager behandelt werden sollte. Außerdem

sollte sein monatliches Grundgehalt moderat angehoben werden. Ich habe ihn darüber informiert. Er war zufrieden. »Dann mach mal was«, hat er mir sinngemäß gesagt. So bin ich auf die Idee des Sonderbonus gekommen, den er fortan erhalten sollte. Dazu müssen Sie wissen: Jedem Vorstandsmitglied steht ein gewisser Betrag zur Verfügung, den er seinen Mitarbeitern nach eigenem Ermessen für besondere Leistungen zukommen lassen kann. Aus diesem Topf – das waren im Durchschnitt 5 Prozent des gesamten Bonustopfes – habe ich dann seinen Sonderbonus gezahlt. Allerdings gehörte Volkert, und genau hier lag das Problem, nicht zu meinen Mitarbeitern. Der Betriebsrat ist ein eigenes Organ mit eigenen Bezahlungsregelungen. Nur haben diese Regelungen nach meinen persönlichen Vorstellungen nicht ausgereicht, um auch die internationale Verantwortung von Volkert zu honorieren.

Und so hat Volkert über elf Jahre insgesamt fast zwei Millionen Euro an Sonderboni von Ihnen erhalten. Sie haben diese Zahlungen geheim gehalten. Nicht die Höhe der Bezahlung, sondern die Intransparenz wurde Ihnen zur Last gelegt. Zeigt diese Geheimniskrämerei nicht bereits Ihr Unrechtsbewusstsein?

Das Einkommen eines Betriebsratschefs ist eine wirklich sensible Angelegenheit. Für diese Geheimhaltung gibt es zwei Gründe: Erstens wollte ich keine Begehrlichkeiten wecken. Und zweitens war das Gehalt Volkerts in seiner Höhe auch mit Blick auf die IG-Metall-Funktionäre eine heikle Sache. Volkert hatte ein Gehalt wie die erste Führungsebene des Konzerns unter dem Vorstand. Ich hielt es angesichts seiner Position als Vertreter von 344 000 Mitarbeitern und seiner Kooperationsbereitschaft für angemessen. Außerdem trug er durch die Gründung und Führung des Weltkonzernbetriebsrats, dessen Vorsitzender er war, eine hohe internationale Verantwortung, die, wie ich fand, mit seinem regulären Gehalt und seiner Teilnahme am regulären Bonusprogramm nicht abgegolten war. Volkert hat die Aufgaben eines Betriebsratsvorsitzenden gesprengt. Die Sonderboni spielen bei den künftigen Pensionsansprüchen keine Rolle, da sich die Pensionsansprüche nach dem monatlichen Grundgehalt richten. Aber das wollen Sie ja alles gar nicht hören. Sie wollen hören: Ich habe die Zahlungen der Boni allein veranlasst. Das bereue und bedaure ich und akzeptiere meine Bestrafung.

Die Höhe der Bezahlung eines Betriebsrats an sich wurde im Gerichtssaal nicht angesprochen oder infrage gestellt; nur die Art und Weise, also die Geheimhaltung, die natürlich den Vorwurf der Untreue und Begünstigung sehr nahe legt. Sie haben ein enges Verhältnis zu Piëch. Der wiederum hat ein enges Verhältnis zur Arbeitnehmerseite. Man begegnete sich häufig, und man verstand sich gut. Kann es wirklich sein, dass Piëch nichts, aber auch gar nichts von den Sonderboni an Volkert gewusst hat?

Die Sonderbonuszahlungen habe ich allein veranlasst. Ferdinand Piëch und Jens Neumann haben davon nichts gewusst. Ich habe daher gegen die Transparenzpflicht verstoßen und dadurch eine Untreue im Rechtssinn begangen, auch wenn ich letztlich im Interesse des Unternehmens gehandelt habe.

Die Sonderbonuszahlungen an Volkert beliefen sich in den späteren Jahren auf fast 300 000 Euro im Jahr. Ein solcher Betrag lässt sich schwerlich geheim halten. Haben weder Piëch noch einer Ihrer Vorstandskollegen je nachgefragt? Haben Sie die Sonderboni nicht ein einziges Mal gegenüber dem Vorstandsvorsitzenden erwähnt?

Auch auf die Gefahr hin, dass ich mich wiederhole: Ich war es, der das veranlasst hat. Ich habe damit Kompetenzregeln verletzt, und ich muss dafür die Konsequenzen tragen. Allerdings glaube ich: Hätte ich damals den Vorstandsausschuss für Führungsfragen entscheiden lassen, wäre er wohl meinen Empfehlungen gefolgt.

Es fällt schwer, Ihnen hier zu folgen. Ich kann mir eigentlich nicht vorstellen, dass außer Ihnen niemand etwas wusste. Hat-

ten Sie Angst, Volkerts Kooperationsbereitschaft zu verlieren,
und haben seinen Forderungen deshalb nachgegeben?

Mein Verteidiger hat das sinngemäß für mich gesagt. Natürlich
wollte ich unser Verhältnis nicht mit seiner Unzufriedenheit belasten. Ich wollte ihn im Boot halten. Das galt für Frau Barros genauso
wie für die Sonderboni. Ich, auch der ganze Konzern, waren auf
seine Kooperationsbereitschaft angewiesen. Ohne den Betriebsrat
lief vieles nicht bei VW. Und Volkert führte den Betriebsrat. Er hat
eigentlich immer gefordert. Aber das wiederum ist auch das Merk-
mal der gewerkschaftstypischen Kommunikationsweise. Dieses Fordern ist immer da.

Anders gefragt: Glauben Sie, Volkert hätte sich quergestellt,
wäre das Geld nicht geflossen?

Das ist eine spekulative Frage. Ich habe ihn auch deshalb gut bezahlt, weil er seit Jahren eine Belegschaft von 344 000 Leuten zu-
sammenhielt. Wir brauchten ihn.

Sie hätten, sagten Staatsanwaltschaft und die Richter, die Ver-
mögensbetreuungspflicht in besonders schwerwiegender Weise
verletzt. Im Klartext: Sie sind mit dem Geld der Aktionäre
umgegangen, als wäre es Ihr eigenes.

So wird es gesehen. Und so muss auch ich es heute sehen. In juris-
tischer Sicht sind meine großen Verdienste hinsichtlich der Ver-
mehrung des Aktienvermögens nicht gegen die von mir veranlass-
ten Bonuszahlungen an Volkert aufzurechnen. Das eine hat mit dem
anderen nichts zu tun. Auch spielt im Hinblick auf die Untreue im
strafrechtlichen Sinne keine Rolle, dass ich – wie das Gericht bestätigt hat – meine Handlungsweise als im wohlverstandenen Interesse
der Volkswagen AG liegend interpretiert habe. Lassen Sie mich aber
eines noch sagen: Es kann durchaus ein positiver Ansatz sein, mit
fremdem Geld so umzugehen wie mit eigenem, da man eigentlich
mit dem eigenen Geld sorgsam umzugehen pflegt. Gemessen am
Ergebnis für das Unternehmen vertreten nicht wenige die Meinung,
dass mein Umgang mit fremdem Geld durchaus erfolgreich war.

*Herr Hartz, im Herbst 2006 mussten Sie eine schwierige Ent-
scheidung treffen: Sollten Sie den mühsamen Weg einer Freispruchsverteidigung wählen oder sich auf eine Verständigung
einlassen? Warum haben Sie sich für eine Verständigung entschieden?*

Unabhängig von den Chancen einer Freispruchsverteidigung
spielten weitere Faktoren eine große Rolle: Ganz am Anfang meiner Überlegung stand das Bedürfnis nach einem schnellen Ende
des Ermittlungsverfahrens – in Form einer Einstellung. Ich wollte
die Planbarkeit meines Lebens zurückhaben. Sie müssen sich vorstellen, dass ich in den Monaten nach meinem Rücktritt das Gefühl hatte, mich auf einer glatten, abschüssigen Fläche zu befinden. Ich rutschte in den Abgrund, gewann immer mehr an
Geschwindigkeit. Ich wollte wissen, wann das endlich zu Ende ist.
Aber das ist nur ein Aspekt. Eine weitere Rolle zugunsten einer
Verständigung spielte meine Familie, die durch die Vorgänge ex-
trem und unzumutbar belastet worden war und noch ist. Verschärft wurde dies alles durch die mediale Begleitung, die auch vor
meiner Haustür nicht haltmachte. Hinzu kam mein Lebensalter.
Für eine Freispruchsverteidigung und damit ein Streiten durch alle
Instanzen braucht man viele Jahre, wie Sie am Mannesmann-Pro-
zess sehen konnten. Sollte ich ein halbes Jahrzehnt der gar nicht
mehr langen Zeit, die mir statistisch gesehen noch bleibt, dafür
opfern? Sollte ich meine Freispruchsverteidigung die nächsten fünf
Jahre zum Lebensthema meiner Frau und mir machen? Für mich
stand darüber hinaus infrage, ob ich diese lange Strecke würde
durchhalten können – immer natürlich auch noch mit der Aussicht auf ein ungewisses Ende. Denn am Ende eines solchen Weges
muss ja kein Freispruch stehen. Für die Sicherheit eines gewissen Ausgangs in einem Strafverfahren ist man als Angeklagter bereit, sehr viel zu geben. Ich habe mir auch immer wieder überlegt, was ich für Volkswagen, für die Belegschaft und auch für
die Mitbestimmung noch beitragen könnte, um das Ganze zu be-
enden. Nach solchen Überlegungen musste ich zwangsläufig zu

der Entscheidung kommen, mich mit der Staatsanwaltschaft zu verständigen.

> *Dafür war ein glaubhaftes Geständnis die Voraussetzung. Sie mussten zugeben, vorsätzlich gehandelt zu haben. Und so haben Sie es Ihren Verteidiger vor Gericht auch sagen lassen. Wenn man Sie allerdings jetzt hört, muss man den Eindruck gewinnen, Sie nähmen für sich selbst in Anspruch, nur fahrlässig gehandelt zu haben.*

Ich denke, die Grenzen zwischen Fahrlässigkeit und Vorsatz sind für einen Laien fließend, womöglich nicht für Juristen. Für die, seien es noch so bedachte Richter, exzellente Staatsanwälte oder brillante Strafverteidiger, muss es ab einem bestimmten Punkt Schwarz oder Weiß geben. Also Richtig oder Falsch, Gut oder Böse, Vorsatz oder Fahrlässigkeit.

> *Sie meinen, im wahren Leben gibt es Schattierungen. Vielleicht hat deshalb ein berühmter Strafverteidiger einmal gesagt: Vor Gericht wird eine Geschichte erzählt. Zwischen dieser Geschichte und dem wahren Leben tut sich häufig genug eine tiefe Kluft auf. Gleichwohl hat Ihr Verteidiger in der Hauptverhandlung vor dem Braunschweiger Landgericht gesagt, Sie hätten Volkert mit der Sonderbehandlung »eingekauft«.*

Das ist die deutliche Formulierung meines Verteidigers, die ich mir zu eigen gemacht habe …

> *… weil Sie derlei selbst womöglich nicht über die Lippen gebracht hätten.*

In meinem Handeln kann man die Vorsätzlichkeit sicherlich sehen. Aber eines kann ich Ihnen sagen: Wenn ich damals einen juristischen Ratgeber gehabt hätte, der mir in dem Moment, in dem ich Volkert den ersten Sonderbonus habe überweisen lassen, auf die Schulter getippt und mir gesagt hätte, dass ich gerade gegen geltendes Recht verstoße, hätte ich sofort davon abgesehen.

Mit Verteidiger Egon Müller im Braunschweiger Landgericht

Die Verständigung zwischen Ihnen und der Staatsanwalt-schaft wurde schon im Vorfeld scharf kritisiert. Nach Ihrer Verurteilung ist es sogar zu einer grundsätzlichen Debatte über Verständigungen in Strafprozessen gekommen. Diese Verstän-digungen werden nicht umsonst als »Handel« oder »Deals« be-zeichnet. Man gibt etwas und bekommt etwas. Was haben Sie gegeben?

Ich habe ein glaubhaftes Geständnis abgelegt und damit das Ver-fahren verkürzt – zwei Sachverhalte, die ganz wichtige strafmil-dernde Umstände darstellen.

Sie haben darüber hinaus die Zusage erhalten, dass Ihr Verfah-ren von dem der anderen Beschuldigten abgetrennt wird, Sie also nicht mit Schuster und Gebauer oder Volkert zusammen auf der Anklagebank sitzen müssen.

Das wollte ich natürlich auch vermeiden.

Verständlich aus Ihrer Sicht, hatten zumindest Schuster und
Gebauer ganz offensichtlich versucht, sich über Scheinfirmen
an VW zu bereichern. Die Oberstaatsanwältin ersparte Ihnen
allerdings noch etwas anderes.

Natürlich. Sie ließ die Beschuldigung fallen, ich hätte mich auf Kosten von Volkswagen amüsiert.

Ob das für Sie vorteilhaft war, wird schwer zu beurteilen sein.
Dadurch, dass die Staatsanwältin mit recht derben Worten den
Inhalt der Verständigung wenige Tage vor Prozessbeginn öffent-
lich auf den Kuhhandel – Geständnis gegen Prostituierte – re-
duziert hat, war genau das, was Sie nicht wollten, in den Me-
dien das Hauptthema.

Und die Medien haben daraufhin wieder ihre Konserven geöffnet
und mit großer Lust ihre alten Geschichten hervorgeholt. Sie haben
Behauptungen aufgestellt, die nicht haltbar sind. Inzwischen gehe
ich dagegen vor. Aber im Grunde ist es zu spät, denn das Bild, ich
sei der Kopf einer vergnügungshungrigen Truppe bei Volkswagen
gewesen, hat sich in der Öffentlichkeit bereits unverrückbar festgesetzt.

Es drängt sich der Eindruck auf, dass eine Verständigung mit
der Staatsanwaltschaft nicht die Frage nach Schuld oder Un-
schuld des Beschuldigten beantwortet, sondern vielmehr die
Frage, auf was er sich einlässt. In Ihrem Fall hat die Verstän-
digung zu einer Anklage in 44 Fällen geführt, die sich zu drei
Komplexen zusammenfassen lassen. Da waren zum einen die
Sonderboni, die Sie – geheim – über elf Jahre an Volkert ge-
zahlt haben und die sich über die Jahre auf 1,95 Millionen Euro
summierten. Der zweite Komplex umfasst die Zahlungen an
Volkerts Geliebte Adriana Barros. Die Staatsanwaltschaft hat
den für Volkswagen dadurch eingetretenen Nachteil auf fast
400 000 Euro beziffert. Den dritten Teil der Anklage bilden die
Abrechnungen privat veranlasster Kosten über Eigenbelege. Es
wird Ihnen vorgeworfen, Sie hätten die Kontrollmechanismen

über die zu Ihrem Ressort gehörende Kostenstelle 1860 abgeschafft und so dem Spesenbetrug Tür und Tor geöffnet. Sie hätten Gebauer angewiesen, Volkert wertschätzend und nicht kleinlich zu behandeln und die Missbrauchsmöglichkeit dieser Anweisung von vornherein gesehen. Indes wurden die von Gebauer erhobenen und von Ihnen bestrittenen Anschuldigungen, Sie hätten sich auf Kosten von Volkswagen amüsiert, von der Staatsanwaltschaft fallengelassen. Der Grund: Der vergleichsweise geringe Schaden – wenn denn die Behauptungen von Gebauer überhaupt zutreffen – wäre für das Strafmaß nicht von Bedeutung. Dazu muss man sagen, dass dieser gesamte Verdachtssachverhalt, weil er fallengelassen wurde, nicht zu Ende ermittelt worden ist. Insgesamt hat sich ein von Ihnen zu verantwortender Vermögensschaden für Volkswagen von 2,6 Millionen Euro ergeben. Damit haben Sie laut Anklage als Vorstand von VW Ihre Vermögensbetreuungspflicht verletzt, sich also der Untreue schuldig gemacht sowie der Begünstigung eines Betriebsratsmitglieds.

Ich habe damit gegen die Paragraphen 266 des Strafgesetzbuches und 119 des Betriebsverfassungsgesetzes verstoßen. Die Verständigung findet ihren Niederschlag in der Anklage. Teil der Verständigung ist dann weiter – und das gilt ja ganz allgemein – die Festlegung auf ein Strafhöchstmaß. Das hatte das Gericht vorläufig zugesagt. Ich wusste also, was auf mich zukommen würde, und konnte mich innerlich schon auf die zwei Jahre Freiheitsentzug auf Bewährung sowie eine Geldstrafe von 360 Tagessätzen einstellen. Es war in Aussicht gestellt, dass ich eine Bewährungsstrafe bekommen würde und eine Geldstrafe dazu. Ich habe in all diesen Punkten gestanden. Das Gericht ist der Verständigung gefolgt und hat mich entsprechend der Verständigung verurteilt. Man kann trotz einer Verständigung natürlich seine Meinung ändern. In meinem Fall allerdings ist das nicht geschehen. Nach einer Woche war das Urteil damit rechtskräftig. Sie sprechen hier also mit einem Vorbestraften.

In der Öffentlichkeit wurde das Urteil als zu milde angesehen.
Diese kritisierte Milde wurde der Verständigung zugeschrieben.

Milde? Ich selbst habe dazu meine eigene Meinung. Ich habe die Strafe akzeptiert, sonst hätte ich Rechtsmittel eingelegt. Insofern erübrigt sich meinerseits eine öffentliche Betrachtung darüber, ob ich mich »gerecht« behandelt fühle. Die Staatsanwältin und auch die Richterin haben zu meinen Gunsten gelten lassen, dass ich mit meinem Geständnis zur Aufklärung der Sachverhalte beigetragen habe und bis dahin, wie die Staatsanwältin sagte, eine »lupenreine Weste« hatte. Sie haben auch gelten lassen, dass ich dem Treiben im Jahr 2004 selbst einen Riegel vorschob. Wichtiger aber war noch: Ich habe mich nicht selbst bereichert. »Kein Cent floss in seine eigene Tasche«, sagte die Staatanwältin in ihrem Plädoyer. Und auch die Vorsitzende Richterin hat das noch einmal bestätigt. Dies muss und will ich zu meiner Ehrenrettung hier einfach noch einmal anbringen.

Fürchten Sie, dass es noch weitere Enthüllungen geben wird oder dass irgendein Sachverhalt Sie wieder belasten könnte?

Ich fürchte überhaupt nichts mehr.

Im Januar 2007 wurde Ihnen an zwei Verhandlungstagen der Prozess gemacht. Wie haben Sie diese Tage im Braunschweiger Landgericht erlebt?

Ich hatte mir vorgenommen, dort als aufrechter Mann hineinzugehen, als jemand, der zu den Fehlern steht, die er begangen hat. Deswegen habe ich das Gericht an beiden Tagen durch den Haupteingang betreten. Ich habe mir vorgenommen, dass ich diese Termine so professionell, wie es eben geht, hinter mich bringe.

Vor dem Gerichtsgebäude hatten sich Demonstranten versammelt. Sie wurden bedrängt, angeschrien, als Verräter bezeichnet. Hat irgendjemand etwas Aufmunterndes zu Ihnen gesagt?

Einer der Umstehenden rief mir zu: »Alles Gute, Peter!« Ich habe mich noch umgeschaut. Ich bin mir sicher, ich kannte sein Gesicht, aber der Name fiel mir in den turbulenten Minuten nicht ein. Die Menge drängte weiter die Treppe hinauf in Richtung Gerichtssaal. Ich meine, ich hätte ihm zugenickt. »Danke« konnte ich nicht sagen, weil ich kein Wort herausbrachte.

Das war der Einzige?

Es gab noch eine weitere für mich sehr überraschende Begebenheit. Während einer der Unterbrechungen der Verhandlung hielt ich mich in einem der Warteräume für die Beschuldigten auf. Ein junger Gerichtsdiener kümmerte sich um mich. Er unterhielt sich mit mir ausnehmend freundlich. Das war mir aufgefallen, und ich fragte nach den Gründen seiner Freundlichkeit. Er berichtete, er habe mit seinen Freunden darüber diskutiert, warum ich vor Gericht stehe. Ich habe ihm dann gesagt, man müsse zu den Dingen stehen, die man angestellt habe. Er erzählte, dass einen Tag vor meiner ersten Verhandlung in einem Schwurgerichtsprozess über einen wegen Mordes Angeklagten geurteilt worden war, der an der Stelle gesessen habe, an der auch ich Platz nehmen musste. Nach der Verhandlung, sagte der Gerichtsdiener weiter, habe er den Stuhl an der Stelle, an der die Angeklagten sitzen, kurzerhand ausgetauscht. Er wollte nicht, dass ich auf dem Stuhl eines vermeintlichen Mörders sitzen musste. Das hat mich in diesem aufgewühlten Moment wirklich berührt.

Eine Gruppe von maskierten Demonstranten hatte sich am ersten Verhandlungstag vor dem Gerichtsgebäude versammelt und sich dann auch um Sie gedrängt. Die Maskierten hatten Sie sogar bis in das Gerichtsgebäude hinein verfolgt. Sie trugen feuerrote lange Umhänge und weiße Masken. Hatten Sie Angst?

Einen kurzen Moment habe ich mir über die Gefahr der Situation Gedanken gemacht. Unter ihre Umhänge hätten sich die Maskierten leicht eine Waffe stecken können. Und erkannt hätte man die

Person dann auch nicht. Wenn mich einer abgestochen hätte, hätte keiner gewusst, wer es gewesen ist.

Was ist im Moment der Urteilsverkündung in Ihnen vorgegangen?

Als die Richter in ihren schwarzen Talaren einzogen, herrschte Totenstille. Alle schauten auf die Vorsitzende Richterin. Auch wenn man weiß, was in etwa auf einen zukommt, stockt einem doch der Atem. Sie hob an und sprach mit sehr leiser Stimme, absolut geschäftsmäßig: »Im Namen des Volkes« – allein diese vier Worte haben mich in dem Moment ins Mark getroffen.

Fühlen Sie sich gerecht bestraft?

Darüber habe ich auch sehr viel nachgedacht. Die professionelle Einschätzung, die mein Verteidiger von der deutschen Strafjustiz

Maskierte im Gerichtsgebäude

hat, hat nicht getrogen. Aber das Strafpaket des Peter Hartz ist ja ein anderes als das Strafmaß, das mir die Strafkammer zugemessen hat. Mein Strafpaket enthält zum einen jene zwei Jahre Freiheitsentzug auf Bewährung und 576 000 Euro Geldstrafe, zu der mich das Gericht verurteilt hat. Dieses Strafmaß wird eingepackt, verstärkt und potenziert durch den Boulevard, durch die politischen Medien, durch die intellektuellen Medien. Zu der Strafe des Gerichts kommt für mich die endgültige Vernichtung meiner Person durch die Medien hinzu. Sie haben mich beschimpft, verunglimpft, lächerlich gemacht, verhöhnt. Der vollständige Rufmord ist gelungen. Das geht so weit, dass seriöse Zeitungen immer noch behaupten, ich hätte mich an Volkswagen bereichert, obwohl Staatsanwaltschaft und Gericht ausdrücklich betont haben, dass ich genau das nicht getan habe. Dazu muss ich auch noch eine politische Strafe schultern. »Hartz IV«, dieses den Menschen so verhasste Gesetz, ist unverrückbar mit meiner Person verbunden. Da können sich die Politiker noch so sehr um eine Umbenennung bemühen. »Hartz IV« wird im Volksmund »Hartz IV« bleiben. Hinzu kommen noch finanzielle Belastungen, die weit über die Geldstrafe hinausgehen.

Sie selbst haben an anderer Stelle in unserem Gespräch gesagt, Sie seien zu lange Vorstandsmitglied gewesen. Besteht die Gefahr, dass man, wenn man zu lange an der Spitze steht, die Sensibilität für Dinge verliert, die gehen, und solche, die nicht mehr gehen?

Die Gefahr besteht natürlich. Ich könnte das ja jetzt kaum bestreiten. Die Sensibilität natürlich bleibt. Sie hören, Sie riechen das Gras wachsen. Sie denken viel über die Absichten Ihrer Mitarbeiter nach. Sie hinterfragen sie. Aber es trübt sich auf der anderen Seite auch der Blick. Es schleichen sich Verhaltensweisen ein, die man überhaupt nicht mehr registriert. Man lädt sich immer mehr Arbeit auf, denkt in diesem erhöhten internationalen Druck immer weiter über Produktivitätssteigerung, Wertschöpfung und Leistung nach. Und dann geraten wichtige Aspekte ins Hintertreffen. Ich denke, dass es vielen so geht. Mir jedenfalls ist es so gegangen. Viele Themen oder Probleme, für die ich mir hätte Zeit nehmen sollen, habe ich buchstäblich im Laufen erledigt. 2004 habe ich das Abrechnungssystem von Gebauer gekippt. Ich habe die Zahlungen an Frau Barros gestoppt. Und Volkert hätte keinen weiteren Bonus bekommen. Es bedurfte dieser Ereignisse, um mich in meinem sich immer schneller drehenden Leben mal wieder darüber zum Nachdenken zu bringen, was ich da eigentlich tat. Allerdings hätte ich das viel früher machen sollen.

Hatten Sie über die Jahre überhaupt kein schlechtes Gewissen?

Das ist eine gute Frage. Es ist immer einmal wieder aufgeflackert. Ich habe es wohl weggeschoben. Vielleicht aber hatte ich auch viel zu wenig Zeit, über all das immerzu nachzudenken.

Herr Hartz, lassen Sie mich am Ende die klassische Frage stellen: Was haben Sie aus all dem gelernt?

Ich habe gelernt, wie viel ein Manager falsch machen kann, ohne dass er sich dessen sofort gewahr wird. Ich habe mich in den vergangenen eineinhalb Jahren immer wieder mit den Fragen beschäftigt: Wie bist du in diese persönliche Katastrophe hineingeraten? Was hast du falsch gemacht, was war richtig, was bleibt, was würdest du heute anders machen, und was muss man anders machen?

Also gut, was haben Sie falsch gemacht?

Ich habe zu wenig über meine Macht nachgedacht. Deswegen habe ich Kompetenzen überschritten. Über Macht muss man viel nachdenken, vor allem über ihre verführerische Seite. Macht verführt zu Missbrauch. Ich habe ferner zu wenig über Kontrolle nachgedacht. Ich habe Kontrollen abgelehnt, weil ich sie immer nur als Beweis eines Misstrauens gesehen habe. Dass Kontrolle auch eine Frage der Sorgsamkeit ist, habe ich außer Acht gelassen. Und noch ein Drittes: Ich habe immer nur über Leistung nachgedacht, habe auf Ergebnisse geschaut und darauf, wie sich die Produktivität weiter steigern lässt. Über die Strukturen, unter denen diese Ergebnisse zustande kamen, habe ich ebenfalls zu wenig nachgedacht.

Und was würden Sie anders machen?

Ich würde meine Macht mehr reflektieren. Mit der Macht ist man allein, weil einem niemand mehr etwas sagt. Die Reaktionen der Mitarbeiter und Kollegen auf mein Tun, dieser so notwendige Spiegel, lieferte nur noch ein Zerrbild. Das muss man bedenken. Macht braucht daher Partizipation und dadurch Korrektur. Wenn das nicht geschieht, muss die Persönlichkeitsbildung zurückbleiben. Eine steile Karriere verbildet, die Macht, die man am Ende einer solchen Karriere besitzt, ebenso. Das ist die »déformation professionelle«. Die Ausbildung von Führungskräften sollte mit Bildung zu tun haben, nicht nur mit Fachwissen. Bildung bedeutet Urteilsfähigkeit. Diese Urteilsfähigkeit, die mir an entscheidenden Stellen gefehlt hat oder über die Jahre abhanden gekommen ist, ist überlebenswichtig.

Am Ende ist Ihnen vor allem diese Urteilsfähigkeit in Bezug auf Recht und Gesetz abhanden gekommen.

Sicher. Deshalb würde ich mich heute viel mehr um mein Rechtsempfinden sorgen. Manager sollten sich darin schulen lassen, um sich immer wieder der Unterschiede zwischen dem persönlichen Rechtsempfinden und dem Recht im juristischen Sinne bewusst zu werden. Manager dürfen eben nicht nur auf den Erfolg schauen, sondern müssen mit geschärftem Rechtsbewusstsein auch die Bedingungen dieses Erfolgs reflektieren. Ich weiß jetzt: Recht muss Recht bleiben. Man muss einen positiven Bezug zu ihm entwickeln und es nicht nur als Schranke, Begrenzung oder gar Bürde sehen. Recht, auch das habe ich gelernt, muss man pflegen. Für das Recht muss man kämpfen, man muss bereit sein, Fehler rechtzeitig zu korrigieren und dafür auch Konflikte – und seien sie menschlich noch so unangenehm – in Kauf zu nehmen. Ich bin in den letzten eineinhalb Jahren durch einen sehr intensiven Lernprozess gegangen, einen schmerzlichen zumal, der längst nicht am Ende ist. Ich hätte ihn mir gern erspart. Ich habe viel über mich und über die Menschen gelernt. Ich bin abgeurteilt und verachtet worden, habe bisweilen aber auch Verständnis und Nachsicht erfahren. Ich habe einige Freunde verloren und gelernt, was wirkliche Freunde wert sind.

Anhang

Lebenslauf

Peter Hartz

9. August 1941
Geboren als drittes von drei Kindern in St. Ingbert/Saar als Sohn eines Hüttenarbeiters

1955 bis 1968
Th. Jansen GmbH, Armaturen- und Maschinenfabrik, Rohrbach/Saar
Lehre, Sachbearbeiter, Vertriebsleiter

1964
Heirat mit Marlene L'hoste

1966
Geburt des Sohnes Michael

1965 bis 1968
Betriebswirtschaftsstudium an der Hochschule für Wirtschaft und Technik des Saarlandes

1968 bis 1969
Amri S.A., Paris
Exportleiter Bundesrepublik Deutschland

1969 bis 1976
Pont-à-Mousson S.A., Werk Th. Jansen, Rohrbach/Saar
Vertriebsleiter, kaufmännischer Direktor

1976 bis 1979
Röchling-Burbach Weiterverarbeitung GmbH, Völklingen
Arbeitsdirektor und Mitglied der Geschäftsführung

1979 bis 1993
AG der Dillinger Hüttenwerke, Dillingen
Arbeitsdirektor und Mitglied des Vorstands

1986 bis 1993
Gleiche Funktion in Personalunion bei Saarstahl AG, Völklingen

1989 bis 1993
Gleiche Funktion in Personalunion bei Holding DHS – Dillinger Hütte Saarstahl AG

1. Oktober 1993
Mitglied des Vorstands der Volkswagen AG, Geschäftsbereich »Personal«
Arbeitsdirektor im Konzern und in der Marke Volkswagen
Verantwortung für die Region Südamerika/Afrika, den Bereich »Regierungsbeziehungen« und weitere Mandate

1994
Publikation des Buches »Jeder Arbeitsplatz hat ein Gesicht. Die Volkswagen-Lösung«, Campus Verlag, Frankfurt/New York

9. November 1994
Doktor der Staatswissenschaften honoris causa (Dr. rer. pol. h.c.), Universität Trier

1996
Publikation des Buches »Das atmende Unternehmen. Jeder Arbeitsplatz hat einen Kunden«, Campus Verlag, Frankfurt/New York

2001
Publikation des Buches »Job Revolution. Wie wir neue Arbeitsplätze gewinnen können«, Frankfurter Allgemeine Buch

19. März 2004
Ernennung zum Professor durch die Regierung des Saarlandes

14. Mai 2004
Advisory Professor, Tongji-Universität Shanghai

30. April 2005
Doctor honoris causa en la disciplina Ingeniera (Dr. Ing. h.c.), Universität Córdoba

27. Mai 2005
Consult Professor, Jilin-Universität Changchun

4. August 2005
Rücktritt als Mitglied des Vorstands der Volkswagen AG

seit August 2005
Mitarbeit in der gemeinnützigen Stiftung SHS Foundation (Saarländer helfen Saarländern) und Aufbau der Prof. Dr. h.c. Peter Hartz GmbH & Co. KG: Beratungsgesellschaft für Neugründungen

Personenregister

Kursiv gesetzte Seitenzahlen beziehen sich auf die Abbildungen.

Bildnachweis